崔向红 主 编
高 文 副主编

档案保护技术学

DANGAN
BAOHU
JISHUXUE

·北京·

本书主要介绍档案安全保护体系、档案库房建设、档案保护环境质量、纸质档案的修复与保护、电子档案的迁移与修复和数字档案的形成与保护。

本书可供档案馆（室）工作人员和情报档案相关专业师生参考。

图书在版编目（CIP）数据

档案保护技术学/崔向红主编. —北京：化学工业出版社，2019.11（2023.8重印）

ISBN 978-7-122-35866-0

Ⅰ.①档… Ⅱ.①崔… Ⅲ.①档案保护 Ⅳ.①G273.3

中国版本图书馆 CIP 数据核字（2019）第 270008 号

责任编辑：彭爱铭
责任校对：王　静　　　　　　　　　　　　装帧设计：史利平

出版发行：化学工业出版社（北京市东城区青年湖南街 13 号　邮政编码 100011）
印　　装：北京科印技术咨询服务有限公司数码印刷分部
710mm×1000mm　1/16　印张 11¼　字数 222 千字　2023 年 8 月北京第 1 版第 2 次印刷

购书咨询：010-64518888　　　　　　　　售后服务：010-64518899
网　　址：http://www.cip.com.cn
凡购买本书，如有缺损质量问题，本社销售中心负责调换。

定　价：68.00 元　　　　　　　　　　　　　　　　　版权所有　违者必究

前言

档案保护技术学是档案学的重要分支学科之一，是研究档案制成材料的特性、损毁规律以及保护档案的技术和方法的学科，是一门综合性的应用学科。随着科学技术及互联网、大数据、云计算、区块链等技术的兴起与发展，新型档案载体材料不断涌现，档案形态也不断推陈出新，档案保护技术学的内容也在不断地丰富和发展。本书在吸收国内外有关档案保护技术研究新成果以及档案保护工作新经验的基础上，阐述档案保护技术学的基础理论和档案保护技术的基本原理，重点介绍了保护各类档案的技能与方法，力求做到知识性、科学性、实用性相结合，传统保护方法和现代保护方法相结合，并对互联网、物联网、云计算、区块链等新兴档案保护技术做了有益的研究和探索，提出了数字档案保护的新思路。旨在帮助读者掌握档案保护技术的基本知识和保护各种载体档案的方法与技能，从而进一步提高档案保护技术工作的水平，对从事档案保护工作者有一定的参考价值。

本书在编写、出版过程中，得到了化学工业出版社的大力支持，在此特致感谢。由于学识水平有限，本书难免有不足之处，恳请批评指正。

编者

2019 年 11 月

目录

第一章 档案保护技术学概述 ... 1

第一节 纸质档案保护技术学基础 ... 2
  一、纸质档案保护技术学的研究对象和基本内容 ... 2
  二、纸质档案保护技术学的研究方法 ... 3
  三、纸质档案保护技术学的产生、发展及性质 ... 4
第二节 电子档案保护技术学基础 ... 4
  一、电子档案保护技术学的研究对象 ... 5
  二、电子档案保护技术学的主要内容 ... 5
  三、电子档案保护技术学的研究方法 ... 5
第三节 数字档案保护技术学基础 ... 6
  一、数字档案保护技术学的研究对象 ... 7
  二、数字档案保护技术学的基本内容 ... 7
  三、数字档案保护技术学的研究方法 ... 10
第四节 数字档案与纸质档案保护的差异 ... 11
  一、档案保护的实质比较 ... 11
  二、档案保护的技术比较 ... 12
  三、档案保护的时期比较 ... 12
  四、档案保护工作的范围比较 ... 13
  五、档案保管人员的社会关系比较 ... 13
  六、档案保护的费用比较 ... 14
第五节 档案制成材料的演变 ... 14
  一、甲骨档案 ... 15
  二、金石档案 ... 15
  三、简牍档案 ... 16
  四、缣帛档案 ... 16
  五、纸质档案 ... 16
  六、电子档案 ... 17
  七、数字档案 ... 17

第二章 档案安全保护体系 ... 21

第一节 档案安全保护体系的必要性 ... 21

     第二节　档案安全保护体系的构成要素及功能 ……………………… 21
         一、档案载体材料的保护 …………………………………………… 22
         二、档案信息安全保护 ……………………………………………… 22
         三、档案保护法规体系 ……………………………………………… 23
     第三节　档案安全预警机制的建立与实施 ……………………………… 23
         一、档案安全预警级别和预警响应 ………………………………… 23
         二、档案安全预警系统的构建 ……………………………………… 25
         三、档案安全预警实施流程 ………………………………………… 26
     第四节　基于物联网的档案保护 ………………………………………… 27
         一、基于物联网的档案保护技术体系 ……………………………… 27
         二、基于物联网的档案保护典型应用 ……………………………… 29

第三章　档案库房建筑、设备与装具　31

     第一节　档案库房建筑 …………………………………………………… 31
         一、档案库房建筑的重要性及原则 ………………………………… 31
         二、档案库房建筑的基本要求 ……………………………………… 32
     第二节　档案库房设备 …………………………………………………… 38
         一、空气调节装置 …………………………………………………… 38
         二、取暖和照明设备 ………………………………………………… 40
         三、消防设备 ………………………………………………………… 41
     第三节　档案装具 ………………………………………………………… 43
         一、对档案装具的一般要求 ………………………………………… 43
         二、有关档案装具的待研究的问题 ………………………………… 44

第四章　档案保护环境质量　45

     第一节　温湿度对档案的影响 …………………………………………… 45
         一、温湿度对档案的影响概述 ……………………………………… 45
         二、库内外温湿度变化的一般规律 ………………………………… 47
         三、温湿度的测量 …………………………………………………… 48
     第二节　光的破坏作用与控制 …………………………………………… 54
         一、光辐射热 ………………………………………………………… 54
         二、光氧化反应 ……………………………………………………… 54
     第三节　空气污染及其防治 ……………………………………………… 55
         一、有害气体 ………………………………………………………… 55
         二、灰尘 ……………………………………………………………… 57
     第四节　微生物侵害及其防治 …………………………………………… 58
         一、危害档案的常见微生物 ………………………………………… 58
         二、微生物对档案的危害 …………………………………………… 61
     第五节　档案害虫的危害 ………………………………………………… 62

一、档案害虫的种类 …………………………………………………… 62
　　二、常见档案害虫及其危害 …………………………………………… 62
　第六节　库房鼠类的危害 …………………………………………………… 66
　　一、常见库房鼠类 ……………………………………………………… 66
　　二、鼠的危害 …………………………………………………………… 66

第五章　纸质档案的种类及性能　68

　第一节　纸质档案老化的原因及过程 ……………………………………… 68
　　一、造纸植物纤维化学成分与纸张老化 ……………………………… 68
　　二、纸张生产过程与纸张老化 ………………………………………… 71
　　三、纸张的主要性能与纸张老化 ……………………………………… 71
　第二节　纸质档案用纸的选择 ……………………………………………… 72
　　一、纸张的种类 ………………………………………………………… 73
　　二、档案用纸的选购 …………………………………………………… 78

第六章　纸质档案信息备份技术　80

　第一节　物理再现技术 ……………………………………………………… 80
　　一、摄影法 ……………………………………………………………… 80
　　二、数字图像处理技术 ………………………………………………… 84
　第二节　化学再现技术 ……………………………………………………… 85
　　一、蓝黑墨水退色字迹的再现 ………………………………………… 85
　　二、蓝色墨水退色字迹的再现 ………………………………………… 87
　　三、圆珠笔、复写纸字迹的再现 ……………………………………… 88
　　四、重氮盐字迹的再现 ………………………………………………… 89

第七章　纸质档案信息迁移技术　90

　第一节　静电复印技术 ……………………………………………………… 90
　　一、静电复印技术的特点和作用 ……………………………………… 90
　　二、静电复印机简单工作原理 ………………………………………… 91
　第二节　缩微技术 …………………………………………………………… 93
　　一、缩微技术的特点和作用 …………………………………………… 93
　　二、缩微品的形式 ……………………………………………………… 94
　　三、缩微技术的工作过程 ……………………………………………… 97

第八章　纸质档案修复与灾后抢救技术　99

　第一节　档案修复的基本原则及准备工作 ………………………………… 99
　　一、修复的基本原则 …………………………………………………… 99
　　二、准备工作 …………………………………………………………… 100
　第二节　纸质档案去污技术 ………………………………………………… 101

    一、机械去污 ………………………………………………………… 101
    二、溶剂去污 ………………………………………………………… 102
    三、氧化去污 ………………………………………………………… 103
  第三节　纸质档案去酸技术 ……………………………………………… 104
    一、液相去酸 ………………………………………………………… 104
    二、气相去酸 ………………………………………………………… 106
  第四节　纸质档案加固技术 ……………………………………………… 107
    一、涂料加固 ………………………………………………………… 108
    二、塑料薄膜加固 …………………………………………………… 108
    三、丝网加固 ………………………………………………………… 109
  第五节　纸质档案修裱技术 ……………………………………………… 109
    一、黏合剂 …………………………………………………………… 109
    二、修裱用纸 ………………………………………………………… 111
    三、修裱技术 ………………………………………………………… 112
    四、干燥 ……………………………………………………………… 116
    五、修整 ……………………………………………………………… 117
  第六节　纸质档案的灾后抢救技术 ……………………………………… 117
    一、水灾后档案的抢救 ……………………………………………… 117
    二、火灾后档案的抢救 ……………………………………………… 119

第九章　电子档案耐久性

  第一节　机械录音档案耐久性 …………………………………………… 121
    一、机械录音原理 …………………………………………………… 121
    二、机械录音档案的种类 …………………………………………… 121
    三、机械录音档案的结构与组成 …………………………………… 122
    四、机械录音档案的生产过程 ……………………………………… 123
    五、机械录音档案的锈蚀与老化 …………………………………… 123
    六、机械录音档案的保管 …………………………………………… 125
  第二节　胶片档案耐久性 ………………………………………………… 126
    一、胶片档案的结构组成 …………………………………………… 127
    二、胶片档案的成像原理 …………………………………………… 128
    三、胶片档案的冲洗 ………………………………………………… 130
    四、胶片档案的老化与变质 ………………………………………… 131
    五、胶片档案的保管 ………………………………………………… 135
  第三节　磁性载体档案耐久性 …………………………………………… 136
    一、磁记录原理 ……………………………………………………… 136
    二、磁性载体档案的种类与结构 …………………………………… 137
    三、磁性载体档案的构成材料 ……………………………………… 138
    四、磁带和软盘的保管 ……………………………………………… 141
    五、硬盘的预防性保护 ……………………………………………… 143

第四节　光盘耐久性 …………………………………………………… 145
　　　一、光盘的种类与结构 ………………………………………………… 145
　　　二、光盘的生产过程 …………………………………………………… 146
　　　三、光盘构成材料 ……………………………………………………… 147
　　　四、光盘老化的原因 …………………………………………………… 148
　　　五、光盘的保管 ………………………………………………………… 151

第十章　电子档案信息迁移与修复技术　　153

　　第一节　光盘技术 ………………………………………………………… 153
　　　一、光盘技术的特点和作用 …………………………………………… 153
　　　二、光盘存储技术的原理 ……………………………………………… 155
　　第二节　电子声像档案修复技术 ………………………………………… 156
　　　一、胶片档案修复技术 ………………………………………………… 156
　　　二、磁记录档案修复技术 ……………………………………………… 159

第十一章　数字档案保护技术　　160

　　第一节　数字档案保护技术分类 ………………………………………… 160
　　　一、数字档案载体保护 ………………………………………………… 160
　　　二、数字档案信息保护 ………………………………………………… 160
　　第二节　数字档案元数据技术 …………………………………………… 161
　　　一、数字档案的原始记录性 …………………………………………… 161
　　　二、数字档案的元数据作用 …………………………………………… 161
　　第三节　数字档案水印技术 ……………………………………………… 162
　　　一、数字水印技术 ……………………………………………………… 162
　　　二、数字档案防伪和版权保护中的数字水印技术 …………………… 162
　　　三、数字档案凭证性标识中的数字水印技术 ………………………… 163
　　第四节　数字档案区块链技术 …………………………………………… 163
　　　一、区块链技术 ………………………………………………………… 163
　　　二、数字档案中的区块链技术 ………………………………………… 164
　　　三、区块链技术在数字档案保护领域需要解决的关键问题 ………… 167
　　第五节　数字档案云计算技术 …………………………………………… 168
　　　一、云计算技术简介 …………………………………………………… 168
　　　二、数字档案开放共享中的云计算技术 ……………………………… 168
　　　三、数字档案中的私有云安全体系 …………………………………… 168

参考文献　　170

第一章

档案保护技术学概述

　　档案保护技术学是研究档案制成材料的特性、损毁规律以及保护档案的技术和方法的一门学科。它的任务是最大限度地延长档案的寿命。档案保护技术学是档案学的重要分支学科之一，是一门综合性的应用学科。

　　随着科学技术及互联网、大数据、云计算、区块链等技术的兴起与发展，档案保护技术学的内容也在不断地丰富和发展。从现代信息论的角度看，档案是历史信息的载体和记录，是由载体和信息两部分组成的，因此档案保护技术学是载体的保护，更是信息的保护，是研究档案信息所依存的软、硬件环境的损毁规律及保护档案信息的技术和方法的一门学科。

　　档案保护技术学研究的基本内容可分为两个部分：一是档案信息存在的软、硬件环境的损坏原因；二是保护档案信息的技术和方法。两者互为支撑，前者是后者的理论依据，后者是前者的具体应用。

　　档案载体的类型伴随科学技术的发展不断演变，从古老的简牍到现代的云存储，档案信息记录从古代的墨迹到现代的模拟信号、数字信号，可以说是百花齐放。从档案载体与信息二维角度出发，档案保护技术可分为：纸质档案保护技术、电子档案保护技术和数字档案保护技术三大类。

　　纸质档案保护技术是从纸质档案形成的模拟信息为出发点，研究档案信息的变化规律和保护技术。模拟信息具有直观性、信息与载体的不可分离性、信息被固定在载体上等特征。物质载体的完整无损是判定信息真实可靠的重要依据和前提条件，因此档案信息是一种有形的物质实体，通过对档案载体和字迹材料的保护而达到保护信息的目的。

　　电子档案保护技术是按模拟电子信息的信号特征来划分。模拟电子档案如传统胶片、唱片、录音带等，其信息是模拟而连续的信号，需借助电子设备才能显现信息的内容。从技术上说，它是信息化的早期技术，是数字化的前身技术，是档案信息化过程的必经阶段。它具有不可视性、受限的与载体可分离性以及信息利用、复制、传递的开放性和对生成系统的强烈依赖性，它通过计算机系统生成、识别、处理，它的存储介质主要是磁性材料（包括硬磁盘、软磁盘、磁带）和光导材料（主要是光盘）。

数字档案保护技术是按离散数字信息的特征来划分。数字档案如归档的数字文件、数字录音、数字视频、云档案等，其信息是不连续的信号，需借助数字计算机系统才能显现信息的内容。数字信息具有不可视性、与载体可分离性以及信息利用、复制、传递的开放性和对生成系统的强烈依赖性。它通过计算机系统生成、识别、处理并主要在网络上传输，它的存储介质包括磁性材料（包括硬磁盘、软磁盘、磁带）、光导材料（主要是光盘）和基于网络的"虚拟"载体。这种信息很大程度上是一种隐形的逻辑组合（编译后的二进制代码序列），从档案工作的要求出发对这种信息的真实性判定和长期保存只依赖载体物质是远远不够的，它更多地涉及相关的信息技术、法律规范、管理制度等复杂的因素。档案"原件"的唯一性、真实可靠性的确认还需进一步的研究和规范，因为有关软件和操作系统在某一特定时刻汇集不同数据就形成网络空间中的逻辑文件或虚拟文件，如果改写程序或变换数据值，其虚拟文件将不存在。

电子档案与数字档案的概念在现实中有时容易混淆。从信息技术的角度来说，电子技术分模拟电子技术和数字电子技术，目前数字电子技术的发展使其在越来越广泛的应用领域替代了更加传统的模拟电子技术。因此，从技术上说数字档案是电子档案的一个分支，但为了区分采用模拟技术的电子档案与采用数字技术的电子档案，本书中我们把采用模拟技术的电子档案称为电子档案，把采用数字技术的电子档案称为数字档案。

▶第一节 纸质档案保护技术学基础

一、纸质档案保护技术学的研究对象和基本内容

纸质档案保护技术学研究的对象和基本内容有三个部分：一是档案制成材料的特性；二是档案制成材料损毁规律；三是保护档案的技术方法。

纸质档案制成材料是记载并反映档案内容的物质材料，它由载体材料和记录材料组成。档案载体材料多种多样，我国古代有龟甲、兽骨、金属、石头、竹简、木牍、丝织品等。自我国发明了造纸技术以后，纸张成为档案的主要载体材料。近现代又出现了新的档案载体材料，如照片、胶片、胶带、磁带、磁盘、光盘等。反映档案内容的记录材料，古代有墨、印泥等，近现代有墨水、油墨、圆珠笔、印台油及感光材料、磁性材料等。

研究纸质档案制成材料的特性是为研究档案制成材料的损毁规律和保护档案的技术方法提供理论依据，不了解档案制成材料的特性，也就无法研究它的损毁规律及其保护的技术方法。纸质档案制成材料特性的研究主要有纸质档案制成材料的结

构、组成、主要化学成分、理化性能以及档案制成材料的演变情况等。

随着时间的推移，档案制成材料会不断地损毁。为了寻找保护措施，必须首先研究它的损毁原因与规律。纸质档案制成材料的损毁原因有内因与外因，内因是指档案制成材料的性能及其耐久性。决定档案制成材料本身耐久性的主要因素有原料的质量、材料的化学成分及其物理和化学性能、材料的生产过程等，如决定纸张本身耐久性的因素是造纸植物纤维的质量和植物纤维的化学性质及造纸过程；外因是指档案周围的环境因素、生物因素及人为因素，如不适宜的温湿度、光、空气污染物、害虫和霉菌等有害生物、水、火等。档案制成材料的损坏是内外因素综合影响的结果，内因是档案制成材料损毁的决定因素，外因是条件。为此，人们应不断改进档案载体与记录材料本身的性能，提高档案制成材料抵抗外界不利因素的影响；另一方面，在档案已经形成时，即在内因既定的情况下，对于延长档案寿命起决定作用的是外部条件。

研究纸质档案制成材料的特性及损毁原因不是档案保护技术学研究的最终目的，而寻找科学的保护技术和方法，才是档案保护工作者更重要的任务。

科学保护档案的技术方法很多，归纳起来主要有两个方面：一是防的技术，二是治的技术。防的技术是防止或减缓各种不利因素对档案制成材料的破坏作用，主要是改善档案的保护条件。它包含两部分内容：一是加强库房日常管理工作，如库房温湿度的控制与调节、防光、防火、防空气污染及防有害生物等；二是建造符合档案保护要求的库房建筑，配置必要的设备，为创造良好的保护环境提供必要的物质条件。治的技术是对已经损坏或存在不利于永久保存因素的档案进行处理，修复已遭损坏的档案，尽力恢复其历史原貌，增强抵抗外界不利因素的能力。基本内容有去污、去酸、去除有害生物、加固、修裱、再现与转移及字迹、影像、声音的恢复技术等。

二、纸质档案保护技术学的研究方法

在档案保护技术工作中应贯彻"以防为主、防治结合"的方针，这是档案保护技术学的基本指导思想。防的作用是延缓档案载体材料的老化速度，最大限度地延长其使用期限，这是做好档案保护工作的首要任务。因为纸质档案是不能再生的，也不能为任何复制品所替代；而且档案一旦受到损坏就难以恢复原貌，造成无法挽回的损失。只有做好防的工作，才能减少治的任务，否则是治不胜治。但强调以防为主，并不排除治的重要性，必须防治结合。因为任何物质都是在不断变化中，档案制成材料也会逐步衰变，这是不以人们意志为转移的客观规律，因此，防和治的任务是档案保护技术方法中不可缺少的两个方面。

现代科学技术正在不断地兴起，档案保护技术要不断吸收、借鉴现代科学技术的成果，使之更科学、更完善。实际工作中要做到对我国传统的档案保护技术高度重视，继承我国传统经验，与传统技术相结合，学习和运用现代科学技术，创造出适合于我国国情的保护档案的科学方法。

纸质档案保护技术学是一门综合性的应用学科，要积极吸取其他相关学科的成果与经验，拓展档案保护技术研究的广度和深度，并注重理论与实践工作相结合。它主要研究档案的载体和记录材料在水、热、空气污染物、光、虫、霉等作用下所发生的物理变化和化学变化，从中寻找它们的变化规律和相应的保护措施。它的内容涉及化学、物理、生物、建筑等方面的知识，属于自然科学范畴。它的研究方法是理论分析与科学实验相结合、定性分析与定量分析相结合。

三、纸质档案保护技术学的产生、发展及性质

纸质档案保护技术应当说很早以前就有了。档案是人类实践活动的记录，产生于社会各个方面，对当时的政治、经济、文化各方面的活动产生过作用；作为人类历史文化遗产，为后人总结历史经验，创造未来也是不可多得的镜鉴。怎样保存这些重要和珍贵的大量档案，使之不致遭受损毁，就成为一个极其迫切而又必须解决的问题。事实上，档案制成材料无论是质地坚硬或是质地柔软，都可能面临天灾人祸或自然损毁的威胁，战争、水患、火灾都可能造成档案的损毁，光线、灰尘、有害气体、高温、高湿、有害生物等都是损毁档案的因素。几千年来，人们为了抵御这些外来因素对档案的侵袭，延长档案的寿命，做过种种努力，采取了形式多样的保护措施，这些措施的实施就是档案保护的方法和技能，也就是我们所说的档案保护技术。

但我国古代档案保护的经验、技术是零散的、片断的，还没有经过系统整理形成一门学科。中华人民共和国成立后，发展了档案教育，在教学和科研实践中总结了我国档案保护的实践经验，吸取了国外档案保护的先进技术和方法，从对档案制成材料变化规律的认识中和档案保护技术方法的实践中，逐渐明确了档案保护技术学研究的对象和任务，建立起了档案保护技术学的学科体系。

▶第二节　电子档案保护技术学基础

电子档案是利用现代模拟信息技术在模拟电子设备及环境中生成的，对国家和社会组织具有保存价值的，并经过归档整理后依赖于模拟电子系统存储，以模拟电子信号记录的文字、图像、声音等不同形式的历史记录。电子档案的物理特性是以磁带、磁盘和光盘等磁性材料为载体，信息以模拟信号的形式存储于载体上，并依托于计算机等电子设备存取。电子档案主要包括电子文件归档后形成的档案、馆藏档案电子化后形成的图形与图像文件、纸质档案的电子备份、纸质档案归档时附带的电子文件以及档案管理过程中形成的档案目录信息等。

一、电子档案保护技术学的研究对象

电子档案保护技术学的研究对象是模拟电子信息及其载体，以及保护模拟电子信息完整、安全、可靠的技术手段和法规体系，其目的是保护模拟电子信息的真实性、可靠性和长期可读性。

二、电子档案保护技术学的主要内容

为了适应电子档案的存储特性，电子档案保护技术除了对记录载体材料理化性能的分析和环境的控制外，更重要的工作应放在信息本身在生成、保存、利用等过程中，维护信息的真实、可靠和长久可读的有关技术、法规、管理制度的研究应用上。所以，对于电子档案的保护重点是确保信息的真实、可靠和长远，而不是承载信息的载体物质的长久存在。

电子档案保护技术学的主要内容如下。

1. 电子档案生成保护技术

电子档案生成保护技术指遵循档案管理制度规定，通过电子设备、软件生成电子档案时使用的确保文件真实、可靠、长久的保护技术。这主要涉及兼容性好且安全的软件架构开发，确保电子档案可靠性的各种监控、保障技术、备份措施、加密技术、电子签署技术、登录认证、访问控制、法律凭证依据等技术。

2. 电子档案利用传输保护技术

利用传输保护技术主要指在开放的网络传输中保障电子档案的原始性、凭证性识别保护技术，如安全网络的建立运行、信息污染环境控制技术、防计算机病毒技术、防黑客攻击技术、网上知识产权保护法规等。

3. 电子档案载体保护技术

电子档案载体保护技术包括两方面：一方面，电子档案载体保存环境的温湿度调控、防光、防尘等技术；另一方面，电子档案载体材料结构多样性、复杂化，库房的管理措施应注意个性化、多样化，以适应不同形式的载体材料和保存环境的特殊要求。

4. 电子档案信息修复技术

电子档案信息修复技术是指信息一旦被破坏和污染后的恢复和抢救措施，如模拟电子信息机械损毁修复技术、数据库修复技术、电子信息长期可读性技术，以及磁盘、光盘等物质载体破损的修复技术等。

三、电子档案保护技术学的研究方法

电子档案保护技术的研究应把握构成电子档案的两个组成部分：模拟电子信息与其载体，需紧紧围绕两个组成部分开展研究和保护工作。

1. 电子档案信息的角度

电子档案信息包括背景数据和元数据。背景数据所描述的是形成电子文件的背景，其中有形成的目的、形成之初的结构、形成和使用阶段的功能与活动、明显影响文件形成和维护的历史环境。元数据则是电子档案的技术数据，如描述电子文件的编排与内部结构的数据等。电子档案大部分是由电子文件转化而来的，而元数据是保持电子文件真实性、完整性和长期可读性的关键，所以，元数据是电子档案保护的基础，保护好了电子档案的元数据也就为其真实性、完整性和长期可读性提供了保障。元数据是电子档案保护中最为重要的因素，而背景数据就是保障元数据真实、安全有效的重要数据，所以作为电子档案的基础数据，它与元数据一起构成了电子档案保护中最为关键的部分。

2. 电子档案载体的角度

（1）**存储载体** 电子档案的存在和保管是依赖载体的，好的存储载体对于维护电子档案的真实性、完整性和长期可读性都有着重要的意义。稳定的介质性质能够让载体免受外在环境的影响和损害，从而有效地保护电子档案，所以存储载体可以说是电子档案保护的基础。

（2）**电子计算机环境** 除了存储载体之外，电子档案生产的计算机环境也是电子档案保护的基础之一。电子档案是由电子文件转化而来的，电子文件一般都是在不同的计算机软件平台上产生的，所以要对电子档案进行保护，就要从电子文件的生产阶段开始，开发稳定的计算机系统和软件平台，选择更新换代比较好的、升级比较容易的软件系统，使电子档案从产生之处就得以保护。

当前，由于电子档案信息在网络环境下的安全性问题相对比较突出，有效的保护技术一直在不断探索，因此，从策略上讲，人们应该着重对电子档案安全性、原始性、凭证性识别保护技术的研发，对电子档案载体的保护技术则可以借鉴纸质档案的相关技术。

▶ 第三节　数字档案保护技术学基础

数字档案是指利用现代数字电子技术和离散信息技术在基于计算机设备和网络环境中生成的，对国家和社会组织具有保存价值的，并经过归档整理后依赖于计算机系统存储，可以在网络上传输利用，以数字代码记录的文字、图像、声音等不同形式的历史记录。数字档案区别于电子档案的特征是数字档案通过数字信息软件生成、传递和撤销信息载体，这些信息载体可以是数字文档、数字音频、数字视频、数字图片等信息载体，且它们并未归档为电子档案或纸质档案。数字档案也可以是网络中信息载体的快照或复本，这些快照或复本的原生载体，往往随着时间推移而迁移或撤销。

一、数字档案保护技术学的研究对象

数字档案保护技术学研究的对象应从数字信息的特征出发来确定。数字信息具有不可视性、信息与载体的可分离性以及信息利用、复制、传递的开放性和对生成系统的强烈依赖性等特征。它通过计算机系统生成、识别、处理，并主要在网络上传输，它的存储介质主要是网盘、云盘等虚拟存储介质，其底层是磁性材料（包括硬磁盘、软磁盘、磁带）和光导材料（主要是光盘）。区别于传统纸质档案的保护对象，数字档案保护的研究对象是数字信息的完整、安全、可靠的技术手段和法规体系，其目的是保持数字信息的真实性、可靠性和长期可读性。在数字档案的保护工作中，除了对记录材料理化性能的分析和环境的控制外，更重要的工作应放在信息本身的产生、保存、利用等过程中，维护信息的真实、可靠和长久可读的有关技术、法规和管理制度的研究应用上。

二、数字档案保护技术学的基本内容

数字档案保护技术学研究的基本内容包括数字档案信息使用的安全性和数字档案信息技术的安全性两方面。

1. 数字档案信息使用的安全性

（1）选择优良记录载体　针对数字档案的特性，其内容与载体的可分离性，在进行记录之初应该选择稳定性更好的载体材料，质量较好的存储介质能够在保存期内较好地保持数字档案的原始性，保证信息的可靠性。

（2）建立数字档案全过程管理制度　由于数字档案在利用、传输和复制过程中具有开放性，存在很多不安全因素，所以建立电子文件全过程管理制度，能够在电子文件生产和传输的各个阶段，对其进行有效的维护和保管，从而避免信息被攻击和信息遭受损失。

（3）建立执行科学的归档制度　数字档案在制作过程中要做到分工明确、责任到人，数字档案形成后应及时进行归档，以防在分散状态下发生信息损失和变动。归档时应对数字档案进行全面认真检查，检查归档的数字档案是否齐全完整、真实可靠；归档的数字档案是否为最终版本；数字档案与相应的纸质或其他载体文件的内容是否一致等。

（4）开放安全系数更高、更利于操作的数字档案管理平台　由于数字档案的产生和流转大部分依赖于计算机，要做好数字档案的保护就应提供必要的技术支持和设备保障，为数字档案的生产及利用开发更加高效、高能的操作系统，让数字档案在更加安全的平台环境中流转。

（5）建立执行严格的保管制度　归档的数字档案应使用网盘、云盘作为存储介质并做保护处理，使之置于只读状态；在对数字档案进行整理和因软硬件平台发生改变而对数字档案实行格式转换时，要注意防止转换过程中信息失真；对数字档案

要定期进行安全性、有效性检查,发现载体或信息有损伤,应及时采取维护措施进行修复或拷贝。

(6) 加强对数字档案管理人员的技能培训　数字档案管理人员比纸质档案管理人员需要更多的专业技术能力和操作能力,必须经常对其专业能力、专业素养进行培训,做到与时俱进,使其能够在计算机网络环境下更好地对数字档案进行保护。

2. 数字档案信息技术的安全性

(1) 身份验证和访问控制　身份验证是一种保障数字档案信息真实性的重要手段,是用户进入系统后的首道防线。用户通过系统注册后,系统将会给用户一个合法身份标识,身份验证的方法是由计算机识别要使用计算机的人是否为合法用户。访问控制与用户身份验证密切相关,是确定该合法用户在系统中对哪类信息有什么样的访问权限。访问控制通常采用防火墙技术作为网络安全的屏障,通过设置访问规则有效保护内部网络资源,防止内部信息泄露和外部入侵,在防火墙的访问规则控制下,可以将档案信息内部网络与外部网络的接口进行有机整合,方便服务于拥有访问权限的档案信息系统用户。

(2) 信息加密技术　这是一种保障数字档案机密性和完整性的重要手段。几乎所有安全措施都包含了加密技术,比如口令加密、数字签名、网络专用通道等。所谓加密是将数据按照一定的密码算法加工成密文,使企图截获信息的攻击者难以识别。信息加密的目的是保护网上的数据、文件、口令的控制信息,保护网上传输的数据。数据加密是档案信息安全的基石,用户在解读数据之前,要用相应的解密算法对数据进行解密,这样可以避免数据在传输过程中被非法窃取和篡改,从而保证档案信息的安全。如数字签名采用的是公开密钥体制下的加密措施,是利用一种数字字母串,在不公开密钥的情况下对传输的电子档案进行加密处理生成数字签名,与档案信息一起发出,接收者则用一个公开的密钥检验数字签名是否与传输的一致。加密技术的缺点是,加密数据信息一旦被解密后,所有加密的档案将不再受到保护。

(3) 防火墙　随着科学技术的迅速发展,防火墙成为一种网络安全保护专用技术。它是从网络本身的安全出发,阻止其他系统的网上用户对信息资源非法访问和阻碍黑客入侵的重要手段。防火墙可控制进、出两个方向的通信,对网络之间传输的数据包和链接方式按照一定的安全策略进行检查,决定网络之间的通信是否被允许并监视网络运行状态,其在内外网之间的访问控制领域具有明显的优势,功能强大、效果明显。防火墙技术可用于保护数字档案信息不被非法访问和病毒入侵。但是防火墙技术无法抵御来自内部的攻击,也无法抵御因底层系统中的弱点而造成的危害,在实际工作中通常要与其他安全系统保护技术配合使用。

(4) 防病毒体系　在网络环境下计算机病毒传播蔓延速度快,为了使数字档案信息免受病毒侵害,保证网络中档案信息安全,必须构建一个从主机到服务器的完善的防病毒体系。硬件方面可采用无盘工作站、使用安有防病毒芯片的网卡、单机防病毒卡、网络防病毒卡等。软件方面可以使用网络防病毒软件、软件过滤、文件加密、备份恢复等措施。一方面，重点加强对网络核心服务器的保护，安装服务器端口防病毒系统，以提供对病毒的检测、清除、免疫和对抗能力，为资源共享和信息交换提供便利条件；另一方面，在客户端的主机安装防病毒软件，将病毒在本地清除而不至于扩散到其他主机或服务器，形成由单机防毒到网络防毒一套完整的防病毒体系。

（5）建立数据备份系统　为了数字档案数据的安全，防止使用过程中发生意外，档案管理人员需要经常备份数据，并脱机保存到其他介质上，以防止网络遭到攻击或违规操作等失误造成档案信息的丢失或篡改，以确保在任何情况下信息资源的完整和准确。对数字档案管理系统的备份有硬件备份、软件备份和人工实时备份等多种备份形式，硬件备份，如硬盘镜像主要是为了防止硬件故障；软件备份，如用软件自动将系统数据保存在脱机介质上，主要是防止数据的逻辑性损坏；人工实时备份完全由手工操作，需要定期进行复制，是一项基本的数字档案保护工作。

（6）操作系统安全内核技术　通过操作系统安全内核技术，可把系统内核中可能引起安全性问题的部分从内核中剔除出去，从而使系统更安全。操作系统平台的安全措施包括采用安全性较高的操作系统、对操作系统的安全配置、利用安全扫描系统检查操作系统的漏洞等。漏洞扫描技术是用来自动检测远程或本地主机安全脆弱点的程序，对计算机信息系统进行全方位扫描，从而发现其中可能被黑客利用的漏洞，在档案保护中是增强数字档案信息安全的重要措施，它能够有效地预先评估和分析数字档案信息系统中的安全问题，尽早地发现潜在的安全威胁，并及时采用适当的处理措施进行修补。

（7）入侵检测与预警技术　入侵检测是对计算机和网络资源的恶意使用行为进行识别并做出相应处理过程。它可以帮助系统对付网络攻击，提升档案管理系统管理员的安全管理能力，提高信息安全基础结构的完整性。入侵检测是防火墙之后的第二道安全闸门，它侧重于监测、监控和预警，可以作为对防火墙的合理补充，它在不影响网络性能情况下对网络进行检测，从而提供对内部攻击、外部攻击和误操作的实时保护。它可以从数字档案信息系统中的若干个关键点收集信息，检测系统构造和弱点，监视分析用户及系统活动，识别已知进攻的活动模式并对异常行为模式进行统计分析从而产生报警。

（8）生物识别技术　生物识别技术是依靠人体的身体特征进行身份验证的一种技术，由于人体特征具有不可复制性，这一技术的安全系统较传统意义上的身份验证机制有很大的提高。最常见的生物识别技术是指纹识别技术、人脸识别技术等。

（9）防信息泄密技术　为防止密级数字档案信息因电磁辐射而被他人窃取，应尽可能使用低辐射设备，并可在计算机周围安装针对电磁辐射的相关干扰器，以掩盖、抵消电磁辐射信号，或将有关计算机设备置于金属屏蔽室中，加大对密级数字档案信息的保护力度。

（10）可长期存取技术　国内外目前主要采用的手段有仿真、迁移、载体转换保护技术。仿真是解决数字信息长期存取的技术，它制造一种可以兼容早期软硬件的软件，在运行过程中对早期软硬件进行模仿从而使数字档案的数据可以读出。迁移是将数字信息从一种技术环境转化到另一种技术环境上的复制，它是随计算机软硬件变化适时改变数字信息格式的一种处理过程。但迁移技术可能造成部分文件格式丢失，因此最好备份后再做。这种技术性转移已经成为对抗技术平台升级而导致数字档案失效的较为经济、常用的对策。载体转换保护技术是指将技术过时的数字档案适时地转移到缩微品或纸上，不再使用计算机软硬件进行读取，这种方法可以避免软硬件技术过时带来的读取困难，为档案数字化建设提供安全保障。

可见，数字档案信息安全涉及访问控制技术、密码技术、标识和鉴别技术、检测预警技术、网络安全技术、系统安全技术、应用安全技术等多层面技术，这些技术相互补充、相互结合，从不同角度、不同层次来构筑数字档案信息的安全屏障，解决数字档案信息安全问题，以提高数字档案信息安全防范能力。

总之，数字档案保护技术由文件形成技术、利用传输技术、保管技术、信息修复技术、信息安全技术等多方面构成，这些保护技术解决的主要问题是针对数字信息从形成、保管到利用过程中遇到的复杂多样的，特别是对智能性的人为破坏因素进行预防和保护。

三、数字档案保护技术学的研究方法

在传统纸质档案保护工作中，载体的保护一直是保护工作的重点，人们从载体的组成成分到外界环境条件对其影响等方面进行研究。而数字档案保护工作的核心已不再是对载体的研究，研究的方法也有所不同。数字时代信息可以脱离载体存在，信息载体的损坏看不见、摸不着，它的表现形式是信息的丢失，等到人们发现信息丢失时，载体的使命已经完成，而且不会对破损的载体进行修复，所以两者在档案保护的"防"和"治"上内涵不同。

数字档案保护"防"的内容包括防信息的丢失和载体破损，重点是信息产生时的载体、软硬件环境及不良环境对载体的影响，同时要建立健全安全网络运行系统，控制信息环境污染、防黑客攻击、防病毒侵害等，通过技术手段的支持，保证信息的安全性、原始性、准确性。数字档案保护"治"的内容变得越来越模糊，"修复"这一概念用得越来越少，因为信息一旦丢失很难恢复，所以比起"修复"，"恢复"这一概念显得更恰如其分。信息的转移可被认为属于"治"的范畴，它是将尚可恢复的内容转移到比较稳定的现代载体上。另外对于需要永久保存的数字档案一般采用通用的格式保存，无限循环备份，最后形成金字塔式的数据结构。

第四节　数字档案与纸质档案保护的差异

传统档案保护体系是以纸质载体为核心，原始记录被固定在原始的制成材料上，信息与载体是一一对应的关系，通过保护制成材料就可将其内容的真实性和完整性保存下来。而在数字时代信息相对于载体而独立，数字档案是信息与电子载体的统一体，即把信息转换为计算机易于处理的二进制数字序列，存储于电子介质上加以利用，具有人机双重阅读性、物理管理空间中的自由移动性和信息可操作性等特点。随着信息技术的发展，纸张、笔等记录模拟信息的记录工具将逐渐消失，数字档案将成为原始记录的主要存在形态，成为重要的保护对象，其信息的长期可读性、凭证性和安全保障体系也成为保护技术学重要的研究内容。

虽然数字档案与纸质档案保护在理论和技术上存在着结合点，纸质档案保护技术的理论与实践可以为数字档案所借鉴，然而由于二者的特性存在较大差别，传统的纸质档案保护理论不能完全阐释数字档案的保护，传统的纸质档案保护技术也无法完全适用于数字档案。

一、档案保护的实质比较

传统的纸质档案保护虽然有较丰富的内涵，但可总结为一个主题即对档案载体——纸张的保护（包括修复），以期延续档案的寿命。对纸质档案来说，信息的物理结构与逻辑结构是同时固化在纸张上的，也就是说，其物理结构与逻辑结构是一致的。例如，如果排错了页码，就不仅破坏了信息的物理结构，同时也破坏了信息的逻辑结构，而在同一页上信息的变动也一定会留下痕迹，所以说纸质文件的结构对用户来说是透明的。因此，纸质档案保护的实质是对其进行物理结构或物理实体的保护。数字档案的结构却要复杂得多，一方面，我们从它的载体上看不出它的任何信息；另一方面，数字档案存储在载体上的物理结构也是人的肉眼无法感知的，对用户来说是不透明的，这是因为数字档案物理结构取决于它所依赖的计算机系统的存储结构。随着网络和多媒体技术的发展，数字档案文件的物理结构更加复杂，有些文件中含有关系数据库中的信息，有些文件中含有超文本信息，还有些文件含有来自多个系统平台的有关数据。这种"复合型"文件可能随来源数据的变化而不断变化，可以这样说，电子文件已经失去了传统意义上文件实体的概念，而只是一系列动态信息的集合，数字档案必须依赖计算机软硬件平台对其内容进行转换，还原成逻辑形式才能够被人们阅读和理解。鉴于数字档案结构的复杂性以及其物理结构与逻辑结构的分离性，要保护数字档案的内容，主要是保护其逻辑结构不受其物理结构变化的影响，这是和纸质档案根本不同的。

简言之，纸质档案保护的实质是对其进行物理保护，而数字档案保护的实质是对其进行逻辑保护。

二、档案保护的技术比较

纸质档案的保护有悠久的历史，形成了一套较成熟的保护体系。传统纸质档案保护主要是在防霉、防蛀、防微生物及对破损纸张修裱加固、对扩散字迹修复等方面下工夫，或进行一些必要的缩微、复印等复制工作，这些载体只要避免天灾人祸，遵守管理和保护的相关要求一般就能达到长期保存的目的。

数字档案的保护包括对载体的实体保护、对计算机软硬件支撑环境的保护、对数字档案逻辑内容的保护、相关背景信息和元数据的保护以及安全保护，等等。

数字档案存储载体多为磁性和光学材料，其物理保护技术相对来说比较稳定和成熟，也需要防霉、防潮、防强光、防火灾、防水灾等，但其存放环境和防护设备与纸质档案相比有明显差别。由于数字档案存储载体信息容量大，档案软盘、磁带及光盘的排架长度与占用空间都很小，所以它对保存场地面积要求不高。但它对环境的温湿度、防磁性等条件的要求比较高，需要对库房内温湿度进行严格的控制，并配备除尘、防火、防紫外线、防高度磁场和电场的设施。比如要求有自动调温调湿设备、自动喷淋设备、自动监控设备等，除此之外，新型计算机病毒防护、黑客入侵等安全问题，也使数字档案保护技术一直在发展、探索。如何永久地保护数字档案的可存取性，如何解决软硬件环境和文件格式的兼容性，如何保障数字档案的原始性和完整性等问题还没有通用的、永久的、可靠的方法。

简言之，纸质档案保护技术相对稳定、成熟，而数字档案保护技术不够稳定、成熟，还有待更新与发展。

三、档案保护的时期比较

传统纸质档案从收集、积累、保存、利用到开放的各个环节可能存在损坏或丢失的危险，但总的来说档案保护工作一般是从档案入库以后开始进行的，入库之前基本上不用刻意对其进行技术上的保护，即传统纸质档案的保护时期是阶段性的，而且着重点在档案的保管。

数字档案保护不能只在哪个阶段进行，它的保护贯穿于电子文件整个生命周期。因为数字档案具有非实体性、不稳定性和对载体及运行环境的依赖性等特征，所以档案工作者要把注意力从它本身转向它的过程，因此从电子文件的生命周期之初就应充分注意到数字档案的各项管理标准、法规、安全技术等，各项要求应在电子文件的设计阶段做出，防止有长期保存价值的电子文件在形成、使用、归档过程中被破坏。所以数字档案的保护是一个系统工程，要从其设计阶段到销毁阶段实行全程的保护管理。

简言之，从保护的时期看，纸质档案是阶段保护，数字档案是全过程的、系统的保护。

四、档案保护工作的范围比较

纸质档案的保管一般来说是对已整理好并存放在库房中的档案进行日常维护的保护性管理,包括维护档案实体的秩序状态,使档案在存放和使用中始终有序;保护档案实体的理化状态,使其在存放和使用中不受或少受人为因素的损害,并尽量延长其物质形体的"自然寿命"。其库房管理要求要有适宜的温湿度,温度14～20℃,相对湿度应在50%～60%之间;要有有效的防护措施,如防火、防水、防潮、防霉、防虫、防光、防尘、防盗等。其保护技术是运用物理学、化学、生物学等自然科学的基础理论、实验方法,分析物质的结构组成、理化性质、环境因素等,这些技术在具体工作中主要应用在档案库房和档案馆中,强调在档案库房中的静态保护工作。

而数字档案的保护贯穿于电子文件的整个生命周期过程中,其运动过程中要经过文件形成部门、档案部门、计算机网络,未来以数字档案为主建立起的数字或虚拟档案馆,不仅保管和利用本馆馆藏档案,而且将成为全国各地乃至全世界各地相关档案资源的信息集散地、联结点。正如美国学者戴维·比尔曼所指出的,"未来的虚拟档案不再用收集、保管和提供现场检索的办法来管理,而是用控制有关文件信息及其利用方法来确保它们的保存、处置和利用。"也就是说,数字档案保护工作的场所不仅仅在一个固定的部门,一个固定的保管库房,或者一个固定的信息中心,而是一直处在变化的过程中。数字档案运动到哪里,数字档案的保护工作就深入到哪里。

简言之,纸质档案保护工作涉及的范围比较固定,属于静态保护,而数字档案保护工作的范围则大大拓展,且不固定地处于动态变化之中。

五、档案保管人员的社会关系比较

纸质档案是在文件完成了现实使用价值,并办理了归档手续而进馆(室)的,接下来档案基本上就在库房管理人员的监控之下,由库房管理人员对其进行保管和维护。也就是说库房管理人员一般只和档案馆的相关人员有社会互动关系,相对来说其他方面的社会关系和社会交往就比较简单。

数字档案的产生改变了纸质档案保管人员单一的社会关系。首先,数字档案保管人员和文件形成部门人员的关系更加密切,因为数字档案形成初期是在文件形成部门,档案部门必须要进行"前端控制",要对文书部门进行超前指导。同样档案保管人员也将比以往更需要得到文件形成者的支持和帮助;其次,数字档案保管人员将和计算机技术人员产生更多的互动关系,因为数字档案分布地点的分散以及数字档案安全保护的复杂性,使得档案保护人员不仅要保证脱机载体的安全,更重要的是要保证网上运行的文件数据库的操作正常、安全、有效。数字档案的安全防范、系统的运行等保护工作单靠档案人员已经不可能完成,档案人员离不开计算机专家的指导和帮助。

简言之，纸质档案保管人员具有相对稳定、独立的社会关系，而数字档案保管人员具有相对广泛、多样的社会互动与合作关系。

六、档案保护的费用比较

纸质档案的保护有很多方面的费用支出，如库房费用、维护费用和人工费用等。其中，库房费用是指建筑库房，包括库房硬件环境所需的费用；维护费用是指档案在保护或修复过程中所需设备和材料的费用；人工费用是指库房保护人员的工资、奖金及福利待遇。这些费用相对来说比较固定，成本也相对较低。

数字档案的保护贯穿在它的生命周期过程中，所以它的保护费用构成相对比较复杂，主要包括计算机系统的维护费用、载体保护费用、软硬件环境更新费用等。计算机系统的维护费用包括计算机系统的常规维护费用、安全保护费用等；数字档案新型载体保护费用包括维护新型载体库房及其环境所需的费用。和传统档案库房比较，新型载体档案库房的环境条件要求比较高，如自动调温调湿设备、自动喷淋设备、自动监控设备等。数字档案的新型载体，如磁盘、磁带、光盘、磁光盘等，受环境影响寿命有限，如磁性载体的磁性要退化，光盘的盘基容易老化变形等，为了保证这些载体的内容不致因其物理损伤或老化而消失，磁盘需要定期进行复制或迁移，磁带需要在一定时间内转录，这都需要定期增加费用。虽然新型载体保护费用相对纸质载体要高，但其存储密度远远超过纸质载体，库房面积大大减少，人力需要也相对较少，所以数字档案是时代发展的必然，越来越受到人们的青睐；要保证数字档案长久地保存并且能够正常阅读，其赖以生存的计算机系统需要不断更新，软硬件环境的更新也需要成本来维护。

简言之，纸质档案的保管费用构成相对固定、成本较低，而数字档案保管费用构成相对复杂，总体维护费用较高。

在互联网+时代下面对数字档案这种新型档案形式，人们必须不断地探索新的保护技术与方法，总结其与传统档案保护方法的异同，创新信息技术条件下数字档案保护的新体系。

▶ 第五节　档案制成材料的演变

我们伟大的祖国有丰富璀璨的文化典籍，其中档案文献浩瀚瑰丽，自从进入历史文明时期以来，甲骨金石、简牍缣帛、铁券金册、纸墨文书、磁带光盘等多姿多彩。从中国档案信息资源总体来说，其年代之久远，数量之庞大，内容之广泛，价值之珍贵实为举世罕见。几千年来社会生活日新月异，档案制成材料也不断发展变化。

一、甲骨档案

甲骨是龟甲和兽骨的总称。龟甲是乌龟的腹甲和背甲，兽骨主要是牛胛骨，也有少数其它动物的骨头。殷商时期，甲骨既是一种占卜工具，也是一种书写材料。甲骨档案是我国迄今所见的最早的档案。

甲骨档案，从其载体材料和记录方式来研究，可以了解当时社会发展的水平。从出土的甲骨档案可以看出，一篇完整的甲骨档案的制作大体分为取材、锯削、刮磨、钻凿、灼兆、刻辞、书辞、涂辞、刻兆九道工序。甲骨档案的文字多数是用铜刀或石刀刻在坚硬的龟甲、兽骨上，其文字大者径逾半寸，小者细如芝麻。甲骨文也偶有用笔写的字，所以甲骨文字是用刀笔刻写或毛笔书写的。

二、金石档案

"金，钟鼎也；石，丰碑也。"金石档案是金文档案和石刻档案的总称，是继甲骨档案后我国历史上出现的又一珍贵的历史档案。

1. 金文档案

古人称铜为金，金文一般指冶铸在青铜器上的文字。金文档案指冶铸在青铜器（包括铁鼎类）上具有备考作用的原始历史记录。

青铜作为档案载体是商朝后期出现的，到了西周时期数量逐渐增多。青铜是铜与锡的合金，铜是其中的主要成分，颜色青灰。最初的青铜器是供人们作物件使用，为了美观往往在器物上雕刻一些图案或文字。西周以后，青铜器的冶铸常常为了记事，以至作为"法律上的契约"，这时的金文才具有档案性质。金文档案的鼎盛时期在于西周，东周以后由于其它记录材料的使用，更因社会信息量的增加，钟鼎金文一般已不适应，因而逐渐衰弱。承载金文的钟鼎器，质地坚硬，铭铸技术精巧，历尽沧桑，经几千年的磨损仍保持基本面貌，这些金文档案丰富了我国历史档案的宝库，为古代社会以及许多方面的研究提供了珍贵的史料。

2. 石刻档案

在世界范围内许多民族都曾有过石刻档案，我国秦朝是石刻档案的盛行时期。这些石刻档案，既有帝王出巡、狩猎、宣扬功德、生产活动、社会重要事件的记述，也有颁发政令、规定法纪的文告等，内容极其丰富。其目的是"记功述事，昭示未来"，因而具有明显的档案性质。

石刻档案的形式多种多样。摩崖，将文字直接刻在山岩上；碑，专立一块长方形石头，并在其上刻文字；碣，也是一种长方形的刻石，头上是圆形的。这些作为书写材料的石头不仅取材方便，镌刻也比较容易。石刻档案传知范围广，又利于长久地留传，因而从春秋时期直到民国时期的石刻档案时有所见。

三、简牍档案

金石档案虽然坚固耐久，但其载体非常笨重，制造铭刻费工费力且不便于传递。因此，自商周直至东晋时期，特别是从周代到汉代一千余年间，多用竹片和木板撰写文书与记录档案，通常称作"简策""简牍""简书"，等等。

竹木资源丰富，取材和书写比较容易，编连篇幅比较灵活，也较便于保存和传递。但是对普通的竹木材料，需要进行一番加工制作，对新竹先要经过烘干"杀青"，也叫"汗青"处理，即"以火炙简令汗，取其青易书，复不蠹"，这样既便于书写又能防腐。我们现在还能得见古代大量的简册，这和当时的技术处理不无关系。

简牍上的文字是用毛笔蘸墨书写的，如果书写有错，用刀刮削后再写。所以，用竹木书写时，刀笔是同时使用的。笔、墨何时开始用于书写已无从考证，我国现存最早的笔是在长沙古墓中发现的战国笔，笔管及笔套均为竹制，笔头为兔毛。我国古代的墨主要是以松木燃烧所得的松烟为原料制成，其耐久性非常好。

四、缣帛档案

与简牍几乎同时产生的还有缣书、帛书。从考古挖掘的材料得知，商代织物除了麻布以外，还有丝织品的绮和刺绣，这为使用丝质载体的文书和档案提供了可能性。春秋战国之际纺织业较前更为发达，丝帛麻葛逐渐遍布城乡，既可供衣着又可作书写绘画材料。秦汉以后一些重要文书一般要用丝织的缣帛书写，缣帛档案的数量逐渐增加。到了晋代随着纸张的普遍使用，缣帛档案的数量才逐渐减少。

帛为丝织品的总称，缣是双丝的细绢。帛书的制作与简书有许多相似之处。帛书抄写前，先用朱砂划出竖格，其行宽与一根竹简的宽度相似。帛书是用笔书写的，字体墨黑，竖格红色，阅读起来清楚醒目。缣帛较容易腐烂难以长期保存，加之作为档案载体材料价格较贵，应用不如竹木普遍，所以缣帛档案发现较少。

缣帛作为文书和档案的载体材料，比竹木简牍显然更为进化。竹木简牍虽然价廉易得、制作方便，但它笨重携带不便，而且每根简容纳的信息量有限，编简成册后一旦散乱给读、藏带来麻烦。缣帛轻软平滑，面幅宽阔，易于着墨，剪裁灵活，传递保管方便，是一种较好的档案制成材料。

五、纸质档案

自汉代造纸术发明以后，纸的价格低廉、质地轻软、易于书写的性能日渐得到体现，人们开始使用纸张作为档案载体材料。从考古发掘的大量实物分析，公元2~3世纪为纸张的初期使用阶段，此时，简、帛、纸三者并用，以后纸张档案逐渐增加，到了公元5世纪，纸张最终取代了其它的档案材料并且一直沿用至今。由于纸的制作原料不同和造纸技术的不断改进，各个时代的纸有着显著的差异。宋代以前一般用麻制纸，宋末到元代用楮纸，明代以后用棉制纸，明末到清乾隆年间用竹纸，现代造纸技术已能够用一般纤维原料造出优质纸。随着现代造纸技术的发展，纸张的数量和种类也不断增加，既有历史悠久的手工纸又有机械生产的普通纸，纸张被应用到社会生活的各个领域，成为现代人类文化交流和知识传播的主要媒介。

纸张书写方便，记录在纸张中的字迹材料多种多样。目前常用的、常见的字迹材料有墨、墨汁、油墨、墨水、复写纸、圆珠笔、铅笔、印台油、印泥、科技蓝图线条等。造纸术的发明是中国古代科学技术发展的一项伟大成就。纸的出现为人类提供了方便价廉的书写材料，使文书、档案和其它文献的载体、记录方式、传播方式等发生了空前的变革，对当时及后来的档案工作产生了深刻的影响。

目前，纸质档案是现存档案中的主体成分，并在今后相当长的一段时间里仍然是档案的主要成分。所以研究纸质档案制成材料的特性对保护档案具有重大的现实意义，这也是档案保护技术学研究的重点。

六、电子档案

随着科学技术的发展和现代技术的广泛应用，自20世纪20年代以来一大批具有光、电、磁特性的唱片、胶片、磁带、磁盘、光盘等新型载体电子档案相继问世，这些电子档案的制成材料需要特殊的保管条件和方法，因而给传统的档案保护技术工作带来新的课题。

电子档案的历史并不长，但由于它们具有记录速度快、记录范围广、记录密度高、记录信息形式多样，易于检索、拷贝、传递等特点发展很快。电子档案按记录原理大致可分成四类：一是机械录音档案，如唱片的金属模版、唱片；二是磁记录档案，如磁带、磁盘、磁鼓、磁泡、磁卡等；三是感光记录档案，如银盐感光胶片、照片、重氮片、微泡胶片；四是激光记录档案，如光盘、光磁盘。根据载体材料的不同，可将新型载体电子档案分为唱片档案、胶片档案、磁性载体档案、光盘档案四种。根据记录手段和读取方式的不同，新型载体电子档案可分为声像型档案、缩微型档案、机读型档案三类。

电子档案与纸质档案相比不仅类型繁多而且载体成分复杂，伴随着科学技术的发展会有越来越多的电子档案产生，为了科学地管理好这些档案，必须研究电子档案的耐久性及其保护方法。

七、数字档案

数字档案与电子档案除有光盘、磁盘等同类的载体外，还有伴随新信息技术出现的网络载体形式，如云档案、区块链档案等，这几类档案的概念还在发展中，其保护技术尚处于应用开发阶段，因此仅从其档案应具备的特征角度加以阐释。

1. 云档案

云，是云计算的简称。它是 IT 技术的发展经历 PC 机时代、主机时代、C/S 时代进入网络时代、SOA 时代、语义网时代、WEB2.0 时代、网格计算时代、虚拟技术时代的产物。云档案是一种新兴的共享基础架构方法，其核心就是提供更加安全、更低成本的 IT 服务，虚拟化、整合性、安全性是其最基本的特性。云档案可以按照用户对资源和计算能力的需求动态部署虚拟资源，不受物理资源的限制。

云档案从最终用户角度可以表述如下：通过 Internet 以服务方式透明地使用/租用各类 IT 计算资源，而原来本地部署的部分服务改用远程服务，可定制、可集成。

云档案技术的主要特点是按需自助服务、通过网络获取、独立于地点的资源池、快速伸缩、按使用付费。即从服务提供和管理者的角度，对各类 IT 计算资源实现：虚拟化、服务化；资源的单点统一管理；高度自动化；高扩展性——动态伸缩能力；设备的透明更换、扩展；服务的动态加载/激活/休眠；高可靠性。

我国各地由于社会经济发展水平不同，档案信息化建设差距较大，已有的档案信息资源整合困难，档案信息知识管理与服务手段落后，致使共享程度低，但云档案技术将给破解这些问题提供新的思路，给档案信息化工作带来重大影响。依托国家党政内网、党政外网和互联网，国家或各省市档案局整合档案馆现有设施设备，构建全国性、区域性云档案平台（包括云存储平台）。档案部门可以利用云档案平台提供的数字档案馆系统管理数字档案，利用云技术平台提供的电子文件中心系统软件实现对电子文件的全程管理，利用云档案平台提供的云存储平台存储电子档案数据。各级档案馆即是云档案的使用方、受益者，又可以作为云服务的开发者、提供方。

云档案技术研究目前处于初级阶段，还有许多问题需要解决。如档案部门使用云档案的安全问题、数据集成问题、标准问题、版权纠纷问题、技术和系统管理问题等。但云档案技术作为既能提高资源利用率和节省总拥有成本，又能增强 IT 灵活性和效率的新方法，它将带来工作方式和商业模式的根本性改变。随着云档案技术的进一步发展及云档案理念的广泛接受，云档案技术必将成为重要的信息技术，云档案平台也将成为重要的基础设施，基于云档案平台的应用也将成为人们重要的选择。

2. 区块链档案

区块链是一种利用特定方式储存在计算机磁盘等设备中的数据信息，是一个去中心化的数据库。而数字档案属于一种数据信息，因此区块链技术可以应用于数字档案的管理中。区块链技术作为一种新兴技术，拥有着去中心化、开放性、自治性、信息不可篡改、匿名性等特征，其中去中心化、开放性、信息不可篡改三大特征有助于数字档案的管理。

（1）去中心化　去中心化是区块链技术的核心特征，将中心节点去除，弱化中心控制，使得每个节点都拥有高度自主权，所有节点之间的影响通过网络形成非线性因果关系，即当一个节点发生改变的时候，其余的节点并不会随之改变。因此，当其中一个或多个节点发生故障的时候，其余节点还是可以正常运行，等故障节点修复后就可以再次加入网络继续工作，从而提高了系统运行的稳定性。

（2）开放性　区块链具有一定的开放性，其中储存的数据均可查询。除此之外，还可以通过公钥、私钥来对其进行加密，限制数据的访问权限，使得数据在可控范围内进行共享。

（3）信息不可篡改　将信息分布存储在区块链中的各个节点里，只有当大部分节点达成"共识"才能形成一个新的区块，这样当节点数目足够大的时候，想要篡改区块链中的信息几乎是不可能的。

根据以上三大特征，区块链技术在数字档案管理中的应用优势如下。

（1）去中心化与安全存储优势　在传统的中心式档案管理模式下，纸质档案只存储在相应的档案保管机构，人们只有通过档案保管机构才能获取到档案。但当档案保管机构发生突发事件、重大变故或遇到自然灾害时，档案可能会遭到破坏甚至消失。而在采用中心式管理模式管理数字档案时，除了突发事件、重大变故或自然灾害外，非法入侵也会导致数字档案的损毁，因为数字档案是存储在电子设备中，只需要通过一些技术手段就可以在任何地方对数字档案进行破坏，不受保存地点的限制。而区块链技术就可以很好地解决上述问题，区块链技术是将档案存储由原来的中心式变成了分布式，实现了去中心化，在每个节点中都保存一份完整的档案，当一个节点出现问题的时候，不会影响其它节点正常工作，通过其它节点依然可以获取到完整的数字档案，从而保证数字档案的存储安全。

（2）开放性与促进共享优势　随着档案利用意识和服务意识的不断提高，档案已经从原来的"重藏不重用"向"重藏更重用"转型，要想提高档案的利用率就需要具有一定的开放性，通过共享达到对档案资源利用的最大化。相较于纸质档案来说，数字档案在开放性上具有一定的优势，但是由于目前我国各档案管理部门之间缺乏有效的共享机制，给数字档案的开放共享带来极大的不便。为了解决数字档案的开放和共享问题，需要对其进行整合，建立统一的共享平台，但各档案管理部门使用的管理系统技术标准可能不一致，整合这些数字档案就非常棘手。而区块链技术的出现能很好地解决这些问题，区块链系统是开放的，通过该系统可以对数字档案进行查询、开放、利用，并且可以通过私钥、公钥限制用户的访问权限，做到数字档案在一定范围内开放。

（3）信息不可篡改与防止删减优势　在中心式管理模式下，除了档案保管机构之外，其余机构不参与档案保管，这样就无法对档案进行有效监管，而监管不力可能会导致档案被篡改或删除。针对这一问题,目前人们使用专业的计算机技术将数字档案生成为只读文件,以此来保证数字档案的原始性。而区块链技术是一种不依赖第三方通过自身分布式节点进行数据交互、验证、存储的技术方案,其实质就是在信息不对称的情况下,无需相互担保信任或第三方核发信用证书。也就是说在区块链技术下,想要对数字档案进行修改就需要得到区块链中大部分节点的"认可",当区块链中的节点数量越多时,想要修改其中的数据就越困难,也就越能够保证数字档案的原始性,保证数字档案不被篡改和删减。

区块链技术为数字档案管理带来了质的变化,区块链技术必将在数字档案保护中发挥越来越重要的作用。

第二章

档案安全保护体系

第一节　档案安全保护体系的必要性

信息时代档案在其全生命周期中始终伴随着各种风险,按风险的来源可分为两类:一是档案工作各环节中来自人的风险;二是不可准确预知的自然灾害。具体来说有以下4个方面。

其一,档案对计算机系统的依赖性及信息内容的易更改性使档案信息的原始性难以保障。

其二,档案的信息特性和载体的物化性能使其保护技术更加艰巨复杂。

其三,网络空间的复杂性使档案的知识产权保护更为严峻。

其四,档案存活期间面临的自然灾害风险。

因此,在档案日常管理工作中如何保障档案安全,遇到灾害时做好档案应急处理等工作极为重要,建立起系统、完善、可靠、智能的档案安全保护体系至关重要。

第二节　档案安全保护体系的构成要素及功能

档案安全保护体系是由载体材料保护、信息安全保护、保护法规体系三个子系统组成。档案安全目标一旦确立,载体材料保护、信息安全保护和保护法规建设都将围绕着它而被建立起来,为实现档案安全目标服务。因此,档案安全目标对档案安全保护体系起着导向的作用,这种导向过程是一个动态调整的过程,一方面,档案安全保护体系不断调整结构以符合档案安全目标要求;另一方面,档案安全保护体系在具体运行过程中也可能会发现档案安全目标与档案安全保护实践相冲突而无法实现,这就需要对档案安全目标进行修正和调整。

档案安全保护体系建立之后就要指向并作用于档案安全,发挥其功能。具体而言,保护法规建设的主要功能是为档案安全提供权威、有效的保护,同时为载体材料保护和信息安全保护提供法律支持,促进其功能的充分发挥;载体材料保护的主要功能是保护档案载体,进而保护档案安全,并为信息安全保护提供载体条件;信息安全保护的主要功能是保护档案的信息安全,并为保护法规建设和载体材料保护的动态调整提供反馈信息。这三个子系统在结构上是协调的、在功能上是耦合的,三者相互补充、相互促进,其中心就是档案安全目标。

一、档案载体材料的保护

档案载体材料的保护与以信息技术为核心的前沿自动化技术和新材料技术紧密相关。

首先,档案载体材料的保护离不开前沿自动化技术。如温湿度的控制是——档案保护中最重要的环境因素,适宜的温湿度对档案信息的可存取性至关重要。国家档案局颁布的行业标准《磁性载体档案管理与保护规范》推荐的最佳保护温度为18℃,相对湿度为40%,且在24h内温度变化不得超过3℃,相对湿度变化不得超过5%。如此苛刻的温湿度条件,必然要求建立自动监测控制系统,利用温湿度传感器、计算机网络和空调等设备自动精确控制档案保管库房的温湿度。与此相类似,在防止灰尘、防止外来磁场、防紫外线和有害气体等方面均可采用相应的自动监测控制系统,做到既高效又准确。再如防止档案载体材料的机械震动方面,则可以考虑在档案的存放容器和使用平台中安装电子自动防震系统。可见,完善的档案载体材料的保护需要以信息技术为核心的办公自动化技术的支持。

其次,档案载体材料的保护离不开新材料技术。档案载体材料的损坏除了外因还有内因,内因是指档案制成材料的性能。决定档案制成材料本身耐久性的主要原因有原料的质量、材料的化学成分及其物化性能、材料的生产工艺过程等方面,而这些因素与新材料技术息息相关,随着新材料技术的不断发展,档案制成材料的耐久性会不断提高。如20世纪末发明的计算机光盘技术如今已被广泛使用,并随着新材料和新工艺的应用,其存储密度、灵敏度、分辨率、信噪比、抗高温高湿性、抗缺陷性能、理化性能、稳定性等方面均有较大的提高。

二、档案信息安全保护

档案信息安全保护工作充分体现出高科技集成性。由于档案信息记录的原理与纸质文件截然不同,必须采取多种技术手段和措施对信息加以保护。

1. 信息加密技术

防止档案被他人截获或修改,以实现信息的保密,有对称加密体制和非对称加密体制两种。

2. 信息认证技术

其实用技术主要有数字签名技术、身份识别技术和信息完整性校验技术等。

3. 防治计算机病毒

制定严格的防病毒机制，使用各种软硬件杀毒技术等。

4. 网络安全技术

网络安全技术主要有防火墙技术、漏洞扫描技术、入侵检测技术等。防火墙技术主要有数据包过滤、代理服务器、监测型防火墙等。漏洞扫描技术通常采用被动式策略和主动式策略进行检测。入侵检测技术是对计算机和网络资源的恶意使用行为进行识别和响应处理的方法。

5. 信息长期可存取性

目前主要采用软件仿真、数据迁移、载体转换等技术手段。

档案信息安全保护技术既相对独立，又相互补充，均为当今信息技术的前沿和核心技术，它们是动态的，是随着信息技术和材料技术的进步而进步的。档案信息安全不仅与载体的物化性质有关，更与元数据安全、计算机安全、网络安全和计算机软硬件技术的生命周期等方面有关，因此数字信息时代档案安全保护技术由单纯性的载体保护转变为系统性的高科技集成保护。

三、档案保护法规体系

档案保护法规体系可分为四个层次：一是国家权力机关制定的档案法律；二是国务院、中共中央办公厅及国务院办公厅发布的有关档案工作的决定、规定、条例；三是国家档案局及其与有关机构联合发布的有关档案的通则、条例、规定、办法、标准等；四是各级地方档案事业管理机关和各专业主管机关根据全国性的档案法规，结合本地区、本专业系统具体情况制定的档案工作规章制度等。

国家权力机关制定并已颁布实施的档案法律是《中华人民共和国档案法》《中华人民共和国档案法实施办法》，它们是档案工作及档案保护工作的根本大法。近年来，我国针对档案、信息网络化及互联网存在的问题还颁布了《中华人民共和国电子签名法》，这部法律的出台，标志着我国首部"真正意义上的信息化法律"的正式诞生，从此电子签名获得与传统手写签名和盖章同等的法律效力，意味着在网上通行有了"身份证"。

▶ 第三节　档案安全预警机制的建立与实施

一、档案安全预警级别和预警响应

1. 档案安全的预警级别

档案安全应根据紧急程度、危害大小、涉及范围以及需要调动的人员、资金、资源等情况,将档案安全预警级别划分为"一般"级、"较重"级、"严重"级、"特别严重"级四个级别,并依次采用蓝色、黄色、橙色和红色加以表示。

预警级别由承担档案安全处置的档案馆(室)依照所确定的预警等级提出预警建议,并报国家档案局批准。

一般或较大级别的预警,由提出预警建议的档案馆(室)按照有关规定组织对外发布或宣布取消。重大或特别重大级别的档案预警信息发布,需报请国家档案局主要领导批准,由档案馆(室)统一对外发布或宣布取消。

各档案馆(室)应密切关注安全事件进展情况,并依据安全事件变化情况,适时调整预警级别,并将调整结果及时通报各档案馆(室)。

2. 档案安全预警响应

(1) Ⅰ级档案安全预警响应　国家档案局领导、各省市档案局领导进入一线工作岗位指挥预警工作,实行24h值班;各馆(室)与上级主管部门保持密切联系,随时进行会商;有关人员立即取消休假和外出,就地待命;及时收集预警信息并做出分析;每3h提供一次档案安全演变情况,每3h向应急机构和上级主管部门汇报档案安全分析情况,提出决策建议。

应急机构接到Ⅰ级档案安全预警报告后,视情启动相应级别的档案安全应急预案,组织有关部门协助各馆(室)做好档案安全预警信号发布、档案安全信息收集工作,履行相应的职能。

(2) Ⅱ级档案安全预警响应　国家档案局领导、各省市档案局领导进入一线工作岗位指挥预警工作,实行24h值班;各馆(室)与上级主管部门保持密切联系,随时进行会商;有关人员立即取消休假和外出;每6h向应急机构和上级主管部门汇报档案安全分析情况,提出决策建议。

应急机构接到Ⅱ级档案安全预警报告后,视情启动相应级别的档案安全应急预案,组织有关部门协助档案馆(室)做好档案安全预警信号发布、档案安全信息收集工作,履行相应的职能。

(3) Ⅲ级档案安全预警响应　档案馆(室)值班负责人进入工作岗位做好预警准备工作,实行24h值班;及时收集预警信息并做出分析;每12h提供一次档案安全演变情况,每12h向应急机构和上级档案部门汇报档案安全分析情况,提出决策建议。

应急机构接到Ⅲ级档案安全预警报告后,视情启动相应级别的档案安全应急预案,组织有关部门协助各馆(室)做好档案安全预警信号发布、档案安全信息收集工作,履行相应的职能。

(4) Ⅳ级档案安全预警响应　档案馆(室)值班负责人进入工作岗位做好应急准备工作,实行24h值班;及时收集预警信息,并做出分析;每24h提供档案安全演变情况,每24h向应急机构和上级主管部门汇报档案安全分析情况,提出决策建议。

应急机构接到Ⅳ级档案安全预警报告后，视情启动相应级别的档案安全应急预案，组织有关部门协助档案馆（室）做好档案安全预警信号发布、档案安全信息收集工作，履行相应的职能。

二、档案安全预警系统的构建

1. 预警信息采集系统

在各种安全事件发生之前，应该从各角度、各方面加强对安全事件的监测与预警信息的收集。如何准确地预防灾害与危机的产生，最为关键的是要全面、完整地收集和扫描各种事件、问题及其相关的各种信息，进而确定各种灾害与危机对档案安全管理的影响程度、影响因素以及各种灾害对档案安全防范的潜在影响，从而能够积极有效地防范和疏导引发各种灾害的可能性，档案部门据此能够争取把灾害消灭在萌芽状态，将灾害造成的损失减少到最低限度。是否能够准确掌握安全事件信息是档案管理成效的直接影响因素。

各档案机构要及时关注政府相关部门发出的预警信息，设立专门的信息采集部门，并配备人数合适的信息收集人员，做好日常信息收集、整理、汇报工作。同时要加强自身的安全系统建设与管理，例如消防设施、电路设施、监控系统、档案信息资源网络系统、报警系统等，要设置专业技术人员负责检查、做好记录，发现安全隐患及时排查并上报。

2. 预警信息分析系统

预警信息分析系统主要是将从各方收集到的信息、情报进行整理、分类，对大量相关信息进行深层次的思维加工和分析研究，并形成有助于问题解决的新信息，这是安全事件管理预警信息分析系统的核心。预警信息分析系统需要在档案安全信息数据库的基础上进行信息分析，数据库提供的数据越全面，信息分析的结果越准确。同时可以组成以档案专业技术人员、灾害专业技术人员、实施抢救专业技术人员等为主要成员的专家组，结合安全事件信息数据库，对已发生的安全事件级别较高的重大安全事件进行分析，分析安全事件发生的原因、过程，对安全事件造成的损失进行评估，并对错误虚假信息和干扰信息进行排除，为以后安全事件信息分析起到警示作用。经过对信息的判断、识别和分析，预警信息分析系统掌握了较为真实、全面的信息，形成快速反应的信号并发出指令，为整个安全事件管理系统做好决策准备。

3. 预警决策制定系统

依据预警信息分析系统对信息分析评估得出的数据结果。并根据档案安全管理系统的预警体系指标，包括档案库房的库藏量、信息化建设的各数字化硬件设备数量和备份设备数量等判定安全事件警报的级别，并决定是否发布安全事件警报指令。档案安全预警系统如图2-1所示。

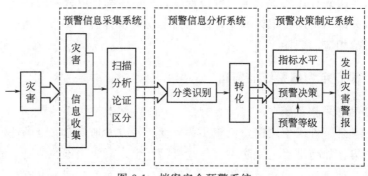

图 2-1 档案安全预警系统

三、档案安全预警实施流程

1. 档案安全的预警监测

① 为了有效地进行监测,应尽量广泛扩大信息收集面,通过各种途径收集保存各种风险信息,包括档案馆(室)外部环境、内部环境,做到全面掌握。

② 完善档案安全预警监控系统,值班人员应对各种系统是否正常运行进行监控,包括视频实时监控系统、门禁系统、防盗报警系统、消防监测系统、专用通信系统、入侵报警系统、与消防公安等部门报警联网系统、温湿度监测系统等。若系统不能保持正常运行,应及时与相关人员联系,以保证监测系统正常运行。

③ 依据收集到的档案安全信息,对档案馆存在的各种潜在危险进行分析评价,即对档案安全可能发生的类型、时间、概率进行预测分析,结合已发生的各种档案安全进行原因、过程分析和发展趋势预测,分析风险趋势向灾害转化的概率,做出是否需要发出预警报告的判断,以便发出及时、准确的预警报告并据此形成档案安全应对的总体规划。

2. 档案安全的预警评估

① 对安全事件发展过程进行分析,全面描述安全事件发生的诱因、演进过程和扩散方式,预测安全事件类别、安全事件大小、安全事件持续的时间以及安全事件对档案的影响等,并将监测和分析结果及时上报上级部门。

② 对安全事件危害程度进行识别和判断,如实反映已受到的损害,估计可能发生的潜在危害,分析安全事件损害档案的程度。

③ 对安全事件的消除形成可行性报告,确认安全事件可能威胁到的档案范围,指明应对安全事件所需要的主客观条件和内外部资源,针对防控安全事件的可行性策略提出建议。

3. 档案安全的预警预报

① 各馆(室)在预报责任范围内,预报或监测到档案安全后,经审核符合档

案安全预警级别的，应立即完成档案安全预警报告表，由各馆（室）领导或负责人签发后，及时迅速上报上级机关部门。报告内容应包括档案安全类别、影响时间、地点、范围、强度、预警级别、未来变化趋势和决策建议。

② 各馆（室）应在接到预警信息后，立即向相关责任人通报。

③ 保存档案的相关机构要优化组织结构，上至主管领导下至保安和保洁人员，应依托先进的信息技术保证信息传递的畅通，确保预警信息能够及时上传下达。预警信息的传递包括档案安全的类型、安全事件的危害程度和可能的持续时间、预警信息的来源、预警信息的日期时间、安全事件区域明确所在地以及所要采取的预防措施等。预警内容准确明了对后续相关工作会起到非常重要的作用，只有信息精确才能使得档案工作人员按照预警传递的各方面信息做好充足准备。

4. 档案安全预警级别变更

各档案馆（室）应密切关注档案安全演变情况，并根据安全事件的影响程度，适时调整预警级别，调整结果应及时向各档案馆（室）通报。

5. 档案安全预警终止

档案安全影响结束后，由各馆（室）及时完成档案安全预警终止报告，由预警启动签发人或相关负责人签发后，终止各级预警。

▶ 第四节 基于物联网的档案保护

物联网（Internet of Things，IOT）是一个基于互联网、传统电信网等信息的承载体，让所有能够被独立寻址的普通物理对象实现互联互通的网络。物联网技术的核心和基础仍然是互联网技术，是一种在互联网技术基础上延伸和扩展的网络技术，它将互联网技术的终端由传统的信息技术设备延伸和扩展到任意物体，并使任意物体之间可进行通信。一般来说，物联网技术由射频识别技术、传感器技术、网络和通信技术、数据处理与融合技术等四方面组成，射频识别技术和传感器技术作为物联网的前端技术是物联网功能设计的主要参考因素，网络和通信技术、数据处理与融合技术属于物联网的后端支撑性技术，起到为射频识别和传感器提供由识别数据向应用转换的作用。

一、基于物联网的档案保护技术体系

基于物联网的档案保护典型架构是"7（层）+2（体系）"的结构。7层分别为用户层、终端展示层、应用层、平台层、网络层、设备层和感知层，2体系分别为标准规范体系和安全保障体系（图2-2）。

（1）用户层 物联网的服务对象包括档案馆（室）的领导、档案馆（室）的工作人员、抵馆办公的外部人员和档案利用者等，以及在物联网技术环境中直接受益的馆（室）楼宇、各类档案和各种设施设备等。

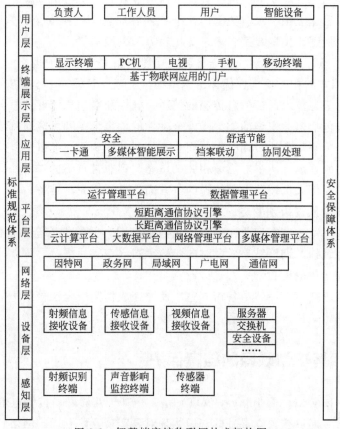

图 2-2 智慧档案馆物联网技术架构图

（2）终端展示层　终端展示层分两部分，一部分为用于物联信息保护和展示的软件系统平台，一部分为运行软件系统平台的硬件终端。门户展示平台是各类用户与智能档案馆物联网环境交互的接口，硬件终端则是各类用户通过门户展示平台使用智能档案馆物联网的直接可操作设备。

（3）应用层　应用层提供各类完善的档案馆应用系统，是终端展示层的功能组件。物联网技术为档案保护带来的变革主要体现在两大方面：运行的安全、环境的舒适节能。安全方面涵盖"平安档案""平安人员""平安楼宇"和"平安设备"四大应用，用以提升馆藏档案资源、进出人员、楼宇建筑和设施设备的安全管理水平。舒适节能方面涵盖"舒适控制"和"能耗管理"两大应用，用以提升工作空间的舒适度并有效降低能源消耗总量。

（4）平台层　平台层为用户终端提供保护服务，为应用层提供可共用的系统平台和通信协议，并为应用层提供与其他外部系统进行通信、数据交换的接口，是保障终端展示层和应用层正常运行的基础软件和功能部分。

（5）网络层　网络层主要实现网络连接和通信接入功能，包括物理隔离的内部局域网的建设、因特网和政务网的接入和互联、广播电视网和固定电话通信网的接入和互联,以及短信、2G、3G、4G和5G等移动通信网的接入等。

(6) 设备层 设备层是物联网技术环境的硬件基础设施层,包括各类射频识别、传感器和音视频监控产品的信息接收设备,支持短信、2G、3G、4G和5G移动网络通信协议的物联网模块,以及承担基础组网服务的服务器、交换机和安全设备等。

(7) 感知层 感知层是物联网技术环境相较其他信息技术平台较为特殊的前端设备层,承担整个档案馆环境内的各类信息感知服务,包括各类传感器产品、射频识别产品和音视频监控产品等。

(8) 标准规范体系 标准规范体系是智慧档案馆的运行规范保障,包括技术标准、业务标准和整体解决方案等。

(9) 安全保障体系 安全保障体系是智慧档案馆的运行安全保障,包括备份策略、升级策略和安全运行方案等。

二、基于物联网的档案保护典型应用

物联网是第三代互联网技术,可为档案提供智慧的互联服务,下面介绍物联网技术在档案保护中的典型应用。

(1) 可大幅提升档案保管环境的安全性 在物联网环境下,档案馆工作人员和来访者均配发RFID标签,结合射频识别和传感器(红外线侦测、柜体振动侦测等)等技术,可以通过微动侦测实时感知在档案库房区域或其他馆内重要区域是否存在非工作时间进入或非合法授权进入的人员,将异常位置相关联的监控摄像机位的影像记录进行路径跟踪,同时自动锁闭事发区域和相邻区域的全部门禁并通知安保人员,从而达到对档案的安全管理和保护。

(2) 可智能调节档案库房环境 由于物联网核心技术可以在档案库房中安装各种感知芯片,并在芯片中存储设定信息,使其能"感知"档案库房的保存环境,及时自我调控、及时预警,包括温湿度自动测控、自动防盗报警、自动防火和灭火报警、自动通风换气、自动消毒灭菌、自动灯光照明状态监测等,通过自动感知系统实现档案库房的智能化管理。只要感知系统正常供电,它就能实时监控库房的情况,如果库房情况与系统编好的库房环境标准状态不匹配,系统就会自动给予补偿,使档案库房重新达到标准状态。可见物联网技术能够使档案库房实现智能化管理,更有利于各类档案的保护。

(3) 可提供智能的监控和警示服务 物联网技术可为档案馆提供更为智能的监控和警示服务,可降低馆内各工作空间的能源消耗水平。在楼宇监控和警示服务方面,通过楼体承重感应器,可以实时监控楼内任一独立区域内的承重压力,承重临近极限时可自动临时关闭该区域并向有关部门报警;通过消防感应设施,可在火警触发时通过智能终端及时提醒相关危险区域内的人员迅速撤离并指示撤离路线，待各类感应设备确认人员全部撤离后可自动封锁相关危险区域，并及时开启可能对人体产生危害的消防设施，从而达到对档案建筑、档案库房设施及档案资源的保护。

（4）可安全防盗和自动报警　档案保管及利用安全问题是档案馆的一项重要工作，除了一般的库房安全建设设施外，档案馆还需要完善的安全防盗功能。物联网技术不仅可以定位档案本身，而且具有防盗报警功能，它采用无线电波防盗侦测门禁系统，将电子防盗功能和阅读设备整合在一起，使档案馆的防盗系统更加灵敏，未经许可的档案在被带离出馆室时会自动报警，同时能自动触发视频摄影设备，即使电子标签因磨损存在盲点也可以检测到，从而大大保障了档案的安全。

第三章

档案库房建筑、设备与装具

档案库房是保存档案的重要基地，档案库房建筑与设备是保护档案、延长档案寿命的基本物质条件，是档案保护技术学的一项重要内容。

第一节 档案库房建筑

一、档案库房建筑的重要性及原则

1. 档案库房建筑的重要性

档案库房是保护档案最基本的物质条件，其重要性主要体现在两个方面。

一方面，档案库房是档案保护技术中长期起作用的因素，库房建筑的好坏直接影响到档案的保护条件。这与日常的库房技术管理有所不同，库房技术管理措施若有不适，改动较为容易；而库房建筑不合要求，改动则很困难。另一方面，档案库房建筑的好坏也直接影响到库房管理措施的效果及费用。管理措施效果的好坏以库房建筑的好坏为前提，如果库房建筑符合档案保护的要求，库房管理措施的效果就很显著，费用也会降低。否则，管理措施效果就差，费用也高。

由此可见，档案库房是保护档案的重要基地，档案库房建筑在档案保护中具有特殊的地位。如今，虽然有先进的设备和技术可以将库房的各项空气质量指标控制在规定的范围内，但这种控制是建立在库房建筑的基础之上。所以，各个国家都非常重视档案库房的建设。一些发达国家很注重档案库房的结构、设施、技术、规模等的研究，国际档案工作会议也曾专门研究和讨论过这些课题。

2. 档案库房建筑应遵循的原则

档案库房建筑应遵循适用、经济、美观的原则。这个原则在档案库房建筑方面具有特殊的意义。

适用是档案库房建筑最基本、最重要的原则。档案库房是一种特殊性建筑，它既不同于办公室，也不同于普通仓库。档案库房是保存档案的基地。这就要求档案库房必须符合档案的保护条件，具有防热、防潮、防光、防尘、防有害气体及防火、防盗等技术性能。档案部门要根据档案保护的特点，向有关建筑设计部门提出基本要求。为了适应档案库房建筑的需要，保证档案库房建筑设计的基本质量，住房和城乡建设部、生态环境部和国家档案局公布了《档案馆建筑设计规范（试行）》。该规范总结了我国建国以来档案馆建设的实践经验，对档案库房的技术要求作了科学的规定，是建筑适用的档案库房的主要依据。此外，档案库房的设计与建造应与当地的气候相适应。不同气候区具有不同的气候特征，档案库房建筑应注重考虑当地的气候环境，建造适合档案保护条件的库房，如华中气候区的档案库房建筑应注意防潮降温，东北气候区的档案库房建筑应注意防寒、采暖、保温。

经济是指在基本适用的前提下，兼顾一定时期内国家经济能力和技术发展水平。这有两个方面的含义：一是有些技术要求高、投资大的项目、设施，在一时财力达不到的情况下，可以分批分期进行。二是按照保存档案的重要程度不同，在建筑的设计和投资上有所区别，即保存的档案重要，建筑要求可高一些；反之，建筑要求可适当降低，不可一切实际地追求高标准和高水平。同时，也不能把经济原则简单地理解为少花钱而不顾适用性。如果一个档案库房建成后，根本不适用，就会给档案保护带来很多问题，甚至使档案受损。正确的做法是把投资的多少与达到的经济效果统一起来考虑，即把档案库房建筑的有限投资尽量用在档案保护的一些基本要求上，以取得最大的经济效益。这才是经济原则的主要目的。以档案库房的窗户为例，若其少而小，不仅有利于防热、防潮、防光、防尘，又可降低造价，因而符合既适用又经济的档案库房建筑原则。

美观是档案库房建筑设计中不可忽视的一个重要方面，特别是在城市，通常要考虑能否与周围的建筑物相匹配，将档案馆建筑融入城市建筑群中，使其协调一致。但应明确的是，档案库房是一种特殊建筑，有其自身的特殊要求，这些特殊要求可能会影响到建筑物的美观。因此，美观必须服从适用和经济的原则。美观原则要求档案库房建筑在符合适用和经济的前提下，尽量达到美观大方、协调一致。

二、档案库房建筑的基本要求

1. 档案库房地址的选择

档案保管条件的好坏与档案库房建筑有着密切的关系。而档案库房建筑是否适用，在很大程度上取决于库房地址的选择。

档案库房地址的选择是一个既重要又复杂的问题。之所以重要，是因为如果选址不当，会给档案管理工作和档案安全带来严重的后患，且无法改变，往往只好弃之不用，另建新库，造成不必要的损失和浪费。之所以复杂，是因为地址的选择要考虑多种要求，而有的要求之间又可能会出现不同程度的矛盾，实际情况则很难完全符合各项要求。因此，选址时，应当根据有关资料和档案库房特殊需要，从具体情况出发，反复研究，多方对比，权衡轻重，慎重考虑，才能做出合理的、正确的决定。

档案库房地址的选择应注意以下几个问题。

(1) 要有利于防潮　应认真研究当地的水文资料和地震资料,要在合乎《档案馆建筑设计规范(试行)》的范围内进行库房建筑。档案库房不应选在靠近江河湖泊或地势低洼的地方,以防水患和地基下沉。同时还应考虑地下水位情况,不应选在地下水位高的地方,以免受到地下水及地面潮湿的影响。

(2) 要有利于防有害气体和灰尘　档案库房应选在空气比较清新的地方,尽量避开能产生二氧化硫等有害气体的工矿企业及其下风处,以免受其排放的有害气体及烟尘的影响。因此,在选址时应取得周围环境的监测数据,并向城建部门了解情况,以保证在目前和远景规划中,在其周围一定范围内(例如 5~20km 的半径),不会建造能产生有害气体及烟尘的工矿企业。

(3) 要有利于保护档案的安全和提供利用的方便　在确保档案安全的条件下,档案库房应尽量选在主管机关的附近,远离易燃、易爆物,便于防火、防盗和提供利用。尤其是中、小型档案馆的档案库房应更多地考虑到利用上的便利。一般来说,库址不宜选在城市繁华的中心区;为了防火,库房建筑应与其他建筑保持一定的距离,并且不应暴露在临街的位置上;同时,也不应选在远离城市的偏僻地方,应注意交通与提供利用的方便。

(4) 要有利于将来档案库房的扩建　从长远发展来考虑,档案馆要不断地接收档案进馆,因此档案库址周围应留有空地,将来可根据需要扩建库房。

2. 档案库房建筑的防热

(1) 热传递的方式　物体热能之间的传递方式有三种:传导、对流和辐射。传导是热量从一个物体的一部分传到另一部分或者由一个物体传到与它相接触的物体的热传递方式。不同物体的热传导量不同,传热量的大小用导热系数表示。导热系数与物体的截面积和温差成正比,与物体的厚度成反比。各种材料的导热系数是不同的。同一种材料的导热能力与材料的温度、湿度等因素有关。对流是依靠流体自身的移动来传递热量的。对流可使流体与固体表面接触,交换热量。对流换热量的大小与流体的流速、固体表面的光滑程度以及流体的导热系数等因素有关。辐射是以电磁波形式传递热的,它除了与辐射物体的温度和辐射时间有关外,还与被辐射物体表面光滑程度及颜色有关。被辐射物体表面越光滑,吸收的辐射热越少;反之,吸收的辐射热越多。

当热射线落到物体上时,一部分被吸收,一部分被反射。如遇到透明的物体,还有一部分可以透过。吸收系数是指物体表面能吸收的热辐射量占太阳射来的热辐射量的百分比。物体表面的颜色越浅,其吸收系数越小;颜色越深,其吸收系数越大。

(2) 库房屋顶的防热

① 库房屋顶的防热形式　目前,建筑屋顶结构形式一般有两种:人字形屋顶

和平顶式屋顶。从档案库房的防热效果看，人字形屋顶比平顶式好。而平顶式屋顶外表受太阳照射而接受的辐射强度，不论是一天的总量，还是24h的平均值、最大值，都比人字形屋顶大。

② 库房屋顶的结构　目前库房屋顶的隔热结构主要有两种：一种是实体材料隔热屋顶，另一种是通风间层隔热屋顶。

实体材料隔热屋顶是在屋顶上铺设一层隔热材料来提高隔热效果。由于空气的导热系数很小，因此实体材料隔热屋顶多选用一些多孔的、容重小的轻质材料，通常有泡沫混凝土、矿棉、煤渣、稻草板、泡沫塑料、膨胀珍珠岩混凝土等。

通风间层隔热屋顶是在屋顶的面层和基层之间设有一定的空间，空间里充满了流动的空气，通过这些流动的空气带走一部分热量，从而提高屋顶的隔热效果。通风间层隔热屋顶既可用于平顶式屋顶，也可用于人字形屋顶，且白天能隔热，夜晚易散热，是一种较好的隔热结构，特别适用于夏热冬暖地区。和实体材料隔热相比，通风间层屋顶的隔热效果要好得多。

③ 库房屋顶的颜色与隔热效果　屋顶的颜色与隔热效果也有明显的关系，档案库房屋顶外表应尽量选择浅色的建材。

(3) 库房外墙的隔热　气温对各朝向的外墙影响是一样的，而太阳辐射热对不同朝向的外墙影响不同。太阳辐射热对东西垂直面的外墙影响最大，其次是南向垂直面的外墙，影响最小的是北向垂直面的外墙。因此，外墙隔热的重点是西墙隔热。

为了取得理想的隔热效果，墙体应选择导热系数小、蓄热系数大的材料，如石砌体、钢筋混凝土等。

在外墙建筑方面，除了使用具有隔热能力的建筑材料并加厚墙体（包括墙体内外抹10～15cm厚的水泥砂浆）外，还可以采用以下方法进行隔热。

① 空气间层隔热墙体　空气间层隔热墙体就是空斗墙或双层墙。它是利用两层墙体中的空气层来隔热的。

② 墙体外表面涂抹光滑的浅色涂料　不同颜色的建筑体表面对光的吸收作用不同，浅色的吸收率小，颜色越深，吸收率越大。

③ 设置小环廊　在内外墙体（内墙体24cm，外墙体24cm或37cm）中间夹一小环廊（净宽60～70cm）。

④ 设内走廊　设内走廊以防止库外各种不利因素对库内的影响是非常有利的。

⑤ 在西墙设楼梯间　如果经济条件不允许设内走廊，可采用在西墙设楼梯间的办法，这是解决西墙隔热最经济的办法。

(4) 库房门窗的防热

① 门窗尽量少而小，且关闭时能封闭。

② 门窗以双层为好。门窗层数增加，能降低其传热系数，从而降低了门窗向

库内的传热量。同时，层数增加也会使门窗关闭时封闭更加严密，对防潮、防光、防有害气体与灰尘都有好处。双层门通常采用过渡间的做法。

③ 窗外应有适当的遮阳措施，以减少太阳辐射热的影响。

④ 在玻璃窗内做夹层，如在玻璃窗内做一层木板窗或包有隔热材料（泡沫塑料）和防火材料（石棉）的铁皮窗，不仅起到隔热作用，同时也可以起到防火作用，但影响库房采光。蓝色吸热平板玻璃窗也具有防热作用。

此外，有些国家档案库房采用了无窗库房，减少了光线、不适宜的温湿度、灰尘及有害气体的影响，使库内空气处于比较稳定的状态。但这种库房对技术设备要求较高。

3. 档案库房建筑的防潮（防水）

（1）库房屋顶防潮（防水） 从屋顶的防水效果来看，人字形屋顶坡度大，排水流畅，不易积水，防水措施简单，不易发生渗漏，比平顶式屋顶更优越。

在屋顶防水结构方面，主要有卷材防水和构件自防水两种方法，前者多用于平顶式屋顶，后者多用于人字形屋顶。

① 屋顶卷材防水结构 卷材防水结构就是铺设沥青、玛蹄脂和几层油毡所形成的防水层。因油毡是一卷一卷的，故叫卷材防水。一般做法是用二毡三油。在这种防水层中，起防水作用的主要是沥青，油毡主要起骨架作用。沥青是一种有机黏结材料，黏结力强，有一定的弹性，能形成有效地抗酸、碱、盐的弹性薄膜，具有很强的防水性。但沥青的稳定性差，在大气中易氧化，在日光及潮湿作用下，性质不稳定，油脂渐变胶质，材料变脆，塑性降低，黏结力减小，以至发生裂缝、松散等"老化"现象，并随之产生渗漏。一旦渗漏，很难修补，往往需要除旧换新。

② 屋顶构件自防水结构 构件自防水结构就是利用屋顶构件自身的防水性能，达到防水的目的。目前较普遍使用的材料有槽瓦、小青瓦等。这种屋顶的防水结构，具有构造简单、节约材料、施工方便、易于修理等优点，是一种较好的防水结构。

档案库房屋顶以人字形屋顶、构件自防水结构为好。

（2）库房外墙的防潮（防水） 设内走廊是解决外墙防水的措施之一。对于库房来说，形成了双层墙体，且中间又有流通的空气，一般在外墙外表面涂抹一层10～15mm厚的水泥砂浆或防水砂浆，堵塞可渗漏的缝隙，能大大减少墙体的毛细现象，增强防水能力。

墙体也是档案库房导湿的重要部位，在设计时一定要考虑先用好的防潮材料，并设置防潮层。具体选择时，可对各种建筑体的相对扩散阻力系数进行比较，选用相对扩散阻力系数较大的建筑体。

外墙墙身与库外地面接近部位称为勒脚。勒脚部位的防潮措施如下。

第一，勒脚部位的墙体适当加厚，外抹1∶3水泥砂浆，以防雨雪侵蚀。

第二，沿外墙周围设一定宽度的散水坡和排水沟。下雨时可将雨水迅速引离库房，以防雨水经常聚集，侵蚀墙基和墙身。散水坡的宽度应比屋檐挑出的宽度再大10～20cm，一般为50～120cm。

第三，设置防潮层，防止土壤中的水分从基础墙上升和勒脚部位附近的地面水影响墙身，如抹20mm的防水砂浆，或铺设沥青油毡防潮层等。防潮层一般要设在库外地面标高之上、库内地坪标高之下，通常设在库内地面混凝土垫层处的墙身上，而且所有墙身（在基础墙上）都应连续设置。

当库内外地坪高差较大或库内地坪标高不同时，还应在与潮湿土壤接触的墙面上做防潮处理，一般做法是用砂浆勾缝再涂刷热沥青两道。

（3）库房地面的防潮（防水） 地上库房地面防潮的方法很多，其中较为理想的方法是架空地面防潮，即在地面的基层和面层之间留一个空间，使地下水不能直接通过地面影响库内，从而取得较好的防潮效果。为了提高架空地面防潮层的防潮能力，地面架空的高度应不小于60cm，并在基层与上层地面之间的墙壁上开设通风洞，使间层内空气流通，及时排出潮气。

地下库地面与墙壁的防潮（防水）措施主要有两种，即外贴卷材防水和刚性防水。外贴卷材防水是通过在砖墙和钢筋混凝土板式基础外面满包卷材防水层（常用三毡四油）来达到防水目的的防水方法。刚性防水是库房的承重结构与防水结构结合为一体的防水方法。它对防水混凝土有一定的要求，其厚度在20cm以上，对使用的水泥砂浆的质量及抹层的厚度也有较高要求。这种防潮（防水）法具有较高的抗渗漏能力。施工方便，一旦渗漏，易于维修。

（4）库房门窗的防潮（防水） 为了防止下雨时雨水通过门窗流入库内，减少库外潮湿空气通过门窗缝隙侵入库内，库房门窗宜少而小，并具有良好的密封性。

4. 档案库房建筑的其他要求

（1）档案馆建筑的结构布局 在档案馆建筑的平面布局处理上，可以将档案馆做成H、L、⊥等各种形状，但必须以档案库房为中心，同时正确地处理好库房主楼与裙楼用房（如行政办公室、阅览室、业务室、技术处理室等）之间的关系。

根据以上布局思路，可以将档案馆内既有密切联系又有各自不同分工的各类用房做出一个科学的划分。

① 档案库房 档案库房是档案馆主体建筑的核心部分。根据其面积的大小分三种类型：201～300 m^2 为大库，101～200 m^2 为中库，100 m^2 以下为小库。

档案馆的档案库房与馆内其他用房分开建筑，可以互不干扰，以利于档案的安全保管。

如果档案库房与其他用房同在一栋楼内，建筑布局可有两种设计：一是将整栋楼纵向一分为二，一边是档案库房，一边是其他用房，中间用较厚的防火墙隔开（或在某层设一通往库房的防火门），两边单独开门，互不串通。二是将整栋楼横向分开，中间几层作库房，上、下几层作为其他用房。前一种设计方法对保护档案的安全有利，但对库房底层的防潮、顶层的防热和防水要求较高。后一种设计的地面防潮和层顶防热、防水措施则简单得多，建筑造价也比前者低，但不如前者安全。在档案库房建筑方面，结构与大小的选择应因地制宜，但各库应有各自的出入口。

② 业务和技术用房　业务和技术用房包括整理编目室、编研室、出版发行室、接收登记室、除尘室、熏蒸室、去酸室、修裱室、装订室、理化试验室、声像技术室、计算机室、缩微摄影室、打印室、中心控制室等组成。各类不同的业务和技术用房对光照度、温湿度等环境因素的要求不尽相同，因此，要依据有关规定进行设置。

③ 查档用房　查档用房由接待室、查阅登记室、目录室、普通阅览室、专用阅览室（如缩微阅览室、声像阅览室等）、陈列室、复印室、休息室、娱乐室组成。其中，阅览室应有均匀的照度，光线充足，并有良好的通风设施。普通阅览室同专用阅览室应分开设置。

④ 办公和辅助用房　办公和辅助用房由办公室、会议室、打印室、值班室、电话机房、配电房、贮藏间、卫生间等组成。各种用房的大小及数量可根据实际需要进行设置。

(2) 档案库房的改造

① 旧库改造的原则　在具体进行旧库改造时，首先要总结旧库存在的问题，然后针对新建库房的要求，提出切实可行的改建方案。应该考虑的主要问题包括改造项目和规模、总平面布置、建筑结构、开间大小、经费使用、预期的经济效益和社会效应等。同时，改造旧库时还须遵循以下原则：适用、经济、美观原则；功能分区合理原则；灵活性原则；大小开间合理配置原则。

② 旧库改造的主要内容　地面防潮；墙体改造；门窗改造；洞库改造。

旧库的改造还包括墙壁、屋顶等结构的改造。在改造过程中，需要做到具体问题具体分析，在适用、经济、美观的指导思想下进行。

(3) 库房建筑的防火要求　档案多为易燃物质，一旦发生火灾，造成的损失是无法弥补的。因此，档案库房建筑的防火至关重要。在设计档案库房时，必须考虑到防火问题。建筑物的耐火等级是由建筑构件的燃烧性能和最低耐火极限决定的。所谓耐火极限是指建筑构件从受到火的作用起到失去支持能力或发生穿透裂缝，或背火一面温度升高到 220℃ 时为止所用的抵抗时间，一般用小时表示。

一般一级耐火等级建筑是钢筋混凝土结构或砖墙与钢筋混凝土结构组成的混合结构；二级耐火等级建筑是钢结构屋顶、钢筋混凝土柱或砖墙组成的混合结构；三级耐火等级建筑是木屋顶和砖墙组成的砖木结构；四级耐火等级建筑是木屋顶、难燃烧体墙壁组成的可燃烧结构。

档案库房建筑的耐火等级一般要求为一级。

为了保证档案库房的防火安全，档案库房与四周建筑物之间应保持一定的防火间距。所谓防火间距，即一幢建筑物发生火灾，对面建筑物在热辐射的作用下，没有任何保护措施而不会起火的距离。防火间距的确定，要考虑到周围建筑物的性质与耐火等级。一般情况下，档案馆与其他建筑物的防火间距不应小于30~50m。

在档案库房建筑上应考虑设置一定的防火墙、防火门，以便在发生火灾时将整个库房建筑分隔成若干个防火区，以限制燃烧面积，阻止火势蔓延。防火墙应直接砌筑在墙基或钢筋混凝土的框架上，要求至少具有4h的耐火极限。其他内部隔墙采用耐火极限不得少于2h的非燃烧体。防火门一般在防火墙上，分为非燃烧体防火门和难燃烧体防火门两种。非燃烧体防火门是在钢框架上两面钉0.5mm以上铁板或单面钉1.5mm以上铁板；难燃烧体防火门是用一二层木板交错排列钉在一起，再用5~7mm厚的石棉板或用浸过泥浆的厚毛毡作夹层，在一面或两面把木板包严，表面再钉镀锌铁皮，防火门宽度不应小于1m。

(4) 防盗　档案是国家的宝贵财富。在日常管理工作中，一方面要防止自然因素的破坏作用，另一方面要防止人为因素的破坏作用。这要求我们要采取一定的措施，制定一定的制度，从档案的流动、利用等各个环节着手，保证档案的安全。

已研制成功的防盗自动报警系统采用接触式自锁装置，分别安装在档案库房各楼面的前门和后门内上端，当外来因素致使门开启10mm时，便构成电器回路，送入防盗自动报警信号控制系统，立即发出报警信号。

(5) 防震　我国规定地震烈度为1~12度，地震烈度在5度以上就会造成破坏。烈度越大，破坏性越严重。《档案馆建筑设计规范》中规定：位于地震基本烈度七度以上（含七度）地区应按基本烈度设防，对基本烈度六度地区重要城市的档案馆库区建筑可按七度设防。为防止地震的危害，建筑档案馆时应从馆址的选择入手，在建筑结构、材料、施工等方面都应具有抗震设计。例如，建筑物不能跨居于坚硬地基与松软地基场地之间，建筑物重量要轻、重心要低，建筑物柱梁等结构及其接缝处要有足够的强度和韧度等。在目前比较常见的木质结构、砌筑结构、钢骨结构、钢筋混凝土结构和钢骨钢筋混凝土结构中，一般情况下前两种的抗震能力较差，后两种的抗震能力较强。

▶第二节　档案库房设备

一、空气调节装置

空气调节装置是使档案库房取得符合保护要求的气候条件的理想设备。它可以使空气在输入库房以前，经过适当的处理，使库房空气的温度和湿度按照人们的意愿保持在要求限度内，从而给档案库房创造出一种人造气候。但是，空调必须与建筑方面的防热防潮措施结合使用，才能取得理想的效果。否则费用高，收效小，造成浪费。

1. 空气调节及空气调节系统分类

(1) 空气调节的种类　空调是空气调节的简称。空气调节是维持室内空气的温度、湿度、洁净度和流动速度（简称四度）在一定范围内变化的调节技术。根据对室内空气四度调节程度的不同，空调可分为四种。

一是恒温恒湿空调。它要求室内空气的温度和相对湿度保持在一定的基准温度和基准相对湿度（即空调基数）。在保持规定的参数范围内，空气温湿度偏离空调基数的允许差值（即室内温湿度允许波动范围），按室温允许波动范围大小，可分为大于或等于±1℃、等于0.5℃和等于±(0.1～0.2)℃三类。

二是一般空调。它对空调基数不需要恒定，随着室外温、湿度的变化，允许温湿度基数在一定的范围内变化。

三是超净空调。它不仅要求保持一定的温湿度，而且对空气的洁净度也有严格的要求。其全称是超净净化空调。

四是以除湿为主的空调。它适用于室内温度比较稳定，但相对湿度很大的库房的调节。

（2）空气调节系统及其分类　空气调节要调节送入库内空气的温度、湿度和风量，就要对空气进行适当的处理（如加热、冷却、加湿、干燥和过滤等）和输送分配。因此，由空气处理设备、风机、风道和送回风口构成了空气调节系统。根据需要它能组成许多不同形式的系统。

① 按空气处理设备的设置情况　可分为以下几种。

一是集中式空调系统。这种系统将空气处理设备（空调箱）和风机集中在专门的机房内，冷源和热源也往往集中在冷冻站或锅炉房内。优点是便于集中管理，适用于空调量大的单位。

二是局部式空调系统。这种系统是将空气处理设备制冷机、加热器、通风机等组合在一个箱体内，成为一个紧凑的空调系统。可以将空调系统装在空调房间隔壁的机房内或过道上，也可直接放在使用的房间里就地处理空气。优点是移动方便，灵活性大，不需专人管理，适用于空调量小或空调房间布局分散的单位。

三是混合式（半集中式）空调系统。这种空调系统不仅有集中的空调机房，而且有分散在使用库房内的二次设备（末端装置），其中多设有冷热交换装置。它把空气的集中处理和局部处理结合起来，在一定程度上兼有集中式和局部空调系统的优点，并避免了它们的缺点。

② 根据集中式空调系统处理的空气来源　可分为以下几种。

一是封闭式系统。它所处理的空气全部来自使用房间本身，没有室外空气补充，全部为再循环空气。因此，使用房间和空气处理设备之间形成了一个封闭的环路。封闭式系统适用于无法应用室外空气的密闭空间，多用于战争时期的地下庇护体、潜艇等战备工程或很少有人进出的仓库。这种系统冷、热量消耗最省，但卫生效果差。当室内有人长期停留时，必须考虑空气的再生。

二是直流式系统。它所处理的空气全部来自室外，处理后送入使用房间，与封闭式系统相反，其冷、热耗量很大，投资和运行费用高，但卫生效果最好。故适用于不允许采用回风的场合，如散发大量有害物的车间。

三是混合式系统。封闭式系统不能满足空气的卫生要求，直流式系统经济上不合算，因此，二者只能用在特定的场合。对于绝大多数场合，则综合两者的利弊，采用混合一部分回风的系统。这种系统能满足卫生要求，又经济合理，故应用最广。这种混合式系统又分为"一次回风系统"和"二次回风系统"。仅在空气处理室前混合一次回风的称为"一次回风系统"，混合一次回风在构造和调节上比较简单。对于大型空调系统，为了节约投资和经常运行费用，常采用"二次回风系统"，即在空气处理室后再进行一次混合回风，然后送入使用房间。

2. 空气的处理

空气的处理是根据库房不同要求，对送入库房的空气进行加热、冷却、加湿、减湿和净化等不同要求的技术处理，使库房的温湿度保持在规定的要求范围内。

（1）空气的加热　空气的加热是使空气在空气处理室内流经加热器来实现的。加热器的热媒可用蒸汽、热水或电。

（2）空气的冷却　空气的冷却在空调中用得较多，尤其是在南方高温地区。冷却空气的冷源有天然冷源（深井水）和人工冷源（制冷设备）两种。冷却的方法有三种：一是用喷水室处理空气，用冷水直接向空气喷淋而冷却空气。二是用水冷式表面冷却器冷却空气，即用冷水与空气间接热交换来冷却空气。三是用直接蒸发器冷却空气，即把制冷系统的蒸发器放在空气处理室内，靠制冷剂在蒸发器内的蒸发、吸热来冷却空气。其中，以第一种方法最为经济、适用。

（3）空气的加湿　空气的加湿可以在空气处理室对送入空调房间的空气集中加湿，也可以对空调房间内部的空气直接加湿。加湿方法很多，除喷水室加湿外，还有喷雾加湿、蒸气加湿以及水表面自然蒸发加湿等。

（4）空气的减湿　空气的减湿是把送入空调房间的空气在喷水室内用低于空气露点温度的水去喷淋，或使其通过表面冷却器让一部分水蒸气凝析成水珠而达到减湿的目的。此外，还有液体吸湿剂减湿、固体吸湿剂减湿、冷冻除湿、升温除湿和通风减湿等方法。

（5）空气的净化　空气的过滤是根据需要来选择使用低效、中效或高效滤尘器对送入库房的空气进行过滤以达到洁净空气的目的。此外，为除去空气中有害气体或有味的气体，还可使用空气过滤器。

（6）空气的流动速度　人体附近空气的流动应有足够大的风速，以排除人体产生的能量。但是，又不应有明显的吹风感觉。合适的空气流动速度可以通过室内送风口的合理布置和采用各种空气分布装置来获得。

二、取暖和照明设备

1. 取暖设备

库房如果没有取暖设备，当气温下降时，就会直接或间接地影响档案文件的耐久性。北方地区冬季特别需要取暖设备。

暖气系统基本上可分局部式暖气系统（火炉、火墙等）和集中式暖气系统（热水暖气、蒸汽暖气、空气暖气）两种。就目前我国经济技术的条件和档案保护的要求来看，档案库房一般不采用局部式暖气系统，而以采用集中式暖气系统为宜。

集中式暖气系统是由一个热源装置供给所有库房或若干库房的暖气设备。其热水暖气装置是用锅炉把水加热到几十度以后，使热水经过暖气管道送到库房的暖气片，让热量散发，使库房保持一定的温度。热水暖气的温度比较平稳，在档案库内使用比较适宜。但用此设备时，必须经常对暖气片和水管进行检查，以防漏水。另外，还应装上专门的护板，以免当暖气设备发生破损时，档案受到损坏。蒸汽暖气装置与热水暖气传热方式一样，所不同的是使用蒸汽而非热水。用此设备的防护要求也与热水暖气基本一致。而空气暖气是将空气在加热器中加热，然后再把热空气供给各个库房取暖。

空气暖气是一种比较安全、理想的取暖装置，它在取暖的同时还具备其他空气处理功能。但就目前我国条件来看，比较普遍使用的是热水暖气和蒸汽暖气。因此，要注意这两种取暖设备的防护措施，以利于档案的保护。

2. 照明设备

档案库房可以用自然光照明，也可以用人工照明。无论用哪一种照明方式，都必须注意到自然光和人工光对档案制成材料的破坏作用。因此，工作人员离开库房时，必须中断照明。

在无窗库房中，还应设有事故照明装置，以便在总开关发生障碍时使用。

照明电灯的电线必须装在铁管内，开关必须密封，配电盘不应安装在库房里，以便防火。

三、消防设备

《档案馆建筑设计规范（试行）》对档案库房的消防有专门的要求：甲级档案馆应在档案库、缩微用房、空调机房等设火灾自动报警装置，乙、丙级档案馆为高层建筑时，按有关专业规范的要求设计。

1. 灭火剂

灭火剂是能够有效地破坏燃烧条件并中止燃烧的物质。

燃烧是一种放热和发光的化学连锁反应，它必须具备可燃物、助燃物（氧）和火源三个基本条件，缺一个条件就不能燃烧。常用的灭火剂有泡沫灭火剂、干粉灭火剂、卤代烷灭火剂和二氧化碳灭火剂等。

（1）泡沫灭火剂　泡沫灭火剂是指那些能够与水混溶，并通过化学反应或机械方法产生灭火泡沫的灭火药剂。它主要用于扑救非水溶性的可燃、易燃液体和木材等一般可燃固体的火灾，不能扑救水溶性的可燃、易燃液体以及电器和金属的火灾。

(2) 干粉灭火剂　干粉灭火剂是一种干燥的、易于流动的细微固体粉末。一般以灭火器或灭火设备中的气体压力将干粉喷出，以粉雾形式灭火。它主要用于扑救可燃液体、可燃气体及带电设备的火灾。

(3) 卤代烷灭火剂　卤代烷灭火剂是一些低级烷烃的卤代物。常用的卤代烷灭火剂有二氟一氯一溴甲烷，国际通用代号是1211。卤代烷灭火剂用于扑救各种易燃液体和电器设备的火灾，不适于扑救活泼金属、金属氢化物和能在惰性介质中自身供氧燃烧的物质的火灾。卤代烷灭火剂对人和动物有害，浓度较高时有毒性，故使用时应注意安全。

(4) 二氧化碳灭火剂　二氧化碳灭火剂是二氧化碳以液态形式加压充装在灭火器中，使用时在喷筒中液态的二氧化碳迅速气化，并吸收大量的热。由于喷筒隔绝了对外的热传导，二氧化碳气化时，只能吸收自身的热量，以致出现了雪花状的固体，增加了空气中既不燃烧又不助燃的成分，相对减少了空气中的氧气含量，达到灭火的目的。二氧化碳灭火剂适于扑救各种易燃体和受到水、泡沫、干粉灭火剂沾污容易损坏的固体物质的火灾，但不能扑救活泼金属及其氧化物的火灾，以及在惰性介质中由自身供氧燃烧的物质的火灾。

2. 火灾自动报警装置

火灾报警器的种类很多，它们分别具有感光、感温、感烟、气敏等性能。

自动报警灭火器一般由火灾探测器、自动控制装置和自动灭火装置三个部分组成。

(1) 火灾探测器

① 感烟探测器　感烟探测器可分为离子感烟探测器和光电感烟探测器。前者灵敏度高，寿命长，价格较低，使用安装方便，对人体无害，适用于档案库房的火灾报警。后者适用于火势蔓延前产生可见烟雾的场所，特别适用于电气火灾危险性较大的场所。感烟型火灾报警器是根据火灾发生时产生的烟雾报警的。当烟雾浓度超过$27\mu g/m^3$时，便可及时发出信号报警。

② 感温探测器　感温探测器分为定温式探测器、差温式探测器。定温式探测器是根据火灾发生时产生的温度来报警的，当库房的温度超过一定的数值时，便可及时地发出信号报警。控制温度的选定值一般在65～100℃之间。差温式探测器是指库房内温度上升速率超过某一特定值时，发出火灾报警信号。

③ 光辐射探测器　光辐射探测器分为红外光辐射探测器、紫外光辐射探测器，它们分别利用红外光敏元件、紫外光敏管探测，若可燃物燃烧发出红外线、紫外线时，探测器便发出火灾报警信号。

(2) 自动控制装置　自动控制装置的作用是将探测器或以其他方式输入的火灾信号，用声光或数字显示出来，并进行信号储存、打印记录或进行电视监视及自动操作各种灭火、通风、空调、排烟设备等。

自动控制装置由集中控制装置、声光报警装置、储存记忆装置、巡回检测数字显示装置、自动打印记录装置、电视火场监视装置等设备组成。

（3）自动灭火装置　自动灭火装置有固定自动灭火系统、局部自动灭火系统和悬挂式自动灭火器等。自动灭火装置一般设有操作装置，能将自动控制装置传递来的信号转换成机械动作。例如利用引爆开关，通过电路使引信点火，造成黑火药爆炸推动活塞，开启灭火设备的阀门，使灭火剂喷出灭火。又如利用玻璃开关（内装酒精乙醚混合液的玻璃球感温元件）或电磁阀（或开启气动活塞阀的电磁阀）作为启动灭火设备的开关，开启控制阀，喷射灭火剂进行灭火。

如果能研制并使用防火档案制成材料，防火的任务将会少得多。因此，从长远的角度考虑，研制并推广使用难燃、不燃的档案制成材料是非常必要的。

第三节　档案装具

档案装具是档案库房内的主要设备，也是存放和保护档案的基本设备。由于档案装具的用量大，其形式、用材、结构、规格等是否合理，将直接影响档案的保护条件和设备的投资。档案装具不仅关系到档案管理的科学性和实用性，而且对保护档案也起着不可忽视的作用。

档案装具的种类很多，目前普遍使用的有档案架、活动式密排档案架、档案柜和档案箱以及档案卷夹、卷皮、卷盒等。

活动式密排档案架（也叫活动式密集架）减少了通道的面积，能使库房的库容量提高1～2倍。活动式密排架连接的地方装有气垫框，可密封为一个整体，有利于减缓各种有害因素的影响。但是，活动式密排架造价高，增加了建筑的负荷，调阅档案不如一般档案架方便，遇特殊情况，抢救档案比较困难。

一、对档案装具的一般要求

从档案的保护与利用角度出发，对档案装具的要求如下。

① 要根据库房条件的不同来选用档案柜（箱）或档案架。库房条件包括库房面积、温湿度控制能力、地面负载能力等。例如，一般来说，使用档案架较方便、节约，且能充分利用空间，但对于防止或减缓各种有害因素对档案的损害来看，它不如档案柜（箱），特别是档案库房条件没有得到根本改善的地方，使用档案柜（箱）对档案保护是有利的。再例如，使用密集架比固定组合架对库房空间利用率高，且库内档案架可封闭为一个整体的同时又可活动移开，既有利于防止或减缓各种有害因素对档案的影响，又可充分利用库房面积，但要考虑其造价高、建筑负荷大等不利因素。

② 新建库房应在设计时考虑到柜架的配置，避免经济上和空间上的浪费。

③ 要注意利用原有基础，不要轻易废弃原有装具，但也要有一个能逐步达到的长远发展目标。

④ 根据库房及其他综合条件选择档案柜（箱）、架的制成材料。金属柜（箱）、架有利于防火，搬动不易损坏，但造价高，防潮隔热不如木质装具好。木质柜（箱）架造价低，取材方便，有利于防潮隔热，但易生虫，易挥发一些对胶片、磁性载体材料等有危害作用的气体，不如金属装具耐久，也不利于防火。使用时要根据实际需要选材。

⑤ 档案装具所用的材料及加工方法都不应对档案有丝毫的损害。档案柜（箱）、架的制作材料应当不生虫、不出油、结实耐久，加工时注意干燥、去脂或浸以一定药剂、涂以防火材料等，提高木质柜（箱）、架的质量。档案包装的材料也要经过选择和处理，去掉其中不利因素，以防对档案造成潜在危害。

⑥ 档案柜（箱）、架的结构要简洁，便于加工；表面要平整，以便保持清洁，防止有害因素的积聚和隐藏。

⑦ 档案装具的配置尽量做到整齐划一，以方便管理。

总之，档案装具的置备要有利于档案的保护、便于管理、经济适用，能合理地利用库房的空间和面积。

二、有关档案装具的待研究的问题

(1) 档案文件装订保存的利弊　传统的装订法对固定文件的位置、次序，以及为一些管理环节提供方便等方面，都有着明显的优点。但是装订打孔，破坏了档案外形的完整；文件上的孔洞与线绳之间的机械摩擦也不断扩大对文件的损伤；线绳还为档案保护增加了一些生物、化学方面的不利因素；装订还给文件的管理、利用、复制带来了不便。因此，研究档案是否装订是有必要的。

(2) 包装材料与档案保护　采用中性或偏碱性材料制成的档案夹、档案盒，作为档案的中间性保护措施，正在被一些国家广为推行并列入档案保护的定期和长期计划。我国也应充分认识到采用这类材料的必要性，并尽快应用到实际工作中。

(3) 特殊的档案需要特殊的装具　档案库房中有为数不少的底图及声像档案，以后数量会越来越多。底图易脆易折断；照片、底片、磁带等声像档案体积小，更容易受环境因素的影响。针对这些特殊的档案应制作相应的特殊的档案装具。

(4) 档案装具的标准化　由于档案装具品种多、用量大，对材料、工艺有一些特殊的要求。因此，应加强组织协调，加快对档案装具标准化的制定，这对提高档案保护水平、促进社会生产，都将具有重要的意义。

第四章
档案保护环境质量

▶ 第一节 温湿度对档案的影响

一、温湿度对档案的影响概述

1. 温度对档案的影响

（1）温度作用于档案的机理　温度主要是通过以下两条途径影响档案制成材料的。

① 促使档案制成材料大分子相转变　档案制成材料是由很多原子和原子团组成的大分子构成，大分子无时无刻不处在振动之中，振动频率与环境温度密切相关。环境温度升高，大分子振动频率加大，振幅越强。当温度升高到一定程度时，档案制成材料可以发生旁侧官能团的分离、解聚作用以及主链裂解。结果，由于大分子物质结构的变化，其性能也相应地发生了变化。

② 改变化学反应活化能　纸张的主要成分可以发生氧化、水解、剥离等多种反应。各种反应能否发生以及发生的程度取决于参加反应的物质的活化能的大小。活化能是指活化状态分子与反应物状态分子各自平均能量的差值，是一个依赖于温度的量。随着温度的升高，活化分子数增加，导致有效碰撞次数增多，反应速度加快。

从化学反应的原理可知，温度是影响化学反应速度的重要因素。对一般化学反应而言，温度越高，化学反应速度越快；温度越低，化学反应速度越慢。

（2）温度作用于档案的表现　温度不仅可以作用于纸质档案，对胶片档案、磁性载体及光盘等新型档案也有影响。

试验表明，在相对湿度为65%的条件下，将纸张存放条件从15℃升至25℃，纸张的撕裂度平均降低2.8%，耐折度平均降低13.1%，抗张力平均降低5.5%，耐破度平均降低2.8%。

高温加速各种有害化学物质、有害生物对档案纸张的破坏作用。

高温使耐热性差的字迹材料发生油渗扩散现象。作为颜色溶剂的油和蜡的熔点一般都不高，字迹在高温下长期保存会出现油渗现象，字迹逐渐扩散。严重时字迹模糊不清，无法阅读。高温会促进氧气和其他有害气体对银影像的破坏而造成微斑。

低温通常有利于档案的耐久性，但这并不是说库房温度越低越好。温度过低，档案制成材料中的水易结冰，内部结构遭到破坏，不利于它的耐久性。

2. 湿度对档案的影响

（1）湿度作用于档案的机理

① 直接途径　档案制成材料在不同的湿度环境中表现为吸湿和解吸。在一定温度下，环境湿度大，档案制成材料含水量增大，表现为吸湿。当吸湿的档案转移到中、低湿环境中时，档案制成材料含水量将减少，表现为解吸。这样，湿度的变化直接引起档案制成材料结构的变化，必然导致其性质发生变化。

② 间接途径　随着环境湿度的增大，档案的吸湿性增强，环境中的有害气体（尤其是酸性有害气体）对档案制成材料破坏作用增强。以二氧化硫为例，它可以溶于水生成亚硫酸，后者在一定的催化剂作用下与空气中的氧进一步作用生成硫酸。这两种酸性物质可以离解出氢离子，为档案制成材料的酸性水解提供了条件，这在纸质档案中表现得尤为明显。

（2）湿度作用于档案的表现　高湿使纸张含水量增大，空气中的有害物质会直接或间接地引起纤维素发生化学反应，从而导致纸质档案载体的损毁。

高湿有利于有害生物的生长繁殖。当环境湿度大时，档案制成材料含水量增加，有害生物通过危害档案所获取的水分就越多，对其生长繁殖越有利，对档案造成的破坏越大。反之，则对其生长繁殖不利，对档案的破坏较小。

高湿引起纸张纤维的润胀，使其吸湿性增强、抗张强度下降。如果相对湿度经常变化，会引起纸张的反复膨胀和收缩，使纸张纤维受到损伤。长时间将档案置于高湿环境中，档案易黏结成"砖"。实验表明，随着环境湿度的增加，纸张的机械强度是急剧下降的。

高湿使耐水性较差的字迹材料洇化退色。同时，在潮湿情况下，来自空气中的氧化性气体能够与水作用生成原生态氧。这种原生态氧具有漂白作用，能够促进字迹的漂白退色。

有的研究者指出，醋酸纤维素在温度和负荷相同的条件下，其伸长率随着相对湿度的增加而增加。

此外，高湿环境中霉菌易于滋生，既能破坏纸张，又能破坏明胶乳剂层。环境湿度太低时，档案制成材料所含的水分向外蒸发，不能维持其正常的含水量，使得档案制成材料变硬、变脆，柔性下降，强度降低，就像塑料失去增塑剂一样变得脆硬。在我国西北地区，档案长期处于低湿干燥的环境中，容易发脆，耐久性降低。

二、库内外温湿度变化的一般规律

库房内外温湿度的变化有一定的规律可循。这些规律可以综述如下。

1. 库外温湿度变化的一般规律

(1) 库外温度变化的规律　温度的变化有日变化和年变化。日变化指一天 24h 之内的变化，一般遵循的规律：日出前气温最低，日出后气温逐渐升高，到午后 2~3 点钟时达到最高值，以后逐渐降低，到次日日出前又达到最低值。年变化是指某一地区的气温在一年四季的周期性变化。一般地，最高气温的月份在内陆是 7 月，沿海是 8 月。内陆和沿海最低气温的月份分别是 1 月和 2 月。每年的 4 月和 10 月出现与这一年平均气温相接近的气温。气温之所以有日变化和年变化这一规律性，主要是因为太阳对地面形成周期性照射的缘故。

(2) 库外湿度变化的规律

① 库外绝对湿度变化的规律　绝对湿度一般是随着温度的升高而增加，随着温度的降低而减少。即大气绝对湿度的变化和温度的变化是一致的，温度高绝对湿度大，温度低绝对湿度小。绝对湿度的变化同温度一样，也有日变化和年变化。

绝对湿度日变化有单峰型和双峰型两种。单峰型与温度日变化规律相似，即日出前绝对湿度最低，日出后升高，午后时最高，然后逐渐降低，直至次日日出前降至最低。内陆地区的秋冬季和沿海地区多属于这种类型。双峰型在一昼夜内绝对湿度出现两个峰值，即日出前最低，日出后升高，到 8~9 点时达到第一次峰值，然后降低，午后 2~3 点时降至低值，然后再升高，至晚上 8~9 点时达到第二次峰值，以后又降低，到次日日出前最低。内陆地区夏季绝对湿度的日变化多属这种类型。应当指出，绝对湿度日变化的幅度是比较小的。

绝对湿度年变化同气温变化规律一致，1~2 月最低，7~8 月最高。

② 库外相对湿度变化的规律　一般情况下，温度升高相对湿度下降，温度降低相对湿度上升，即相对湿度的变化与气温的变化是相反的。

相对湿度的日变化是在日出前相对湿度最高，日出后逐渐降低，午后时相对湿度达到最低值，以后又逐渐升高，到次日日出前又达到最高值。相对湿度的年变化，因为我国受季风的影响比较显著，大部分地区冬天刮偏北风，空气比较干燥，因此在冬季和初春时相对湿度最低；夏季雨水多，特别是长江中下游地区夏季多为雨季，相对湿度高。

库外温度、湿度还有不正常的偶然性变化。比如寒流、暖流、霜冻、阴云、风、雪、雾、雨等天气，都会造成大气温湿度的突然性变化，这些变化没有固定的时间和规律。

2. 库内温湿度变化的一般规律

库内温湿度受库外温湿度变化的影响，但这种影响有一个过程，在时间上有所滞后，程度上有所减弱。

库内温度日变化和年变化与库外基本一致。日变化通常比库外迟1~2h,一昼夜内库内最高温度低于库外最高温度,最低温度高于库外最低温度。库内气温的年变化也迟于库外,年变化幅度小于库外。春夏季节,库外气温上升较快,库内温度随之上升,但因库房围护结构的阻挡以及档案热容量较大,库内温度上升较慢。秋冬季节,库外气温急剧下降,库内温度也随之下降,但下降速度较慢。此外,库内不同部位的温度也不一样,向阳一面温度偏高,背阴一面温度偏低;上部温度偏高,越接近地面温度越低。

库内绝对湿度和相对湿度的日变化规律和年变化规律与库外基本一致,但变化速度和幅度均小于库外。若库房密闭良好,库内绝对湿度日变化一般较小,经过较长时间,才会随库外绝对湿度的变化而发生较小的变化。一般档案库内相对湿度日变化比库外迟1~2h,清晨库内温度最低时相对湿度最高,午后库内温度最高时相对湿度最低。一昼夜库内最高相对湿度和最低相对湿度的差值大约为库外的0.5~1倍。库内不同部位的相对湿度也有差别,库内背阴面比向阳面相对湿度高,下部比上部相对湿度高,地面四角和框架之下相对湿度高。

三、温湿度的测量

测量温度的仪表称温度计,测量湿度的仪表称湿度计。

1. 温度计

(1) 液体温度计　液体温度计构造简单,价格便宜,应用很广泛,见图4-1。使用时应注意以下两点。

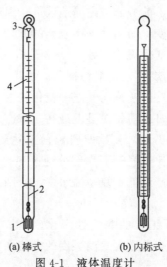

(a) 棒式　　(b) 内标式

图4-1　液体温度计

1—温包;2—毛细管;3—膨胀器;4—标尺

① 读数时呼吸要平稳,即读数时身子稍许离开温度计,平稳地呼吸,以防由于人体靠近温度计而导致温度计示数波动,从而产生读数误差。读数时应先读小数

部分，后读整数部分。

② 读数时眼睛要平视刻度，即视线与温度计的刻度线成水平，眼睛过高或过低都会引起读数误差。

（2）双金属自记温度计　将膨胀系数不同的两块金属片焊接在一起便成为一个双金属片，见图 4-2。

(a) 某温下状态　　(b) 升温时状态　　(c) 降温时状态

图 4-2　双金属片随温变化示意图

1—铁片；2—钢片

使用双金属自记温度计时应注意以下 6 点。

① 仪器应水平放置，记录纸要摆平摆正，用金属压条牢固压在记录筒上。

② 记录针的笔尖靠记录纸松紧适宜。过紧时摩擦过大使笔尖移动失灵，形成记录误差。过松笔尖离开记录纸，无法记录。

③ 除了调节螺丝外，仪器上的其他螺丝出厂时均用红漆封好，不得随意调节。

④ 由于运输等原因，开始使用时仪器指示的温度数值不一定准确，因此，需要调节其调节螺丝，使之与液体温度计指示的数值相符。

⑤ 要经常保持双金属片的清洁，切忌用手触摸。

⑥ 在日常使用过程中，应该经常校对自计时钟及记录纸，以免测量误差。

（3）热电阻温度计　某些金属导体或半导体的电阻值随着温度的变化而变化，这些物质称为热电阻。目前常用的热电阻有铂热电阻、铜热电阻和半导体热电阻。热电阻温度计精度高，可以远距离显示和集中控制，对分散的档案库房的统一管理和远程控制比较适用。

2. 湿度计

（1）普通干湿球温度计　普通干湿球温度计在档案部门应用比较普遍，它是由两支相同的温度计平行地固定在一块木板或金属架上。其中一支暴露于空气中，用于测量空气温度，叫干球。另一支温度计的温包被纱布包裹，纱布下端浸在水盂中，其温包经常处于湿润状态，叫湿球，见图 4-3。

在一定大气压强下，测量空气相对湿度，必须依据不同风速的相对湿度查对表，见表 4-1、表 4-2。

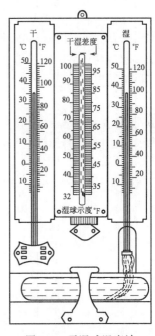

图 4-3　干湿球温度计

第四章　档案保护环境质量　49

表 4-1 相对湿度查对表（风速≤0.25m/s）

$t_{干球}$/℃	$t_{干球}-t_{湿球}$/℃												
	0.5	1	1.5	2	2.5	3	3.5	4	4.5	5	5.5	6	6.5	7
−9	85	71												
−8	87	73	59	45										
−7	87	74	62	49	36	24								
−6	88	75	64	52	40	28								
−5	88	77	66	54	43	32								
−4	89	78	67	57	46	36								
−3	89	79	69	59	49	39	29	19						
−2	90	80	70	61	52	42	33	23						
−1	91	81	72	63	54	45	36	27						
0	91	82	73	64	56	47	39	31						
1	91	83	75	66	58	50	42	34	26	18				
2	92	84	76	68	60	52	45	37	30	22				
3	92	84	77	69	62	54	47	40	33	25				
4	92	85	78	70	63	56	49	41	36	29				
5	93	86	79	72	65	58	51	42	38	32	26	19		
6	93	86	79	73	66	60	53	45	41	35	29	23		
7	93	87	80	75	67	61	55	47	43	37	31	26	20	14
8	94	87	81	75	69	62	57	49	45	40	34	29	23	18
9	94	88	82	76	70	64	58	51	47	42	36	31	26	21
10	94	88	82	77	71	65	60	53	49	44	39	34	29	24
11	94	88	83	77	72	66	61	55	51	46	41	36	31	26
12	94	89	83	78	73	68	62	56	53	48	43	38	33	29
13	95	89	84	79	74	69	64	57	54	49	45	40	36	31
14	95	90	84	79	74	70	65	59	56	51	46	42	38	33
15	95	90	85	80	75	71	66	60	57	53	48	44	40	35
16	95	90	85	81	76	71	67	61	58	54	50	46	42	37
17	95	90	86	81	77	72	68	63	59	55	51	47	43	39
18	95	91	86	82	77	73	69	65	61	56	53	49	45	41
19	95	91	86	82	78	74	70	65	61	58	54	50	46	43
20	96	91	87	83	79	74	70	66	62	59	55	51	48	44
21	96	91	87	83	79	75	71	67	63	60	56	52	49	45
22	96	92	88	83	80	75	82	68	64	61	57	54	50	47
23	96	92	88	84	80	76	72	69	64	62	58	55	51	48
24	96	92	88	84	80	77	73	70	65	62	59	56	53	49
25	96	92	88	85	81	77	74	70	66	63	60	57	54	51
26	96	92	88	85	81	78	74	71	67	64	61	58	55	51
27	96	93	89	85	81	78	75	71	68	65	62	59	55	53
28	96	93	89	86	82	79	75	72	68	65	62	59	56	53
29	96	93	89	86	82	79	76	72	69	66	63	60	57	54
30	96	93	89	86	83	79	76	73	70	67	64	61	58	55

表 4-2 相对湿度查对表（风速≥2m/s）

$t_{干球}$/℃	$t_{干球}-t_{湿球}$/℃														
	0	0.5	1	1.5	2	2.5	3	3.5	4	4.5	5	5.5	6	6.5	7
−4	100	89													
−3	100	89	79	69											
−2	100	90	80	70	61										
−1	100	91	81	72	63	54									
0	100	91	82	73	64	56	47								
1	100	91	83	75	66	58	50	42							
2	100	92	84	76	68	60	52	45	37						
3	100	92	84	77	69	62	54	47	40	33					
4	100	92	85	78	70	63	56	49	42	36	29				
5	100	93	86	79	72	65	58	51	45	38	32	26			
6	100	93	86	79	73	66	60	53	47	41	35	29	23		
7	100	93	87	8	75	67	61	55	49	43	37	31	26	20	
8	100	94	87	81	75	69	62	56	51	45	40	34	29	23	18
9	100	94	88	82	76	70	64	58	53	47	42	36	31	26	21
10	100	94	88	82	77	71	65	60	55	49	44	39	34	29	24
11	100	94	88	83	77	72	66	61	56	51	46	41	36	31	26
12	100	94	89	83	78	73	68	62	57	53	48	43	38	33	29
13	100	95	89	84	79	74	69	64	59	54	49	45	40	36	31
14	100	95	90	84	79	74	70	65	60	56	51	46	42	38	33
15	100	95	90	85	80	75	71	66	61	57	53	48	44	40	35
16	100	95	90	85	81	76	71	67	62	58	54	50	46	42	37
17	100	95	90	86	81	77	72	68	63	59	55	51	47	43	39
18	100	95	91	86	82	77	73	69	65	61	56	53	49	45	41
19	100	95	91	86	82	78	74	70	65	62	58	54	50	46	43
20	100	96	91	87	83	78	74	70	66	63	59	55	51	48	44
21	100	96	91	87	83	79	75	71	67	64	60	56	52	49	45
22	100	96	92	87	84	80	75	72	68	64	61	57	54	50	47
23	100	96	92	88	84	80	76	72	69	65	62	58	55	51	48
24	100	96	92	88	85	80	77	73	70	66	62	59	56	52	49
25	100	96	92	88	85	81	77	73	70	67	63	60	57	53	50
26	100	96	92	88	85	81	77	73	71	67	64	60	57	53	50
27	100	96	92	88	85	81	78	74	71	67	64	60	57	53	51
28	100	96	92	88	85	81	78	74	71	67	64	60	57	54	51
29	100	96	92	88	85	81	78	74	71	67	64	60	58	54	51
30	100	96	92	88	85	81	79	74	72	68	65	60	58	54	52

续表

$t_{干球}$ /℃	$t_{干球} - t_{湿球}$ /℃													
	0	0.5	1	1.5	2	2.5	3	3.5	4	4.5	5	5.5	6	6.5	7
31	100	96	92	88	85	81	79	74	72	68	65	61	58	55	52
32	100	96	92	89	85	82	79	75	72	68	65	61	59	55	53
33	100	96	93	89	86	82	79	75	72	68	66	62	59	56	54
34	100	96	93	89	86	82	79	75	73	69	66	62	60	57	55
35	100	96	93	89	86	83	80	75	73	69	67	62	61	58	56

干湿球温度计构造简单，价格便宜，使用起来非常方便，因此，我国各级各类档案部门和实验室普遍采用。使用普通干湿球温度计应注意以下几点。

① 正确安装干湿球。在安装前应检查两支温度计的读数是否一致，尽量消除误差。使用时要将温度计放在库房空气较为流畅的地方。不要放在库房的死角，也不要放在风口处或太阳直射处，要使它所放的位置代表整个库房。测量库外温湿度时应放在百叶箱内，温包距地面 1.5m。

② 纱布应使用脱脂棉纱，在湿球温包上缠绕 $1\frac{1}{4}$ 周，以便水分蒸发。湿纱布应用蒸馏水，而不应用硬水。水盂中水不宜少于一半。

③ 湿球温包距离水盂里的水面不宜过远或过近，一般保持在 2cm 左右。

④ 测量时，应提前半小时将干湿球温度计放入被测地点。读数时要一快二准。

⑤ 要注意外界风、光、热等因素的影响，也要注意由于人体靠近或呼吸时带来的读数误差。

⑥ 纱布要经常更换，以保持清洁。

⑦ 气温低于 0℃ 时不宜使用该仪表。

(2) 通风干湿球温度计　通风干湿球温度计与普通干湿球温度计的测湿原理相同，结构基本相同。不同之处如下：第一，利用机械装置进行通风，使流经温包周围的空气速度恒定在 2m/s。因为风速固定，在查相应风速的相对湿度表时，结果更准确。第二，干球、湿球温度计的温包由双层金属护管保护，可以减轻热辐射的直接影响。同时，仪器表面镀镍后很光滑，能很好地反射阳光。通风干湿球温度计结构示意图见图 4-4。

通风干湿球温度计精度高，常用作校对其他湿度计。使用时应注意以下几点。

① 护管具有保护作用，使用橡皮球给湿球加湿时不可将水溅到金属护管的内壁。

② 冬季测量之前应提前半小时、夏季提前 15min 将仪器放置在被测地点，使仪器本身的温度与被测地点气温相同，以免带来测量误差。

③ 测量时，先打开仪器中的风扇，2～4min 后开始读数。

④ 脱脂纱布要经常更换，保持柔软、清洁。

（3）毛发湿度计　毛发湿度计是由脱脂毛发、指针、刻度盘等几个部分组成的，见图4-5。

毛发湿度计使用温度的下限可达－30℃，测湿范围为30%～100%，构造简单，使用方便。但是需要定期校验，精度低；毛发使用时间长弹性减弱，影响湿度值的测量。

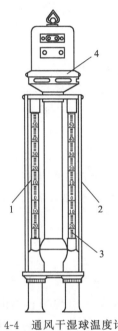

图4-4　通风干湿球温度计

1—平球；2—金属护管；
3—湿球；4—风扇

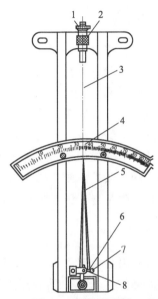

图4-5　毛发湿度计

1—坚固螺母；2—调节器；3—毛发；4—刻度盘；
5—指针；6—弧块；7—重锤；8—轴

（4）自记毛发湿度计　自记毛发湿度计能自动测量并记录空气湿度的连续变化，有日记和周记两种。自记毛发湿度计由感应部分、传动部分、自动记录部分、外壳组成，见图4-6。

利用自记毛发湿度计测量湿度之前，必须依照通风干湿球温度计来调整、校正，将其发条上紧，并将自动记录纸、笔头、墨水等调整好，以便仪器正常工作。

（5）电阻湿度计　电阻湿度计是通过精确地测量测头的电阻值，得出相应的相对湿度值。

电阻湿度计灵敏、精确，可用于远距离测量。其测湿范围为15%～100%，精度为±2%。但电阻湿度计测头的有效期一般为半年，价格较

图4-6　自记毛发湿度计

高，易损坏。电阻湿度计只适用于测量清洁空气的相对湿度，不能用于含尘、含腐蚀性气体和含水雾的空气。

▸第二节 光的破坏作用与控制

光是影响档案制成材料耐久性的重要因素，从危害的方式看，有直接的危害，也有间接的危害；从危害的性质看，有物理方面的，也有化学方面的。

一、光辐射热

光具有能量，当它向外辐射时会产生热效应，可见光与红外线热效应较大，称为热射线。研究表明，纸在空气中受到辐射时，就会退色，温度高于30℃时会发黄。在高温下烤成褐色或在100℃下变黄的纸，类似于因光照而退色的250年旧纸。耐热性差的字迹会因辐射热的影响而发生退色、扩散等现象。

光的热效应对新型载体档案材料也会产生影响。磁记录档案的记录材料是感应磁粉，光的热效应使磁记录档案的分子运动加快，磁分子的原有排列遭到破坏，必然会影响到它的耐久性。胶片感光层中明胶的熔点较低，受热效应的作用，明胶容易软化，胶片发生粘连，影像失真。

二、光氧化反应

档案制成材料是由碳、氢、氧、氮等组成的有机化合物，在含氧的环境中，受到光的照射时会发生光氧化反应和直接光裂解、光降解，引起聚合物的断链和交联。特别是当光、氧、水、热等因素共同作用时，具有协同效应，对档案的破坏作用大于这些因素独立作用之和。从而使纸质档案机械强度大幅度降低，新型载体档案的片基或带基老化速度加快，耐久性降低。

光氧化作用可使染料形成的字迹、线条或影像发生退变。在光的辐射下，染料分子结构发生变化，引起染料分子消光系数减小，颜色变浅，最终导致染料失去颜色。

在档案制成材料的制造过程中或在档案的形成与保管过程中，存留的铁、锰等重金属元素和施胶剂、木素、游离氯、染料等物质都是重要的光敏剂。光敏剂可以引起光氧化反应等一系列的光化学反应。由于光敏作用，光敏剂可以把激态能转给基态氧，而使之成为激态氧，由激态氧与档案制成材料发生光氧化反应，并生成过氧化物；它也可能把能量转移给档案制成材料分子，自身生成游离基再与基态氧生成过氧自由基，过氧自由基再与制成材料分子反应生成氢过氧化物，然后光敏剂自身再被还原。从表面上看来，某些可见光的光能小于化合物的键能，受这些可见光辐射时不足以引发重要的光化学反应，但由于光敏剂的作用，能使物质对光的敏感范围向长波方向扩展，进而引发光化学反应，这也是光致害档案制成材料的一个重要特征。因此，除紫外线之外，部分可见光亦能致害档案。

3. 光能的破坏作用

光具有一定的能量,光能的大小与频率有关,频率越高,波长越短,能量越大;频率越低,波长越长,能量越小。当物质分子吸收了光的能量后,物质分子高度活化或者形成电子激发态。这种激发态分子通常是极不稳定的,它们会通过各种途径散发能量,从而引起档案制成材料的破坏。

有机化合物分子链的断裂,往往发生在分子的弱键上;而只有当弱键上积累了相当数量的能量时,才能发生链的断裂,并进而引发新的光化学反应。常用的档案制成材料大都是由碳、氢、氧、氮等元素组成的有机化合物,这些元素间的键能大都在紫外线与部分可见光的能量范围内,故对光的吸取多选择在紫外光区。当档案制成材料吸收并积累达到键能的光能时,就有可能造成某些化学键的断裂。以纸质档案主要成分纤维素为例,纤维素结构中碳与碳之间化学键的能量为 3.47×10^5 J/mol,要破坏碳与碳化学键的结构就需要大于这个能量。光波波长短于 344.6nm 紫外光,就可能使纤维素结构中的 C—C 键断裂。因此,短波波长的光,具有足够的能量破坏档案制成材料分子结构中化学键的稳定性。

到达地面的紫外光辐射量约占太阳总辐射能的 5%,它在数量上虽然较小,但它的光子具有两个显著的特点:一是波长短,能量较可见光大;二是穿透能力较可见光弱,易被辐射表面吸收并转变成物质的内能。所以紫外线较可见光具有更大的破坏性。档案载体材料的光老化与档案记录材料的光退色或失真,与紫外线辐射而引发的一系列光化学反应有关。因此,档案保护工作要注意防光,重点是防紫外光。

第三节　空气污染及其防治

空气中的有害气体和灰尘是影响档案"寿命"的因素之一。随着大气污染问题日益严重,有害气体与灰尘对档案制成材料的不利影响也日趋突出,因此,防有害气体与灰尘也是改善档案保护条件、延长档案寿命的一项重要措施。

一、有害气体

1. 有害气体的来源

有害气体是档案保管环境中的化学杂质,它的主要来源有燃料的燃烧、工业废气、运输工具、动植物腐烂、档案保管的环境。

2. 主要有害气体及其危害

(1) 硫化氢　硫化氢（H_2S）是一种具有腐败鸡蛋臭味的无色气体,易溶于水,在 20℃时 1 体积的水可溶解 2.5 体积的硫化氢。

硫化氢溶于水后成为氢硫酸,是纸张水解的催化剂。硫化氢具有还原性,能促进字迹材料退色。此外,硫化氢在合适的条件下可以通过氧化反应转变为亚硫酸和硫酸。硫酸和亚硫酸进一步离解出的氢离子，促使纸张水解。反应过程如下：

$$2H_2S+3O_2 \Longrightarrow 2SO_2+2H_2O$$

$$SO_2+H_2O \Longrightarrow H_2SO_3$$

$$2H_2SO_3+O_2 \Longrightarrow 2H_2SO_4$$

$$H_2SO_3 \Longrightarrow H^++HSO_3^-$$

$$HSO_3^- \Longrightarrow H^++SO_3^-$$

$$H_2SO_4 \Longrightarrow 2H^++SO_4^{2-}$$

硫化氢对胶片的危害很大，它除了能够离解出 H^+ 危害档案外，还能够与胶片中的银发生反应，生成黄色的硫化银，使得胶片泛黄。其反应式为：

$$2H_2S+4Ag+O_2 \Longrightarrow 2Ag_2S\downarrow +2H_2O$$

（2）二氧化硫　二氧化硫（SO_2）是具有刺激性臭味的无色气体，不燃，易溶于水、醇和醚。

当档案库房中二氧化硫浓度达到 $(0.5\sim 1)\times 10^{-6}$ 时，容易被纸张中的水分吸收，成为亚硫酸，亚硫酸被氧化为硫酸；同时二氧化硫还能与环境中的氧气作用（在一定的催化剂作用下）转变为酸，存在于纸张中。这个过程是通过以下两个途径实现的：

途径一：

$$SO_2+H_2O \Longrightarrow H_2SO_3$$

$$2H_2SO_3+O_2 \Longrightarrow 2H_2SO_4$$

途径二：

$$SO_2+[O] \Longrightarrow SO_3$$

$$SO_3+H_2O \Longrightarrow H_2SO_4$$

在以上变化过程中，表现为酸性的有亚硫酸（H_2SO_3）、硫酸（H_2SO_4）。其中，亚硫酸性质不稳定，存在时间较短。它除了酸性破坏作用外，还具有氧化性，能促使字迹氧化退色。硫酸是二氧化硫危害档案的最终形式，它存在时间长，不通过去酸处理会永远保留在档案中。

（3）二氧化氮　二氧化氮（NO_2）是空气中氮氧化物的主要存在形式之一，呈棕红色，是有刺激性气味的气体，具有很强的氧化性。二氧化氮来源很广，既可以从有机物燃烧得到，也可以从化工厂（尤其是硫酸厂、硝酸厂）的废气中产生，还可以由雷电或在高温下生成。

二氧化氮性质比较稳定，但溶于水后能生成硝酸。

$$3NO_2+H_2O \Longrightarrow 2HNO_3+NO$$

硝酸是强酸，可以促进档案的酸性水解；同时，硝酸是强氧化剂，易使档案载体材料氧化、字迹退色，增强了对档案的破坏作用。因此，二氧化氮既是酸性有害气体，又是氧化性有害气体。

此外，二氧化氮在光的照射下会发生分解反应，生成一氧化氮和原子态氧，原子态氧可以与空气中的氧气作用生成对档案破坏性很强的氧化性物质臭氧。

$$NO_2 \xrightarrow{光} NO+[O]$$
$$[O]+O_2 = O_3$$

(4) 氯气　氯气（Cl_2）是具有强烈窒息臭味的黄绿色有毒气体。氯气的存在不如其他有害气体普遍，但局部地区含量仍然可能很高。例如，烧碱厂在电解食盐水生成烧碱时会产生大量的氯气。

氯气在潮湿的空气中容易生成气溶胶状的盐酸雾粒子，这种酸雾有很大的腐蚀性，促进档案的水解和氧化作用，促使字迹退色。氯气可溶于水，溶于水后生成盐酸和次氯酸。后者可以发生分解反应，释放出原子态氧：

$$Cl_2+H_2O = HCl+HClO$$
$$HClO = HCl+[O]$$

因此，在档案库房中，氯气的存在意味着给档案保管环境中带来了酸和氧化剂。氯气不仅是酸性有害气体，而且是氧化性有害气体。

(5) 臭氧　在一般无严重环境污染条件下，下层大气中的臭氧浓度为 $(0.01 \sim 0.05) \times 10^{-6}$，一般沿海地区高空，浓度稍高一些。但在环境污染地区，臭氧浓度有时达到很高。

臭氧的化学性质活跃，是一种强氧化剂。在空气中还会分解成氧气和原子态氧，并放出能量：

$$O_3 \longrightarrow O_2+[O]$$

原子态氧的活性比氧气大得多，再加上放出能量，对档案具有破坏作用。臭氧可与所有的有机材料反应，使有机物中的 $C=C$ 双键、$C=N$ 双键等化学键断裂，还能生成过氧化物，这些过氧化物又可按自由基过程继续反应，导致有机材料的变质。

以上有害气体对档案的破坏作用，一方面表现为酸性水解，另一方面是氧化降解，其结果是使档案机械强度下降，耐久性降低。

二、灰尘

灰尘是悬浮在空气中的矿物质和有机物质的微粒。在不同的环境条件下，空气中的含尘量不同。随着工业化进程的加快，人为造成灰尘的比例在逐渐上升。

1. 灰尘的来源

灰尘主要来自自然界的变化、变迁和人类的生产生活两个方面。

2. 灰尘的性状

(1) 物理性状　灰尘是一种固体杂质，形态不规则，大多数是有棱角的颗粒。

(2) 化学性状　灰尘成分比较复杂，具有一定酸碱性，一般是由60%的无机物和40%的有机物组成。

(3) 生物性状　灰尘中含有危害人体健康的微粒，包括细菌、霉菌、原生动物等。灰尘中所含的有害生物对档案的危害是非常严重的。

3. 灰尘对档案的危害

（1）机械磨损　由于灰尘是一种具有棱角的固体杂质，它们落到档案上，在整理、保存和利用过程中，随着档案的移动和翻阅，会磨损档案，使档案起毛，破坏档案载体材料的结构，磨损磁性载体档案、胶片档案、光盘档案等载体材料，使其影像模糊，音质变坏，产生噪声，严重影响档案信息重现效果。一些与纸张结合不牢的字迹材料（如铅笔字迹等）则更易被灰尘磨损掉。

（2）酸碱性腐蚀　灰尘由于粒径小，表面积非常大，因此，吸附能力很强，可以将空气中的有害物质（如有害气体）吸附在它们的表面，呈酸性或碱性。有些灰尘本身含一定的酸碱性，如苏打、水泥灰尘带有碱性，五氧化二磷灰尘带有酸性。即使是本身不带酸、碱的灰尘也会吸附某些有害杂质而带有一定的酸碱性。这些灰尘落在档案上，会腐蚀档案。

（3）吸湿性强　灰尘大都具有吸湿性，带有灰尘的文件更容易受潮。同时，灰尘含量较高的库房，其相对湿度大于清洁的库房。

（4）黏结成档案"砖"　在潮湿的环境里，灰尘和水分往往会使纸质档案黏结在一起，天长日久就会使档案纸张黏结成"砖"。原因是有些灰尘中含有黏土（$Al_2O_3 \cdot 2SiO_2 \cdot 2H_2O$），遇水后发生水解反应，生成胶质的氢氧化铝[$Al(OH)_3$]有黏性，更容易使档案黏结在一起形成档案砖。

（5）污染档案　灰尘的细小尘埃能牢固地黏附在档案上，使档案纸张的白度逐渐下降。灰尘大多是带有颜色的微粒，如黑色、黄色、灰色、浅褐色等。这些灰尘落到档案上，会污染档案，影响字迹和影像的清晰度。

（6）传播微生物　灰尘不仅是霉菌及其他微生物的寄生与繁殖的掩护体，也是微生物（尤其是霉菌孢子）的传播者。霉菌孢子体积小、重量轻，能够吸附在灰尘上到处传播。进入库房内，在适宜的环境条件下便生长繁殖，从而造成对档案的损害。

▶ 第四节　微生物侵害及其防治

微生物是指那些个体微小、结构简单的多细胞、单细胞甚至没有细胞结构的一群微小生物的总称。

一、危害档案的常见微生物

细菌只有以液体为媒介时才能发生破坏作用，因此，细菌在档案库内的危害较小。危害档案的微生物主要是霉菌，常见的有以下几种。

1. 曲霉

曲霉的形态见图4-7。曲霉菌丝分隔，无色或浅色，少数类型在局部缓慢地出现褐色或其他颜色。营养菌丝的某些细胞膨大,并有厚壁,称为足细胞。在足细胞上生出直立的分生孢子梗,其顶端膨大成球形或半球形顶囊。

曲霉具有分解纤维素、木质素、淀粉及油墨等物质的能力,对纸质档案危害较大。曲霉在生理代谢活动过程中还能产生毒素,如黄曲霉产生黄曲霉毒素能诱发癌症。由曲霉引起的疾病,主要表现为慢性气喘。有的患者被曲霉感染后,会导致支气管癌。

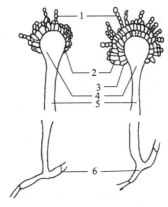

图 4-7 曲霉

1—分生孢子;2—小梗;3—梗基;4—顶囊;5—分生孢子梗;6—足细胞

2. 青霉

青霉的形态见图 4-8。菌丝和曲霉相似,但无足细胞,分生孢子梗的顶端不膨大,无顶囊,经过多次分枝产生几轮对称或不对称的小梗,在小梗顶端着生成串的分生孢子。

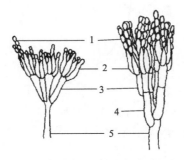

图 4-8 青霉

1—分生孢子;2—小梗;3—梗基;4—副枝;5—分生孢子梗

青霉能够危害纸质档案,使纸张酸度增加。有资料报道,被青霉危害几个月后的纸张可以分离出浓度为 5% 的一定量的草酸,促使纸张发生水解反应,使纸张变黄、发脆。另外,青霉能将某些字迹材料中的油脂水解,使字迹脱落。

3. 根霉

根霉的形态见图 4-9。根霉菌丝无隔膜，灰白色，由营养菌丝体生长成弧形的匍匐菌丝。匍匐菌丝与基质接触处形成假根，与假根相对方向上丛生孢子梗，其顶端膨大后形成孢子囊，孢子囊成熟后壁破裂释放出孢囊孢子。根霉能酶解淀粉、木质素、胶黏剂等。黑根霉不仅具有这些破坏能力，还能在其生理活动中产生有机酸，促进纸张纤维素的水解。

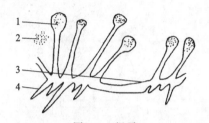

图 4-9　根霉
1—孢子囊；2—散放出来的孢子；3—菌丝；4—假根

4. 毛霉

毛霉的形态见图 4-10。毛霉菌丝无隔，菌丝体在基质内或基质上广泛蔓延。孢囊梗直接由菌丝生出，单生或分枝。孢囊梗顶端着生孢子囊，孢子囊球形，囊壁上常有针状的草酸盐结晶。

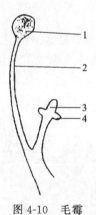

图 4-10　毛霉
1—孢子囊；2—孢囊梗；3—囊轴；4—囊领

毛霉喜食各种淀粉物质和胶黏剂，也具有分解蛋白质的能力。因此，对纸质档案的封面、装裱材料以及胶片的危害较大。此外，毛霉在生长发育过程中能够产生某些毒素危害人体健康，使人患肺毛霉菌病、脑膜炎及视力下降或失明等疾病。

5. 木霉

木霉的形态见图 4-11。菌丝向空气中长出直立的分生孢子梗，其上对生或互生分枝，分枝上又连续分枝，形成松柏式分枝轮廓。

木霉能分泌纤维素酶，分解纸张及木制装具中的纤维素和木质素，加速对纸质档案及木制装具的破坏。

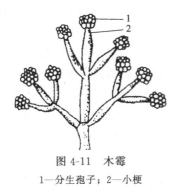

图 4-11　木霉
1—分生孢子；2—小梗

二、微生物对档案的危害

不同的微生物在档案制成材料中的分布不同，这是由它们的生活习性决定的。危害档案的微生物有广谱性的（如黑曲霉、绿色木霉），也有仅仅危害一种或两种档案制成材料的（如总状毛霉、黑根霉）。它们既危害纸质档案，也危害新型载体档案，如照片、胶片等。

微生物对档案的危害主要表现如下。

1. 破坏档案制成材料的结构

微生物在新陈代谢过程中产生的各种酶将纤维素、淀粉、蛋白质等高分子化合物降解为葡萄糖、二糖、氨基酸等小分子物质，并以此为营养，导致纸质档案中纤维素的机械强度大大下降；淀粉黏性失效；皮革腐烂，羊皮封面脱落；胶片档案的明胶液化变色，影像模糊，感光性变弱，甚至使胶片发生粘连；磁性载体档案信息失真，带基相互黏合、断裂。据报道，霉菌在三个月内可使纸张纤维损坏 $10\%\sim60\%$。霉菌分泌的有机酸不仅直接危害纸张的主要成分与字迹材料，而且可以使胶片上未洗净的硫代硫酸钠分解出硫黄，与乳剂层中的金属银作用生成硫化银，使影像泛黄。

2. 形成霉斑

微生物的菌落和孢子大多带有一定的颜色。有些微生物在生命活动过程中还分泌各种色素，在档案上形成黄、青、绿、黑等颜色的色斑。当霉菌与纸质档案中的微量元素（主要是铁盐）作用时，在档案表面常常形成浅褐色的铁锈斑。这些色斑和铁锈斑统称为霉斑。霉斑直接影响档案的可读性及复制利用，而且霉斑性质稳定，很难用普通方法除掉。声像档案一旦形成了霉斑，直接影响到声音的还原及影像的清晰。

3. 增加湿度

有些微生物在新陈代谢过程中会从空间吸收一定的水分，使档案制成材料的含水量增大，有时还会出现水滴。这些水滴往往与档案中的黏合剂作用使档案发生粘连。特别是纤维黏菌和蚀孢黏菌等几种黏液纤维素细菌，在水解纤维素时产生大量黄色黏液，内含糠醛和糠醛酸成分，更容易使纸张彼此黏合。

4. 污染环境

有些微生物在生命活动过程中会分泌超微量的外毒素，对环境产生一定的影响，对人体有一定的危害。例如黄曲霉产生的黄曲霉素和杂色曲霉产生的柄曲霉素等物质都有强烈的致癌性，这些物质耐热性好，不易破坏，对环境的影响不能低估。

霉菌孢子常常随着空气流动到处传播，降低空气洁净度，污染环境。

第五节　档案害虫的危害

广义地讲，档案害虫属于仓库害虫，是在一定的条件下能够直接或间接地危害档案制成材料的特殊类型的动物种群，包括危害各种档案制成材料的昆虫、鼠类等。狭义的档案害虫是指危害档案的昆虫纲昆虫。

一、档案害虫的种类

从档案害虫发生的渊源来看，档案害虫是从仓库害虫演变而来的。仓库害虫是人们收藏粮食等物品时带入库内的。随着人们收藏物品种类的变化，仓库害虫逐渐适应了这一变化，并且在库房内生长繁殖。当人们在库房内收藏档案文献资料时，仓库害虫逐渐演变为档案害虫。

档案文献害虫的种类及分布与地理位置和气候条件紧密相关。档案馆及其他文献保管单位因所处的地理位置和气候条件的差异，害虫的分布也不相同。根据最新文献记载，目前全国共发现档案文献害虫6目21科70种。其中，中国特有种包括台湾衣鱼、黑胸散白蚁、红圆皮蠹、中华圆皮蠹、档案窃蠹、短鼻木象6种。

二、常见档案害虫及其危害

1. 档案窃蠹

档案窃蠹卵呈椭圆形，长约0.3mm，乳白色，不透明。幼虫蛴螬形，成熟后长约3.5mm，近于乳白色，背有白色疏毛。头部小，有单眼一对，触角一对，各分3节。口器为咀嚼式，棕褐色，每侧有一透明圆。蛹长约3mm，宽约1mm，呈乳白色。成虫体长2.2~2.5mm，窄椭圆形、粟褐色。头部呈球形，触角棕黄色，共9节。背面凸起，密被细白毛。见图4-12。

档案窃蠹能够消化纤维素，以纸（尤其是毛边纸）为食，也危害动物胶、胶合板、纤维板、纸箱等。

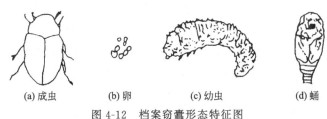

图 4-12　档案窃蠹形态特征图

2. 毛衣鱼

毛衣鱼又名蠹鱼、银鱼、壁鱼，见图 4-13。

卵呈椭圆形，长 0.8mm，白色。若虫外形与成虫相似。成虫略呈纺锤形（鱼状），长约 10mm，躯体柔软，披银灰色发亮鳞片，无翅。尾部具有 1 中尾丝和 1 对丝状尾须，颇长。

毛衣鱼能够蛀食纸张，损害字迹及有机质的蚀刻版、印刷版，也危害胶片、照片的影像层。

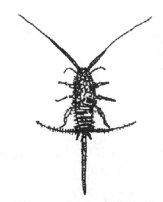

图 4-13　毛衣鱼形态特征图

3. 烟草甲

烟草甲又名烟草窃蠹、烟草标本虫、苦丁茶蛀虫，见图 4-14。

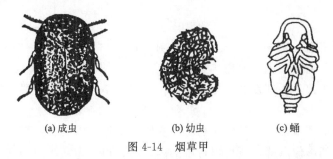

图 4-14　烟草甲

卵长椭圆形，长约 0.4～0.5mm，淡黄白色，表面光滑，单产于档案材料的装订处，或其他物体的凹陷、皱褶、缝隙中。幼虫蛴螬形，老熟后长3～4mm，除头部的黄褐色色素外，均为淡黄色或近于白色，虫体披有浓而长的褐色细毛。蛹白色，长约3mm，宽约1.5mm。成虫体长2.5（雄性）～3（雌性）mm，呈宽椭圆形，背面显著隆起。体色单一，虫体棕黄色至赤褐色，有光泽，密生黄褐色细毛。头部宽大，隐于前胸背板下面，头能上抬。复眼大，圆形、黑色。触角位于复眼正前方，锯齿状，共11节。

烟草甲的食性非常广泛，凡有机质多能取食。危害纸质档案时，能形成小孔洞。

4. 东方大蠊

东方大蠊又名蟑螂，见图4-15。

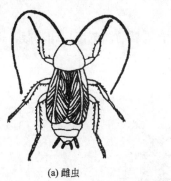

(a) 雌虫　　　(b) 雄虫

图4-15　东方大蠊

虫卵排列在卵鞘内。卵鞘初呈淡黄色，后变为暗褐色，钱袋状。成虫长椭圆形，体长约25mm，体色呈暗褐色或深褐色。头扁三角形，触角鞭状。雄虫的翅不完全覆盖腹部（仅达2/3处），有腹刺和尾须各一对；雌虫的翅退化，只有圆形小片。

东方大蠊食性杂，喜食淀粉、纸、皮革等。常破坏档案的装订托裱处。被破坏档案常有特别臭味，并布满小孔。其排泄物为黑色液体，使爬过的某些字迹失去颜色。

5. 书虱

书虱又名书蠹、米虱、嗜卷书虱，见图4-16。

虫卵极小，呈灰白色。成虫体长约1mm，扁平长椭圆形，软弱，黄白色或黄褐色，无翅。头大，头部发红，唇基突出，复眼较小，咀嚼式口器，触角丝状，共有16节。

该虫能够危害粮食、茶叶、生药材、衣服、书籍、档案、纸张、动植物标本以及胶片、照片的影像层等，还可以霉菌的菌丝体、孢子为食。

6. 黑皮蠹

黑皮蠹成虫体长2.8～5mm（图4-17），椭圆形，体色为暗赤褐色至黑色，体上密被褐色至黑色细毛。额上方有一中单眼，触角棍棒状，11节，末节长大。鞘翅掩盖腹部，有的臀板部分外露。幼虫为爬虫式，体长9～10mm,，圆锥形。体壁骨化部分为赤褐色或褐色，节间乳白，骨化部分密被赤褐毛，各节近后缘处赤褐色毛较长。尾部无臀叉，末端具长毛一束，其长度为体长的一半。

该虫能危害粮食、毛皮、毛织品、烟草、昆虫标本、档案、图书等。

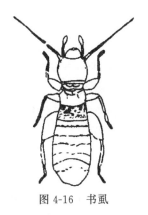 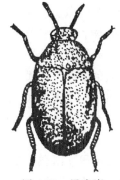

图4-16 书虱　　　　　　图4-17 黑皮蠹

7. 家白蚁

家白蚁又名白蚂蚁。成虫体长7～8mm，翅长11mm，体黄褐。头部褐色，体节淡黄，胫节、跗节均为黄色。

家白蚁的巢有的筑建在土壤中，有的筑建在建筑物上部；地面上的巢多筑在墙柱的交接处、夹墙中、夹层天花板下及柜中。家白蚁的巢有主副之分。主巢一般体积较大，有隧道水源，其中有蚁王、蚁后、若虫、部分兵蚁和工蚁。副巢一般体积较小，工蚁、兵蚁多留在其中，繁殖飞翔季节，大翅型成虫有高度集中于副巢的现象。

家白蚁畏光，蚁巢常筑在阴暗潮湿的地方，蚁路常筑在地下深1～3m处。

家白蚁通过呕吐取食，经常相互舔吮。它分泌的唾液腐蚀性很强，能腐蚀木材、化纤、塑料、沥青、水泥等，尤其是喜食木制品、含纤维素的物品及纸质档案文献。

从以上列举的档案害虫可以看出，档案害虫对档案的危害有直接和间接两种方式，缩短了档案的寿命，影响到档案的利用。档案害虫通过咀嚼式口器咬噬档案材料，如竹蠹将竹、木、藤或其制品蛀成孔洞并排出孔屑，这是直接的破坏作用。幼虫在蜕皮过程中脱落的虫皮、新陈代谢所产生的粪便黏着在档案上，污染档案，影响阅读。有些危害动植物、毛皮、皮革及其制品的档案害虫，通过自身的酶分解档案制成材料，虫皮和排泄物在短时间内造成档案发生霉变，产生气味，这是对档案的间接危害。

第六节 库房鼠类的危害

一、常见库房鼠类

1. 黑家鼠

黑家鼠又名黄胸鼠、长尾鼠、屋顶鼠或黄腹鼠。

成年鼠一般体长 13～19cm，体重 60～250g。口鼻较尖，耳大透明而且薄长，向前折拉可达眼部。前足背面有一深暗色斑，掌垫 8 枚；后足细长，有肉垫 6 枚。背毛棕褐色或黑色，腹毛淡黄色或灰白色，胸部黄色较深。

黑家鼠多取食植物性或含水较多的食物，主要分布在华南各省及沿海地区。

2. 小家鼠

小家鼠又名小鼠、鼷鼠、米鼠、月鼠、车鼠等。

成年小家鼠一般体长约 6～10cm，体重 7～20g。口鼻长而尖削，耳宽大，耳郭不长，耳向前折不能达到眼部。上颌门齿从侧面看有一明显缺刻。背毛灰褐色或黑灰色，腹部灰黄色或灰白色，间有棕色或纯白色出现。尾尖细，略短于体长。

小家鼠食性复杂，危害农林植物、食品、图书、档案、衣物等。小家鼠在全世界都有分布，在我国各地均有发现。

3. 褐家鼠

褐家鼠又名大家鼠、沟鼠、大灰鼠、挪威鼠。

成鼠体形大，体重 250～600g，最重可达 750g，体长 135～250mm。尾长短于体长。耳短而圆厚，向前折拉遮盖不到眼部。鼠的背面为褐色及灰褐色，腹毛灰白色，足背白色。口鼻钝圆。尾上面黑褐色，下面灰白色，外表鳞片显著，尾毛稀少。

褐家鼠食性杂，几乎能食用所有的食物。在档案库房中，常在墙脚及各种设备、装具的间隙及角落处筑巢，并把咬碎的纸屑等材料垫于巢穴的底部。

二、鼠的危害

鼠类有非常锐利的牙齿。虽然只有上下门牙各一对，但因终生生长而且生长很快，需要不断地磨短，以保持长度。这种生理上的要求，使得它们即使是在饱食之后仍然啃咬东西（包括土木建筑及塑料、薄的金属皮等）。档案的边缘常被啃咬，有时成为碎片，导致部分档案残缺不全，无法修复。

鼠类破坏档案装具，包括档案盒、档案箱（柜、架）等。档案装具被鼠类破坏后，不仅为鼠类进一步破坏装具内档案提供了方便，同时为霉菌、害虫以及光线、有害气体等因素对档案发生危害创造了条件。

　　鼠类进入档案库房后，到处觅食，随处排泄。各种分泌物如唾液、粪便等严重污染了档案，使字迹退变、洇化。鼠类分泌物形成各种污斑，很难清除，有时使档案黏结成"砖"。

　　鼠类对档案库房设备及建筑物的损坏十分严重。由于档案库房环境安静、温差不大，是鼠类理想的栖息之地。老鼠通过挖墙基、打洞穴、钻水道等各种途径入侵库房。一旦进入库房，便在地板下、墙脚及各种设备处筑巢，生息繁殖，并到处破坏，如啃咬档案、电线、仪器设备。有时还破坏库房的防潮防水结构，造成库房渗漏，对档案的安全造成威胁。

　　总而言之，鼠类同档案害虫、微生物一样，对档案有着直接或间接的危害，是档案保护工作应该防治的重点。

第五章
纸质档案的种类及性能

档案保护技术的任务是设法减缓档案制成材料的损坏速度，最大限度地延长档案的寿命。为了达到这个目的，首先应了解和研究档案制成材料的耐久性。

档案制材料的耐久性，是指在保存和使用过程中，档案制成材料后抵抗外界理化因素的损坏和保持原来理化性能的能力。抵抗外界理化因素的损坏和保持原来理化性能的能力强，则制成材料耐久性就好；反之，耐久性就差。档案制成材料耐久性的好坏是决定档案寿命的重要因素。

纸质档案的制成材料主要是纸张和字迹，本章讲述的是纸张的耐久性。

影响纸张耐久性的因素主要有造纸植物纤维原料的质量、造纸植物纤维化学成分的性质以及纸张的生产过程。

第一节　纸质档案老化的原因及过程

一、造纸植物纤维化学成分与纸张老化

植物纤维的主要化学成分是纤维素、半纤维素和木素，档案纸张的耐久性与它们的性质有着密切的关系。

1. 纤维素

（1）纤维素分子结构对纸张耐久性的影响

① 纤维素的直链结构有利于纸张的耐久性。

任何物质分子之间都有一种作用力，叫分子间力或范德华力。分子靠得越近，这种作用力越大。纤维素分子结构是直链结构，这样的分子结构使分子之间更容易接近，进而发挥分子间的作用力。纤维素分子间作用力越大，纸张的耐久性越好。

② 纤维素分子之间能形成氢键，有利于纸张的耐久性。

氢键具有氢键力，纤维素分子链很长，氢键结合就很多，产生的氢键力也相当大。

氢键力可以使纤维素分子链靠得很近，而且排列很整齐、很紧密，最终成为一种结晶状态。这种纤维素分子链排列很整齐、很紧密的结晶状态的区域，就称为结晶区。在结晶区内，有害物质和水分难以侵入，纤维素就不易遭到破坏，从而提高了纤维及纸张的耐久性。纤维中结晶区比例大，纸张强度就大，耐久性就好。

纤维素的分子链很长，但并不是所有的氢氧基都能形成氢键。当纤维素分子间距离较大时，这部分氢氧基就不能形成氢键，导致分子间空隙较大，不能形成结晶区，这样的区域就称为非结晶区或无定形区。在非结晶区内，水分和有害物质容易侵入，使纤维素遭到破坏，从而影响纸张的耐久性。

因此，纸张的耐久性与纤维素分子间氢键的数目及结晶区所占的比例有关。氢键数目多，结晶区所占比例大，纸张耐久性就好。棉纤维的纤维素聚合度大，氢键数目多，结晶区所占比例大，所以棉纤维强度大，用棉纤维为原料制成的纸张耐久性就好。

（2）纤维素的性质　纸张是由植物纤维交织而成的，纤维素是植物纤维最主要的化学成分。因此，纤维素也是档案纸张的主要化学成分，纤维素的性质就和纸张耐久性有着非常密切的关系。纤维素的性质很多，与纸张耐久性有关的性质主要有溶解性、纤维素水解、纤维素氧化、纤维素的光解。

当水、氧、光同时作用于纤维素时，纤维素会同时发生水解、氧化、光解和光氧化作用，纸张耐久性迅速下降。因此，档案纸张受潮或被水浸湿后，决不能在阳光下曝晒，以防止光、氧、湿、热同时对纸张产生严重破坏。

需要指出的是，纤维素虽然可以发生水解、氧化和光解等化学反应，但与半纤维素、木素相比，其性质要稳定得多。因此，纤维素是一种耐久性较好的物质。在档案保护过程中，只要注意避免上述反应所需的条件，还是能够延长档案寿命的。

2. 半纤维素

（1）半纤维素的结构　半纤维素与纤维素有相似之处，都是由单糖脱水聚合而成的聚糖类高分子化合物。但两者有许多不同之处。半纤维素的结构比纤维素要复杂一些，主要不同之处如下。

第一，纤维素是由一种单糖即葡萄糖脱水聚合而成的"均一聚糖"，所以纤维素的分子式可表示为$(C_6H_{10}O_5)_n$；而半纤维素是由许多不同的单糖（木糖、甘露糖、葡萄糖等）脱水聚合而成的"不均一聚糖"。

第二，纤维素分子的聚合度很大，分子链很长，而且是直链结构。而半纤维素的聚合度很小，分子链很短，并且有支链。

第三，纤维素分子结构是葡萄糖分子中C_1和C_4原子上的氢氧基（—OH）脱水通过氧桥连接而成的；但半纤维素却不同，除了C_1和C_4原子上的氢氧基脱水外，还有其他部位的碳原子（如C_1和C_6）上的氢氧基脱水后通过氧桥连接。

（2）半纤维素的性质　半纤维素与纤维素在结构上有一定的相似性，因此，性质上也有一定的相似性，即同样可以发生水解、氧化和光解反应。但是，两者分子结构上的不同决定了两者性质上的差别。半纤维素的分子结构决定半纤维素难以产生氢键和结晶区，从而易溶于碱溶液中；易吸水膨胀，呈现黏滑性；比纤维素更易发生水解反应，氧化和光解的反应速度也较快。因此，半纤维素的稳定性要比纤维素差。

（3）半纤维素的作用　由于半纤维素的稳定性比纤维素差，不利于纸张的耐久性，因此，在造纸过程中，纸浆中的半纤维素的含量不能多。半纤维素太多，纸张耐久性就差。但也不需要完全去除半纤维素，而应保留适量的半纤维素，原因如下。

第一，半纤维素具有吸水润胀性，保留适量的半纤维素便于打浆，易使纤维分裂变细；同时能保护纤维，使之不易被横向切断；还能节省打浆时间，并提高得浆率。

第二，纸浆中含有适量的半纤维素可提高纸张强度。如亚硫酸盐法纸浆，当半纤维素约占11%时，纸张强度最大。

3. 木素

木素主要存在于植物纤维细胞与细胞之间的胞间层中，即存在于植物纤维细胞的四周，像围墙一样，紧包着纤维细胞。

（1）木素的结构　木素的分子结构比较特殊，它与纤维素、半纤维素不同，不是直链状线形化合物，而是像马蜂窝一样的网状空间结构。

木素也是由碳（C）、氢（H）、氧（O）组成的高分子化合物。木素的基本结构单元是苯基丙烷。木素的分子结构很复杂，来源的植物不同，其分子结构也不同。但总的来说，木素是一种以苯基丙烷为结构单元，具有网状的空间立体结构的高分子化合物。

（2）木素的性质　木素具有以下基本性质。

第一，木素不溶于水，在常温下不溶于稀碱、稀酸溶液。

第二，在高温下，某种一定浓度的酸或碱可与木素作用而使其溶解。造纸工业中的碱法制浆、亚硫酸盐法制浆，就是利用这个性质，把木素从植物纤维中去除。

第三，木素容易氧化，尤其在光照条件下，氧化更快。木素氧化后生成氧化木素，使纸张发黄变脆。新闻纸之所以特别容易发黄变脆，就是因为新闻纸主要是由机械木浆制成的，纸张中含有大量容易氧化的木素。而书写纸则不易发黄，这是因为在生产书写纸时，大部分木素已被去除。

需要注意的是，纸张长久保存后出现的发黄变脆的现象，并不只是由于木素氧化这一因素造成的。纸张发黄的原因很多也很复杂，纤维素、半纤维素的氧化以及纸张的酸性施胶等因素也会引起纸张的发黄变脆。

上面分析了纤维素、半纤维素和木素的性质，相比较而言，纤维素的稳定性最好，木素的稳定性最差。因此，为了提高纸张的耐久性，在纸张生产过程中，要尽可能保留纤维素并去除木素。由于适量的半纤维素有利于打浆造纸，并能提高纸张强度，因此，生产纸张时通常要保留适量的半纤维素。

二、纸张生产过程与纸张老化

纸张的耐久性除了与造纸植物纤维原料的质量及其化学成分有关之外，还与纸张的生产过程有关。纸张的生产过程比较复杂，工序也较多，与档案保护关系较密切的工序主要是制浆、漂白、打浆、施胶和加填。纸张生产过程中的制浆、漂白、打浆、施胶和加填等工序均能对纸张的性能产生较大的影响，而其中的制浆、漂白、施胶和加填工序在改善纸张性能的同时还会对纸张耐久性产生一定的不利影响。

三、纸张的主要性能与纸张老化

1. 纸张的主要性能

纸张具有多种性能，纸张的性能通常可划分为以下几方面。

物理性能：包括定量、厚度、紧度、透气度、施胶度和吸收性等。

光学性能：包括白度和不透明度等。

机械性能（机械强度）：包括抗张强度、耐破度、耐折度和撕裂度等。

化学性能：包括化学组分的含量、水分、pH值、灰分等。

2. 纸张老化

（1）纸张老化的概念　纸张老化是指在环境因素的作用下，纸张的主要化学成分发生不可逆的化学变化，从而使纸张性能下降的过程。老化是不可逆的化学变化过程。而纸张在使用时的机械损坏以及虫蛀破损时，没有使纸张发生明显的化学变化，因此不属于老化范畴。

纸张的主要化学成分是纤维素、半纤维素和木素。纸张老化主要是指它们三者在酸、光、氧、水分、温度、霉菌和空气中有害物等因素作用下发生化学变化的情况。纸张老化后，表现在微观上，是纤维素、半纤维素和木素的化学结构发生变化；表现在宏观上，就是纸张发黄和强度下降，甚至变成易碎的粉末状物质。总之，纸张老化后，纸张的各种性能会随之改变，老化到一定程度无法利用后，档案就会失去使用价值。目前，已有部分图书和档案就是因为纸张严重老化而无法提供利用。

（2）纸张老化的原因　纸张老化的原因可分为两方面，一是纸张的内部原因，即纸张主要成分具有老化的可能性以及纸张内部存在着促进纸张老化的不利因素；二是外部原因，即外界环境因素作用于纸张，从而引起和促进纸张的老化。

① 老化的内部原因

a. 主要成分的化学变化　纸张的主要化学成分是纤维素、半纤维素和木素。纤维素的分子结构决定了纤维素能与水、氧化剂等物质发生水解、氧化和光解等化学反应；半纤维素同样可以发生水解、氧化和光解等化学反应；木素容易发生氧化和光解反应。因此，任何植物纤维纸张都可能发生老化。

相比较而言，纤维素稳定性最好，半纤维素的稳定性不如纤维素，而木素的稳定性最差。因此，在外界条件相同的条件下，木素含量高的纸张老化速度快，而纤维素含量高、木素含量低的纸张老化速度慢。

b. 纸张内部的有害物质　纸张生产过程中会在纸张内部形成一定的有害物质，主要包括：制浆过程中残留的酸、漂白过程中残留的氧化剂、施胶过程中酸性施胶时加入的明矾、造纸用水的酸性、整个制浆造纸过程中带来的金属离子等。这些有害物质都会加速纸张的老化。

② 老化的外部原因　老化的外部原因即外界的环境因素，主要包括温湿度、光线、酸、氧化剂和微生物等因素。这些因素会引起并加速纸张主要成分发生水解、氧化和光解反应，即引起并加速纸张的老化。

由此可知，纸张老化的原因很多，情况也很复杂，纸张老化实际上是在内外因素的综合作用下，纸张的主要成分纤维素、半纤维素以及木素发生多种化学反应的结果。

了解纸张老化的原因，就能采取相应的措施来延缓其老化，从而延长档案纸张的寿命。为了使档案纸张有较长的寿命，一方面要生产并选用耐久性好的纸张，另一方面也应对已形成的档案纸张采取多防措施，即防光、防氧化、防酸、防潮、防高温和防霉等。

（3）人工老化试验　不同的档案纸张其老化速度是各不相同的，老化速度的快慢一方面与外界环境条件有关；另一方面也取决于纸张本身的性能，即纸张本身的耐久性。基于上述原理，如果在一定的环境条件下对不同纸张进行人工老化试验，就能测出纸张耐久性的好坏。

人工老化试验的方法很多，有干热老化试验、光老化试验、湿热老化试验和全气候老化试验等方法。

经过研究和实践证明，纸张在温度 $105℃±2℃$，老化 72h，相当于自然条件（自然室温）下保存 25 年。目前，这种干热老化试验方法已被世界许多国家广泛采用。我国也采用这一方法进行人工老化试验。根据人工老化试验，可判断纸张耐久性的好坏，并可推算出纸张的预期寿命。

▶第二节　纸质档案用纸的选择

为了使档案有较长的寿命，选用质量好的纸张是最根本的措施。在选择纸张时，必须熟悉纸张的种类以及各种纸张的特点。

一、纸张的种类

纸张种类很多，根据分类标准的不同，可进行不同的分类。

按造纸原料的不同，可分为植物纤维纸、合成纤维纸和矿物纤维纸等。

按抄造方式的不同，可分为手工纸和机制纸两大类。

按纸张定量的不同，可分为以下几种：$8\sim150g/m^2$ 的为普通纸，$150\sim250g/m^2$ 的为薄纸板，$250\sim500g/m^2$ 的为纸板。

按纸张用途的不同，可分为新闻纸、印刷纸（凸版印刷纸、凹版印刷纸和胶版印刷纸）、书写纸、打字纸、有光纸和干法静电复印纸等。此外，还有制图纸、描图纸、晒图原纸、复写原纸、铜版纸、证券用纸和计算机专用纸等。

1. 手工纸

我国的手工纸历史悠久，世界闻名。在现在保存的很多历史档案中，有相当数量的手工纸。有些纸张已保管了几十年、几百年，但纸张的质量还是很好。事实证明，手工纸是很耐久的。尤其是"纸寿千年"的宣纸，寿命可达千年。

（1）手工纸的生产过程　手工纸的生产除了采用质量较好的植物原料外，生产工艺也比较缓和。手工纸的生产工序如下。

① 选料　挑选质量较好的麻、树皮和竹子等原料，除去杂质，捆好备用。

② 水浸　把原料放入清水中浸泡数天，使其中的水溶物溶出。

③ 发酵　捞起原料，浸入石灰乳中，露天堆置使其发酵，从而初步分离纤维。

④ 蒸煮　经过发酵的原料与石灰、草木灰一起蒸煮，使植物纤维中的木素及非纤维素物质分解。

⑤ 洗浆　将蒸煮后的浆料放入水池中反复洗涤，除去残留的碱和灰渣。

⑥ 堆晒　把洗涤过的浆料摊放在朝阳的山坡上，使其日晒雨淋，利用阳光及空气中的臭氧进行日光漂白，并进一步去除木素。

⑦ 碾浆　把漂白后的纸浆用石碾等设备捶打，成为泥浆状，直至纤维在水中能单根分散开来。碾浆实际上就是现在所说的打浆。

⑧ 抄帘　将纸浆放在石质或木制的方形槽中，加入清水和植物黏液，然后用木棒搅匀，等到纤维均匀分布时，用竹帘抄起纤维，然后把帘上的湿纸剥落在潮湿的细布上。

⑨ 压榨、烘干、成纸　待抄造纸张重叠到一定数量后，以杠杆重力压榨，挤去多余的水分，然后将纸一张张揭起，用毛刷轻轻刷到火墙上烘干。

（2）手工纸耐久原因　从手工纸的生产过程可以看出，手工纸的原料及生产工艺有利于它的耐久性。

第一，原料质量好。造纸的主要原料是麻、树皮和竹子，其中，麻和树皮的纤维长，纤维素含量高，木素含量低，杂细胞少。

第二，生产过程中处理条件缓和，不使用强酸、强碱和强氧化剂，因而对纤维损伤小。另外，生产过程中仅使用弱碱进行处理，而一般的宣纸不进行施胶处理，因此，手工纸一般呈弱碱性。据测试分析，古代传下来的宣纸大多呈中性，这是宣纸成为"纸寿千年"的重要原因之一。

第三，生产手工纸时，一般使用流动水，而且生产地一般都在没有污染的山区农村，因而水质好。如制造宣纸时通常使用清洁的天然泉水。

第四，手工纸的生产工具多以竹、木制作，很少使用金属材料，因此，纸中很少含有能加速纸张老化的金属离子。

第五，手工纸的抄造技艺好，纤维在纵横方向交织均匀。

(3) 手工纸的种类　我国的手工纸种类繁多，按造纸原料的不同，主要有皮纸和竹纸两大类。此外，也可按产地、用途、加工方法、人名、颜色或特殊质地进行分类。按产地不同而得名的有宣纸、蜀纸、广都纸、六合纸、歙纸和剡纸等；按用途而得名的有笺纸、窗纸、印纸和火纸等；按是否施胶可分为生宣和熟宣（也称矾宣）。

皮纸是以韧皮纤维为原料，造纸原料有檀皮、桑皮和楮皮等。这些原料纤维细长，是优良的造纸原料。皮纸主要品种有宣纸、罗纹纸、呈文纸、高丽纸和绵纸等。

竹纸的主要原料是嫩竹。嫩竹的纤维柔软、含木素少。竹纸的主要品种有毛边纸、毛泰纸、连史纸、元书纸和玉扣纸等。

在众多手工纸中，最有名的要数享有"纸寿千年"美名的宣纸。早在一千多年前，唐代宣州府（今安徽宣城市）把本地生产的好纸作为贡品，年年进贡朝廷，因地得名，故称宣纸。

宣纸的主要原料是青檀树的树皮。明清以前的宣纸原料100％用青檀皮，目前的宣纸生产时，还配以部分沙田稻草。宣纸质地柔软，洁白平滑，细腻匀整，尤以润墨性和耐久性最为突出。

宣纸有生宣和熟宣之分，不施胶的称为生宣，经施胶处理的称为熟宣，也称矾宣。生宣韵墨性能好，一般用于写意画和书法。熟宣上墨不渗化，宜于作工笔画。由于熟宣经施胶处理，耐久性不如生宣，因此，档案部门修裱用纸应使用生宣，而不宜使用熟宣。

2. 机制纸

(1) 文化用纸

① 新闻纸　新闻纸又称白报纸，主要供轮转印刷机印刷报纸、杂志、书刊等。新闻纸的定量有 $45g/m^2$、$49g/m^2$、$51g/m^2$ 三种。新闻纸按其质量标准分为A级、B级、C级、D级。

新闻纸的主要原料是机械木浆，掺用10％的化学木浆或30％左右的草浆。为了利于其对印刷油墨的快速吸收，新闻纸不施胶，以便能适应高速印刷的要求。新闻纸具有不透明性，保证不透印。

由于机械木浆中含有原料中的全部木素，且纤维粗短脆硬，均一性差，所以成纸耐久性差，纸张容易发黄变脆，尤其在阳光照射下更易发黄变脆。因此，新闻纸不能作为档案用纸。

② 书写纸　书写纸是常用的一种文化用纸，是供双面书写用的纸张，适用于练习簿、记录本、表格、账簿及其他书写用纸。书写纸有 U 级、A 级、B 级和 C 级四个等级。书写纸的定量为 $45g/m^2$、$50g/m^2$、$60g/m^2$、$70g/m^2$ 和 $80g/m^2$。

书写纸要求两面光滑，组织均匀，不透明，施胶度很高，白度高，色泽均匀。U 级书写纸的白度要求在 85％ 以上，A 级、B 级、C 级的白度分别要求在 80％、75％ 和 70％ 以上。书写纸进行重施胶，施胶度要求不小于 0.75mm，以保证书写时墨水不扩散。

U 级和 A 级书写纸主要用于漂白木浆和漂白破布浆的生产，B 级和 C 级以漂白草浆为主。

③ 有光纸　有光纸又称单面书写纸，正面比较光滑，反面比较粗糙，是一种单面光的纸张。有光纸主要用于一般性的书写、办公等，也用于印制信笺、稿纸、公文笺、收货票、单据和日历等。有光纸的常用定量为 $25g/m^2$、$30g/m^2$、$35g/m^2$ 和 $40g/m^2$。有光纸分 A、B、C 三个等级。

有光纸的特点是具有一定强度，轻施胶（施胶度不小于 0.25mm）书写时墨水字迹不扩散，纸张一面很光滑，另一面则较毛糙。有光纸一般 100％ 用化学草浆制成。

④ 打字纸　打字纸是一种薄纸，主要用于打字、复写、制作信笺、印刷单据等。打字纸常用的定量为 $26g/m^2$、$28g/m^2$、$30g/m^2$ 和 $32g/m^2$。打字纸分 A 级、B 级和 C 级。

打字纸要求强度大而富有韧性，使在打字时不致穿孔，复写时不致被笔尖划破。纸面要平滑，纤维组织均匀，白度较高，A 级白度要求 85％ 以上。打字纸一般采用轻施胶，施胶度不小于 0.25mm。另外，带有浅颜色的打字纸，可用于印制发票、传票和票证等。

打字纸一般用漂白木浆、漂白棉浆等制成，也可采用龙须草浆生产。

⑤ 凸版印刷纸　凸版印刷纸简称凸版纸，是印刷书籍、杂志等较常用的一种印刷纸。凸版印刷纸的定量为 $52g/m^2$ 和 $60g/m^2$。凸版印刷纸有 B 级、C 级和 D 级三种。

凸版印刷纸除了要求有一定的强度外，更主要的是要求有良好的印刷性能，纸面要松软平整，有弹性，吸墨快，不掉毛，不透印。凸版印刷纸要求轻施胶，施胶度不小于 0.25mm。B 级凸版印刷纸的白度要求为 65％ 以上，C 级要求 60％ 以上。凸版印刷纸要求有适中的白度，否则白度过高，容易造成眼睛疲劳，对读者并无好处。

⑥ 凹版印刷纸　凹版印刷纸简称凹版纸，是一种专供凹版印刷的纸张，多用来印刷高级画报、美术图片、有价证券（如钞票、邮票）和重要文件等。凹版印刷

纸采用漂白针叶木浆或棉浆,以及部分漂白麻浆为主要原料。凹版印刷纸纸质洁白,伸缩性小,有优良的平滑度和耐水性,并具有一定的吸墨性,不掉毛,不透印。

⑦ 胶版印刷纸　胶版印刷纸即胶版纸,是目前印刷行业广泛使用的一种印刷纸。胶版印刷纸是印刷图片、插图、彩色画报、商标和宣传画等的双面光纸。胶版印刷纸的定量为 $60g/m^2$、$70g/m^2$、$80g/m^2$、$90g/m^2$、$100g/m^2$、$120g/m^2$、$150g/m^2$。胶版印刷纸分 A 级、B 级和 C 级三种。

胶版印刷纸一般以漂白化学木浆为主,掺用部分棉浆或竹浆,加草浆时不应超过 50%。

⑧ 干法静电复印纸　干法静电复印纸即复印纸,是为适应普通干法静电复印机而开发的新纸种,主要用于静电复印,亦用于计算机打印和传真记录等。干法静电复印纸具有色泽洁白、纸面平滑、挺度适宜等特点。干法静电复印纸的常用定量为 $70g/m^2$ 和 $80g/m^2$。干法静电复印纸分 A 级和 B 级。干法静电复印纸采用 100%漂白木浆生产。干法静电复印纸的施胶度不小于 0.75mm。

⑨ 地图纸　地图纸是专供印刷多色地理、水文、地形图的一种高级印刷纸。地图纸除了具有一般印刷纸的共同特点外,还需要很高的强度、耐折度和耐水性,同时要求伸缩率小,不易变形,以便印刷后得到清晰线条和准确比例。地图纸的定量为 $80g/m^2$、$90g/m^2$、$100g/m^2$、$120g/m^2$、和 $150g/m^2$。地图纸分特号和一号两种。

地图纸以漂白化学木浆或漂白棉浆为原料,采用重施胶,施胶度特号不小于 1.25mm,一号不小于 1.0mm。耐折度特号不小于 100 次,一号不小于 50 次。白度特号为 85%以上,一号为 80%以上。

⑩ 耐久纸张　耐久纸张是专门为档案用纸而开发研制的一种纸张。我国湖南省档案局与湖南省造纸研究所、湖南隆回造纸厂合作开发生产了耐久书写纸。

耐久纸的制造首先要求采用优良的纤维原料,另外,还必须采用中性施胶和碳酸钙加填抄纸工艺。耐久书写纸以漂白麻浆和漂白木浆为原料,采用湖南省造纸研究所研制的 CS 中性施胶剂进行内部施胶,并采用碳酸钙加填工艺。其配料和抄造条件如下:

纤维配比(%):麻:木=(20~25):(80~75)。

CS 中性施胶剂用量:0.6%~0.7%。

碳酸钙用量:平均约 40%(在流浆箱连续加入)。

上网 pH 值:8.0~8.1。

成纸定量:$(60\pm3)g/m^2$。

碳酸钙含量:20%~25%。

纸机车速:84m/min。

我国国家档案局专门制订了耐久纸的具体要求和测试方法(中华人民共和国行

业标准 DA/T11—1994），标准规定了最耐久纸和一般耐久纸的具体要求。

最耐久纸：可保存 500 年以上。经 100℃±2℃、576h（24 天）干热加速老化后，其耐折度保留率纵、横向均不低于 5%，撕裂度保留率纵、横向均不低于 80%，水抽提液 pH 值为 7.5～9.5。其纤维原料建议采用 100%漂白针叶木浆，或新的棉花和亚麻浆，或这些纤维的混合浆。

一般耐久纸：可保存 200 年以上。经 100℃±2℃、576h（24 天）干热加速老化后，其耐折度保留率纵、横向均不低于 5%（最小不得低于 2 双折次），撕裂度保留率纵、横向均不低于 60%，水抽提液 pH 值为 7.5～9.5。建议其纤维原料中至少含有 20%漂白针叶木浆或新的棉花和亚麻浆，或这些纤维的混合浆，其余的为其他纤维原料。

（2）工业技术用纸

① 制图纸　制图纸是供铅笔、墨汁绘制工程图、机械图、测绘地形图等用的纸张。制图纸分特号和一号两种。特号供绘制地形图用，定量有 $150g/m^2$、$180g/m^2$、$200g/m^2$ 和 $240g/m^2$；一号供绘制机械图、工程图和学生制图用，定量有 $100g/m^2$、$120g/m^2$、$130g/m^2$ 和 $150g/m^2$。

制图纸的特点是具有一定强度，耐擦性好，一般要求用 HB 绘画铅笔画线，再用橡皮擦去线条，反复三次，纸面不应有起毛现象，纸的伸缩性要小。制图纸一般采用 60%～70%的漂白硫酸盐针叶木浆和 30%～40%的漂白棉浆或草浆制成。

② 描图纸　描图纸是用墨汁描绘各种晒印用图的专用纸张，呈半透明状，描图后成为底图。描图纸的定量为 $50g/m^2$ 和 $60g/m^2$。描图纸分 A 级、B 级和 C 级三种。

描图纸的特点是高透明度，必须以五层纸能见到墨线。描图纸还应具有耐刮性，耐刮在三次以上，刮后画上墨线应匀整、不扩散。描图纸应具有高抗水性，施胶度不小于 1.5mm。此外，描图纸还应具有洁白的颜色，纸面应特别平滑。

为了达到上述要求，在描图纸的生产过程中必须采取以下措施。

a. 原料使用 100%的漂白亚硫酸盐木浆。此种漂白木浆木素含量少，纤维素含量高，是优良的纸浆。

b. 为了满足描图纸高透明度的要求，纸浆需要进行高黏状打浆。将纤维的初生壁磨掉，露出次生壁来。由于次生壁是透明的，因而制造出的描图纸是透明的。

c. 为了改善描图纸的使用质量，施胶时在胶料中增加了多种成分。

硬脂酸胶：增进纤维的结合，提高透明度。

葡萄糖：增进透明度。

淀粉：帮助纤维结合，使纸张耐磨，不起毛。

硫酸铝：增强纸张抗水性。

上述措施虽有利提高描图纸的使用质量，但也存在一些不耐久性因素：

第一，为了打成高黏状纸浆，选用了亚硫酸盐木浆。这种浆料中含有较多的半纤维素的水解物，它虽然可以增加浆料的黏度，但耐久性较差。

第二，高黏状打浆时间长，纤维不仅纵向分裂变细，而且横向也易被切断，使浆料中细小纤维的量增多，从而影响纤维之间的结合，使纸张的耐折度减小。因此描图纸不宜折叠存放。

第三，硬脂酸胶是由硬脂酸和氨水制成的，其中的氨水容易挥发。随着氨的逐渐挥发，硬脂酸胶的胶性不断降低，慢慢失去了对纤维的黏合作用，描图纸逐渐变硬变脆，透明度也有所降低。

第四，胶料中加入的葡萄糖和淀粉比纤维素容易氧化和水解，影响了描图纸的耐久性，纸张更容易发黄变脆。此外，由于葡萄糖和淀粉是档案害虫和微生物的食料，所以描图纸易长霉并易遭虫蛀。

第五，硫酸铝水解会给纸张带来酸，加剧描图纸老化。

由此可知，描图纸的耐久性较差。因此，在保管底图时应加以重视。

③ 晒图原纸　晒图原纸是供涂刷感光剂后作为晒图纸用的专用纸。晒图原纸分为特号和一号，定量为 $79g/m^2$。

晒图纸的特征是高强度，有一定抗水性，低吸水性，纸的匀度好，白度不低于85％。晒图原纸常采用100％的漂白化学木浆为原料，采用黏状打浆，重施胶。此外，纸张生产时不许掺用碱性矿物填料，纸张必须呈现的酸性 pH 值为 4.0～5.5。由于晒图纸的特殊要求，纸张必须呈酸性，因此影响了纸张的耐久性。

二、档案用纸的选购

目前，我国的档案绝大多数仍是纸质档案，要使纸质档案有较长的寿命，不但要注意改善档案保护条件，最根本的还是合理选用质量好的纸张。

近年来，一些单位对档案科学用纸问题已引起足够的重视，并采取了相应的措施。然而，仍有相当一部分单位对纸张的选择与使用并不重视。据了解，有许多单位负责档案管理的人员并不参与纸张的选购，纸张的选购大多由本单位的后勤部门统一采购，而这些部门的采购人员对档案保护的要求了解甚少。另外，好多单位一次购买纸张的数量太多，有的要用几年甚至十几年，这对档案保护十分不利。

针对目前的状况，各单位在选购档案用纸时应注意以下问题。

第一，购买人员应熟悉纸张的种类与特点。为此，档案管理人员首先要了解纸张的种类与特点，同时应主动参与纸张的选购；即使不能直接参与纸张的选购，也应该向采购人员提出具体的要求。

第二，应根据不同的使用情况购买不同品种以及不同等级的纸张。

不同的纸张有不同的特点和用途，同一种纸张又按质量好坏分为若干等级，如U级、A级、B级、C级和D级等。

如起草文件应该用书写纸，而一般的书写则可用有光纸（即单面书写纸）。对于书写纸而言，如果是用于形成需永久保存的材料，最好选用"耐久书写纸"或U

级书写纸；如果用于形成需长期保存的材料，应选用 U 级或 A 级书写纸；如果用于形成只需短期保存的材料，则可选用 B 级书写纸。

印制文件一般选用印刷纸，包括凸版印刷纸和胶版印刷纸等，同时应根据文件的重要程度选用不同的等级。如胶版印刷纸分为 A 级、B 级和 C 级。需要长久保存的文件应选 A 级胶版印刷纸。

必须注意的是，印制表格和公文用纸时不宜使用印刷纸，而应使用书写纸。因为表格和公文用纸主要用于书写，一般的印刷纸虽进行一定的施胶，但施胶度低于书写纸。使用书写纸印制表格和公文用纸，可保证书写字迹清晰不扩散。

描图纸分 A、B、C 三个等级，需长久保存的图纸应选用 A 级描图纸描制。

第三，在选购档案用纸时，除了要考虑纸张的种类及等级外，还应选用合适的定量。

同一品种同一等级的纸张一般有多种定量。以 U 级书写纸为例，其定量有 $45g/m^2$、$50g/m^2$、$60g/m^2$、$70g/m^2$、$80g/m^2$。胶版印刷纸的定量有 $60g/m^2$、$70g/m^2$、$80g/m^2$、$90g/m^2$、$100g/m^2$、$120g/m^2$ 和 $150g/m^2$。

一般而言，同一品种同一等级的纸张，定量越高，纸张越厚，纸张的撕裂度、抗张强度和耐破度也越高。此外，定量越高，纸张的不透明度越高，印刷字迹和书写字迹越不易透印，越能提高字迹的清晰度。

因此，选购档案用纸时，应考虑用纸的定量。对于需长久保存的材料，宜选用较大的定量，以保证纸张的质量。

第四，一次购买的纸张数量不宜太多。此外，在印制公文和各类表格时，一次印制的数量也不宜太多。如果购买和印制的数量太多，势必会造成这些纸张在很长时间内才能用完。有些单位印制的表格可用十几年甚至几十年，这无形中大大缩短了今后所形成的档案的寿命。

第五，应重视白纸和空白表格等材料的妥善保管。现在有些单位错误地认为白纸和空白表格等材料不是档案，可以随便堆放。事实上，白纸和空白表格都是今后要形成的档案的前身，如果不注意对白纸和空白表格等材料的保护，实际上就是缩短了档案的寿命。

综上所述，选购档案用纸不但要熟悉纸张的种类与特点，而且还要了解档案的特点。另外，档案用纸的选购与使用不单是档案部门的事，它还涉及后勤工作人员、文秘人员和文印人员等众多的部门，因此，只有靠各方配合才能真正落实科学用纸问题。

第六章
纸质档案信息备份技术

档案在保管和利用过程中，有些字迹扩散、退色或被污斑遮盖，轻则影响档案外观，重则使档案无法利用，因而需要采取措施，再现档案信息。档案信息再现技术可以分为两类：一类是物理再现技术，另一类是化学再现技术。

▶ 第一节 物理再现技术

物理再现技术就是利用物理方法使已退变或被遮盖的字迹和图像得以重现的一种技术。目前主要有摄影法、数字图像处理技术两种方法。

一、摄影法

摄影法是利用字迹材料、污斑及纸张对不同波长光的吸收、反射程度不同，使它们在胶片上感光不同，反差加大，从而达到信息重现的目的。具体方法有以下三种。

1. 可见光摄影法

可见光摄影法是利用滤色镜对可见光中各种色光的选择作用，让一定波长的光通过，在胶片上感光，限制其他波长的光通过，从而加大反差，达到信息重现的目的。

滤色镜是一种对色光有吸收、限制和通过的选择作用的有色光学玻璃。白光是由红、橙、黄、绿、青、蓝、紫七种不同波长的单色光组成的。而不同颜色的滤色镜，对不同波长色光的作用是不同的，它只能让与滤色镜颜色相同的色光通过，而对邻近色光起限制作用，其他色光则被吸收而无法通过（图6-1）。

（1）污斑遮盖字迹的再现　由于滤色镜对色光有吸收、限制和通过的选择作用，使用某滤色镜装在相机镜头上摄影时，此种色光通过的量增多，胶片上感光增强，密度增大。洗印后，照片上相应部位色调变浅。因此，对被污斑遮盖的字迹再现时，应选择与污斑颜色相同的滤色镜。如红色污斑遮盖的字迹，用摄影法再现

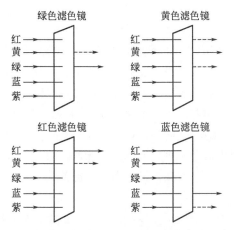

图 6-1 各种滤色镜通过、限制和吸收色光示意图
⟶ 表示该色光通过滤色镜   ---⟶ 表示该色光通过滤色镜受到限制

时,要选用红色滤色镜。

使用滤色镜时应注意以下几个问题。

① 滤色镜对黑、白、灰三种颜色不起作用。

② 适当增大曝光时间。因为加上滤色镜后,部分光线被吸收,光线减弱,所以曝光时间要相应延长。各种滤色镜都规定有增加曝光时间的倍数,称为滤色镜因数。滤色镜因数一般在制作时均已测定,使用时可用查得的因数乘以不加滤色镜时的曝光时间。例如,不用滤色镜时的曝光时间为 $1/50s$,加滤色镜后,如查得其因数为 2,则正确的曝光时间应是 $1/50s \times 2 = 1/25s$。也可用测试法做试验,确定加滤色镜后的最佳曝光时间。

③ 最好使用高反差的胶片、相纸和显影液,以得到高反差的硬调照片,提高字迹再现的效果。

(2) 退色字迹的再现　白光可分成红、橙、黄、绿、青、蓝、紫七色光,白光和七色光谱中的任何一种色光都可以用红、绿、蓝三种色光按不同的比例混合而成。由于红、绿、蓝三色光是组成其他色光的基本色,因此称为光的"三原色"。

若从白光中减去某一种原色光时,得到的色光即为该原色光的补色光。例如:

$$白光 - 红光 = 绿光 + 蓝光 = 青光$$
$$白光 - 绿光 = 红光 + 蓝光 = 品红光$$
$$白光 - 蓝光 = 红光 + 绿光 = 黄光$$

由于青光、品红光和黄光分别是红光、绿光和蓝光的补色光,因此称青、品红、黄为光的"三补色"。且每种原色光与它的补色光相混合就能得到白光。例如:

$$白光 = 红光 + 青光$$
$$白光 = 绿光 + 品红光$$

$$白光 = 蓝光 + 黄光$$
$$白光 = 红光 + 绿光 + 蓝光$$

用摄影法再现退色字迹时，目的是使退色字迹通过摄影后比原来字迹清楚，即字迹的颜色加深。因而设法使退色字迹的色光尽量在胶片上不感光，密度减小，这样洗印出的照片字迹就能清楚地显示出来。为了使退色字迹在胶片上不感光，必须选择退色字迹的补色滤色镜。例如，有一份档案，原退色字迹是蓝色的，就应选用黄色（蓝色的补色）滤色镜来拍摄，这样原字迹的蓝色光不能通过黄色滤色镜进入镜头，使胶片上原字迹部分不能感光，而其他部分光能通过滤色镜进入镜头使胶片感光，最后洗印出的照片字迹部分颜色加深，纸色和字迹反差加大，字迹便清楚地显示出来。

2. 紫外光摄影法

紫外光是一种波长短、能量高的不可见光。许多物质对紫外光的吸收、反射与可见光有明显差异。紫外光摄影法就是利用记录材料（字迹）与载体材料（纸张）对紫外光的吸收、反射程度的不同，再现在可见光下难以恢复的字迹。

利用紫外光摄影显示字迹时，要正确选择光源和相机的镜头。

光源的选择：由于至今还没有仅发射紫外光的光源，所以，只能从大部分辐射线在紫外区的人工光源中进行选择。不同的人工光源发射出的光谱是不同的，高压碳弧灯的辐射峰值在390nm，是一种近紫外光光源；高压汞灯能发射出蓝紫光至近紫外光的连续光谱，其中占优势的是360nm的近紫外光；低压汞灯的主要辐射峰值为254nm。在进行紫外光摄影时，要根据纸张、字迹等材料对紫外光的吸收、反射情况来选择不同波长的紫外光源。

相机镜头的选择：不同材料制成的相机镜头，对紫外光的透过率是不同的。一般光学玻璃对320～380nm的紫外光透过率只有30%～50%。另外，各种光学材料对紫外光的吸收率随材料厚度的增加而增加。而普通照相机镜头是由几片透镜组成，所以，紫外光的透过率将受到削弱。因此，进行紫外光摄影时，要选择对紫外光透过率高的相机镜头，最好采用特制的石英玻璃镜头即紫外镜头。如果使用的光源是波长稍长的近紫外光（如波长在350nm以上）时，可用普通光学镜头相机拍摄。如果使用的光源是在中紫外区（波长在200～320nm）时，必须使用紫外镜头相机拍摄。

紫外光摄影可分为直接紫外摄影和紫外荧光摄影。

(1) 直接紫外摄影 直接紫外摄影是利用纸张、字迹材料对紫外光吸收、反射的差异，从而在胶片上有不同的感光程度，形成反差，使字迹得到再现。进行直接紫外摄影时应注意以下几个问题。

① 由于紫外光的波长短于可见光，所以，紫外光焦点与可见光焦点不重合。用可见光聚焦后，波长差会造成紫外焦点的不准确，从而影响字迹的清晰度。因此，可采用调整镜头位置，缩短镜头到暗箱胶片间的距离；或采用小光圈、加大景深的方法来消除因波长差造成的聚焦不准确。

② 为加强紫外光源发射光的强度，在光源前可加吸收可见光、仅透紫外光的滤光片。同样道理，在相机镜头前也可加仅透紫外光的滤光片，以增加纸张或字迹材料反射的紫外光在胶片上的感光强度，见图6-2。

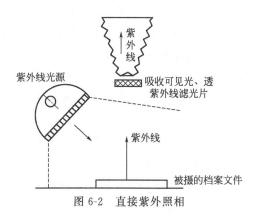

图6-2 直接紫外照相

使用滤光片时应注意：通过镜头的紫外光波长及胶片感光的波长要与被摄体（纸张或字迹）反射出的紫外光波长相对应。否则，拍摄不出影像。

③ 由于紫外光摄影的反差效果都较低，可采用层层加大反差的方法来增加反差，如选用高反差的胶片、高反差的相纸和高反差的显影液。同时，还可通过适当减少曝光量、延长显影时间来加大反差。

（2）紫外荧光摄影 有些字迹材料（如蓝黑墨水）在紫外光激发下能产生荧光，利用这种特性，可以获得可见光摄影难以显示的字迹。

荧光具有以下特点。

① 根据斯特克斯定律，荧光波长大于紫外激发光源的波长。

② 当紫外光源停止照射后，荧光立即消失。

③ 荧光具有各种波长、颜色，其波长可在可见光范围，也可在不可见光范围。

在紫外荧光拍摄过程中应注意以下几点。

① 在紫外光源前加上透紫外光、吸收可见光的滤光片，以增加荧光强度。在相机镜头上应加上吸收紫外光的滤光片，以防止紫外光线对胶片感光，见图6-3。

② 根据荧光的波长选择胶片。由于荧光较微弱，最好选用快速片。

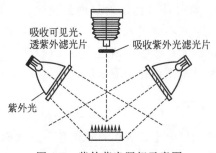

图6-3 紫外荧光照相示意图

第六章 纸质档案信息备份技术

③ 洗印中，应采用高反差的显影液。

3. 红外光摄影法

红外光具有波长长、折射率小、透射率高等特点。红外光摄影是利用字迹材料、污斑、纸张对红外光的吸收、反射能力不同，使其在胶片上感光程度不同，从而使字迹再现出来，得到利用可见光摄影难以获得的影像。例如，绿叶能吸收很多可见光，因而用黑白胶片拍摄时不感光。但它对红外光吸收少，反射多，所以用红外胶片拍摄时感光。字迹材料中的墨汁、黑油墨、黑铅笔及黑色打字等字迹材料能吸收红外光，而有些污斑反射红外光能力很强，利用红外光摄影，这样在红外胶片上能形成不同反差，使被污斑遮盖的字迹显示出来。据有关资料介绍，20 世纪 30 年代就有人利用红外照拍技术显示出被污斑遮盖及涂改过的字迹。

进行红外光摄影时应注意以下几点。

① 一定要使用红外胶片。因为普通胶片不能感受红外光。

② 正确保存红外胶片。红外胶片随波长的增加，其感光度、分辨力等性能会下降；同时，胶片的稳定性也差，有效使用期短。如 950nm、1100nm 红外胶片的有效保存期只有二周至一个月。所以，红外胶片一定要保存在低温、干燥（温度 10℃以下，相对湿度 40%～60%）的环境中。当从低温条件下取出时，应有一段温度平衡时间，以防红外胶片上出现结露。拍摄后的红外胶片应立即冲洗，因为红外潜影易消失。

③ 检查相机漏光情况。由于红外光透射率高，能穿透木材、皮革、布等物质材料，因而不宜使用布质快门、皮革暗箱的相机，否则会发生胶片自曝光现象。检查方法：在太阳光下直接照射相机 2～3min，然后取出红外胶片显影，如胶片没有感光，说明该相机不漏光。

④ 正确调焦。由于红外光的折射率小于可见光的折射率，所以红外光焦点与可见光焦点有一定差距，这样就会产生由于波长差造成焦点偏离现象，使胶片上的字迹模糊。因此，要调整焦距。通常可见光的焦距与红外光的焦距约相差 1/250 焦距。即在用可见光调焦后，再将镜头向前移 1/200～1/300 焦距长度（加大镜头与暗箱胶片之间的距离）即可。有些相机的镜头上刻有红外照相的调焦标记"R"，只要把在可见光下调好的焦距移至"R"处，便可获得清晰图像。

⑤ 正确选择滤光片。红外胶片除了对红外光感光外，还对红光、蓝光和紫光敏感。因此，应设法使可见光不能进入相机，这样就必须选用合适的滤光片。选择滤光片时，必须首先了解滤光片吸收、通过光的波长范围。然后根据光源发射红外光的波长及红外胶片的感色范围选择相应的滤光片。

二、数字图像处理技术

数字图像处理技术是利用电子计算机再现退色字迹或图像的一种技术。数字图像处理技术主要有数字化、计算机处理、显示三个步骤（图 6-4）。

图 6-4 数字图像处理步骤

1. 数字化

数字化就是把档案中的文字转换成数字形式,以便计算机识别、处理。其方法如下:用传真扫描仪或反射显微光密度扫描仪等传感器,对档案文件进行扫描,同时在数字磁带上记录下档案文件上各点的有关参数,如光密度、透射率、透明度等。

2. 计算机处理

计算机处理是对直方图加以分析并进行有关处理的过程。首先,根据数字磁带上记录的有关参数,从 0(全黑)至 255(全白)共 256 个等级记录各点灰度,得到一张档案文件所含灰度等级的直方图(或称频率曲线)。随后,对数字化参数进行修正:0 级灰度保持为 0(黑),灰度在 60 级以上的减弱至 255(白);而在 0~60 之间的则在 0 与 255 之间作线性调节。此外,还可以采用数字手段进一步处理,以消除不需要的画面,如霉斑、扩散部分等,以获得较好的再现效果。

3. 显示

由于计算机处理后的图像仍是数字化的,因此,必须对数字图像进行还原,再以文字形式转置到某种介质(纸张、胶片、电视监视器等)上,便于人们阅读。显示过程实际上是档案文件数字化的逆过程,即把数字图像转换成人们能够阅读的文字。

数字图像处理技术应用时间不长,虽然取得了较满意的成果,但还有大量问题有待进一步研究与探讨。

第二节 化学再现技术

化学再现技术是利用化学物质与退色字迹、污斑等物发生反应,使污斑除去、退色字迹再现的技术。化学再现技术往往不需要特殊的仪器、设备,简单易行,费用低。但由于这种方法是化学物质直接与档案上微量字迹材料起反应,处理不当会对档案字迹造成不可逆转的损害。因此,使用时要慎重。

一、蓝黑墨水退色字迹的再现

蓝黑墨水字迹的色素成分是由有机染料、鞣酸铁、没食子酸铁组成。蓝黑墨水退色字迹的再现就是利用化学物质与退色字迹材料中残留的铁作用而显色的。其方法如下。

1. 硫化铵、硫代乙酰铵显示法

硫化铵 $[(NH_4)_2S]$ 不稳定,容易分解生成氨气(NH_3)和硫化氢(H_2S)。

硫化氢与字迹材料中残留的铁作用,生成不溶于水的黑色硫化铁(Fe_2S_3),见反应式(6-1)、(6-2)。

$$(NH_4)_2S \rightleftharpoons 2NH_3\uparrow + H_2S\uparrow \tag{6-1}$$

$$3H_2S + 2Fe^{3+} \rightleftharpoons Fe_2S_3\downarrow(黑) + 3H_2\uparrow \tag{6-2}$$

硫化氢有毒性及臭味,可用硫代乙酰胺代替。

硫代乙酰胺(CH_3CSNH_2)在碱性溶液中水解生成硫氢离子(HS^-),硫氢离子电离出硫离子(S^{2-}),硫离子与铁离子反应生成黑色的沉淀物硫化铁(Fe_2S_3),见反应式(6-3)~(6-5)。

$$CH_3CSNH_2 + 2OH^- \rightleftharpoons NH_3 + CH_3COO^- + HS^- \tag{6-3}$$

$$HS^- \rightleftharpoons H^+ + S^{2-} \tag{6-4}$$

$$2Fe^{3+} + 3S^{2-} \rightleftharpoons Fe_2S_3\downarrow(黑) \tag{6-5}$$

操作方法:将盛有5%硫代乙酰胺溶液的容器放入水浴锅内加热,以促进硫代乙酰胺水解,把退色字迹档案放入溶液内,字迹慢慢被显示出来。如用硫化铵显示字迹,首先将退色字迹档案用水润湿,字面向上放在玻璃板上,然后把玻璃板反扣在放有硫化铵溶液的容器上(因硫化铵有毒,操作时应在通风橱内进行)。

该方法显示出的字迹,时间不长又会退去。因此,在字迹显示后应立即进行摄影,拍制成照片保存。

2. 硫化铵-硝酸铅显示法

首先是利用硫化铵与退色字迹中残留的铁作用,生成黑色沉淀物的硫化铁。由于硫化铁不稳定,会慢慢分解,使显示出的字迹不耐久。然后再用硝酸铅[$Pb(NO_3)_2$]与硫化铁反应,生成较耐久的黑色沉淀物硫化铅(PbS),见反应式(6-6)。

$$Fe_2S_3 + 3Pb(NO_3)_2 \rightleftharpoons 3PbS\downarrow(黑) + 2Fe(NO_3)_3 \tag{6-6}$$

这种方法里使用的硫化铵也可用硫代乙酰胺代替。

操作方法:将用硫化铵显示出的字迹档案放入硝酸铅溶液中,过一段时间,黑色的硫化铁沉淀物将转化为黑色的硫化铅沉淀物。该方法是一种较永久性保存原件字迹的方法。因为硫化铅较稳定,耐酸性较好。

3. 黄血盐显示法

黄血盐即亚铁氰化钾[$K_4Fe(CN)_6$],能与退色字迹材料中残留的铁作用,生成蓝色的普鲁士蓝{$Fe_4[Fe(CN)_6]_3$},见反应式(6-7)。

$$4Fe^{3+} + 3K_4Fe(CN)_6 \rightleftharpoons Fe_4[Fe(CN)_6]_3\downarrow(蓝) + 12K^+ \tag{6-7}$$

操作方法:将退色字迹的档案夹在用黄血盐溶液润湿的滤纸中,在滤纸上压一适当重量的物体,经过一段时间,字迹即可显示出来。

此方法优点是显示后的字迹保持时间长,但显示后的字迹呈蓝色,改变了原来字迹的颜色。

4. 单宁显示法

单宁即鞣酸,能与退色字迹材料中残留的铁作用,生成黑色的单宁酸铁。

操作时将单宁溶于酒精中,配制成5%的单宁酒精溶液。其后的操作方法与黄血盐显示法相同。

此法生成的单宁酸铁性质稳定,不易分解,显示后的字迹能保持较长时间,且显示后的字迹颜色与原来字迹颜色相同。

二、蓝色墨水退色字迹的再现

蓝色墨水字迹包括蓝黑墨水字迹和纯蓝墨水字迹。这两种字迹材料的色素成分中都含有酸性墨水蓝。酸性墨水蓝属于三芳基甲烷类染料,易溶于水,不耐晒,在光、氧、水等因素作用下容易退色。

陕西省档案馆研制成功的DH-B型字迹恢复剂和IB-E型保护剂,对三苯甲烷类蓝色墨水字迹的再现和长期保存有显著的效果。

字迹恢复的原理如下:蓝色墨水的蓝色是由其色素成分酸性墨水蓝显蓝色。酸性墨水蓝的结构是:

酸性墨水蓝的醌形结构(—◯═)使苯环成为长的共轭体系而显蓝色。然而,它属于有机染料,同其他染料一样,容易受光、氧、空气中的有害气体及载体材料等复杂因素的作用而退色。退色后,其残留物主要有以下三种状态存在:

从以上的结构可以看出，酸性墨水蓝的醌型共轭结构被破坏，依赖共轭结构而存在的蓝色也就退去。如果在退色字迹的表面涂上DH-B型字迹恢复剂，则可导致发生催化反应，形成墨水蓝结构，恢复共轭体系，已退的字迹就又显出蓝色了。由于恢复的字迹仍不耐久，需要再涂上IB-E型保护剂，使之成为耐光、不溶于水的固体。

操作方法：将已退色的蓝墨水字迹档案平铺在通风橱内，用镊子夹脱脂棉球蘸上DH-B型恢复剂，在字迹退变处擦拭一遍，用电吹风将溶剂吹干，字迹即清晰显出，将60mL左右的IB-E型保护剂倒入一个事先准备好的100mL棕色广口瓶内，然后用镊子夹住脱脂棉球蘸上IB-E型保护剂，在已擦拭过DH-B型恢复剂处擦拭一遍，用电吹风吹干溶剂，或让其自然挥发。每50mL DH-B型恢复剂和IB-E型保护剂能够恢复和保护400～500页蓝色墨水字迹档案。IB-E型保护剂还能保护纯蓝、红墨水字迹，防止其遇水扩散。

使用注意事项如下。

① DH-B型恢复剂和IB-E型保护剂是恢复和加固墨水字迹的专用试剂，严禁试用于退色的、扩散的圆珠笔、复写纸等字迹材料。否则会出现字迹扩散、退色等现象。

② 两种试剂均为挥发性可燃气体，操作保存环境严禁有明火。

③ 两种试剂的镊子与棉球要专用，不能混淆。

④ 操作最好在通风橱内进行。没有通风橱时可以在窗口操作，并用排风扇将挥发物吹到窗外。

经过高温、高湿、光老化实验证明，DH-B、IB-E两种试剂对纸张的物理性能、纤维素含量、pH均无明显的影响，纸张的抗酸性还能加强，是一种能够恢复蓝色字迹并永久加以保存的方法。

三、圆珠笔、复写纸字迹的再现

圆珠笔、复写纸字迹的色素成分主要是碱性品蓝和碱性紫5BN。它们均为染料，不耐久，易退色，并且字迹中含有溶解色素的油和蜡。当环境温度过高时，易产生油渗扩散现象，字迹模糊不清。

BS_{73}、TH_{22}字迹恢复剂可用来恢复扩散的圆珠笔、复写纸字迹。该恢复剂能使扩散后的色素返回至原位，脱除扩散因素，使严重扩散和极难辨认的字迹清晰地显现出来，对字迹起保护作用。

BAT、DAH字迹恢复剂可恢复退色的圆珠笔、复写纸字迹。该恢复剂能导致圆珠笔、复写纸退色字迹的化学键不可逆断裂，恢复碱性品蓝等染料的发色基团，脱除退色因素，使退色殆尽的字迹清晰地显现出来，恢复和保护档案的原貌。

四、重氮盐字迹的再现

重氮盐复印图在科技档案中所占的比例较大。这类图纸字迹线条的色素成分是偶氮染料，耐光性能差，不耐久，容易变色和退色。重氮盐复印图耐酸性差，遇酸颜色变浅，以至退色。在一定条件下，颜色退变的重氮盐复印图可用 NH_3 熏蒸或用溶液浸泡使之恢复。

在用 NH_3 熏蒸或用溶液浸泡时，可以改变重氮盐复印图的酸碱度，随着酸碱度的变化，偶氮染料的结构随之发生变化，其形式有三种：

其中，(a) 为蓝色，(b) 为紫色，(c) 为橙黄色。染料颜色由深到浅的顺序是黑、灰、棕、绿、蓝、紫、红、橙、黄、白。a→b→c 是颜色变浅的过程；反之，则是颜色变深的过程。染料分子中共轭双键越长，染料颜色越深；反之，染料颜色越浅。从 a→b 的这种变化发生在 pH 为 6 左右，颜色由蓝色变为紫色；当酸性进一步加强，pH 降至 4 左右时，偶氮染料中的氮氮双键左移，苯环变为醌形结构，一个长的共轭体系变为两个短的共轭体系，共轭效应大大减弱，偶氮染料由紫色变为橙色，甚至是黄色。在 pH 为 4～9 范围内，上述变化是可逆的，退变的字迹可用熏蒸或用溶液浸泡来恢复。当 pH 小于 4 时，染料分子基本结构被破坏，颜色变白，这种变化是不可逆的，因此无法进行恢复。当碱性过强，例如 pH 大于 9 时，染料结构也被破坏，颜色变白，这个过程同样也是不可逆的。

第七章

纸质档案信息迁移技术

档案信息转移技术是利用专门的设备将档案信息从一个载体转移到另一个载体上的技术。它具有转移速度快，准确性高，便于档案原件保护，便于档案信息的传递和交流，便于档案信息的保存和利用，易实现自动化管理等特点。档案信息转移技术能对档案信息进行全文真迹存储。因此，它是档案再生性保护措施的重要手段，对档案的保护具有十分重要的意义。同时，它还能够提高档案工作的管理水平、工作效率、服务质量，有利于档案信息资源的开发利用，有利于实现档案管理现代化。档案信息转移技术的方法很多。目前，常用的方法有静电复印技术、缩微技术、光盘技术三种。

▶ 第一节　静电复印技术

静电复印技术是静电摄影方法的一种，也称为电摄影法。静电复印技术是利用光敏半导体的光敏特性，将纸质档案文件上的信息转印到另一纸张上的复制过程。

一、静电复印技术的特点和作用

1. 静电复印技术的特点

静电复印技术的特点如下：复印速度快；复印准确，质量高；适用范围广；操作简单，使用方便，成本低。

2. 静电复印技术的作用

（1）便于档案的提供利用　档案原件往往只有一份，利用时一般不得拿走。过去，用户利用档案时，需要的信息只能手抄。利用静电复印机可为用户提供能够如实地反映档案原件形状、字体的复印件，为利用者服务，用户不需要手抄档案材料，避免了手抄速度慢、易抄错，不能反映档案文件原貌等缺点；同时，也节省了时间和人力，提高了工作效率。

(2) 抢救破损的档案原件　在长期保存的古老的档案文献中，有一部分已严重破损，如不立即进行抢救，最终会失去保存和使用价值。利用静电复印机，可将那些随时有可能毁灭的档案信息复印保存下来，为社会和子孙后代提供服务。对一些珍贵的档案、利用频繁的档案，可提供复印件，这样既保护了档案原件，又便于利用，深受利用者的欢迎。

(3) 便于档案文献的搜集和宣传　在我国的档案管理工作中，由于种种原因，存在着同类档案分散保管在不同地区、不同档案馆的现象。至于散落或者被掠夺到国外的珍贵档案文献，是很难将原件搜集回来的，这种状况无疑给利用者带来不便。采用静电复印技术，就可以将分散的档案文献以复印件的形式进行交流和保管，也可将散落到国外的档案文献信息以复印件的形式搜集回来，以便丰富馆藏信息，提高馆藏质量。另外，为了宣传教育，许多珍贵的档案文献经常被拿出来展览，很容易损坏和丢失，利用复印件代替档案原件，既保护了珍贵的档案文献，又达到了宣传教育的目的。

(4) 提高办公效率　静电复印机是现代化的办公设备，能提高对信息的加工处理和采集速度，能将工作人员从繁重的手工劳动、重复劳动中解放出来，缩短工作人员的办公时间，加快信息的处理和流通，提高档案信息的利用效率，从而提高办公效率和管理水平。

二、静电复印机简单工作原理

1. 光敏半导体

光敏半导体简称为光导体，具有光敏特性和静电特性。静电复印机的感光版由底基和光敏层组成（图 7-1）。底基有金属材料（如钢、铝）或非金属材料（如玻璃、塑料、纸等）组成，光敏层由光敏半导体材料组成。

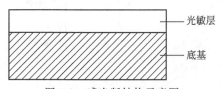

图 7-1　感光版结构示意图

感光版是复印机的核心部件，位于机器的中心部位，机器上的其他部件都是围绕感光版发挥各自作用的。

2. 复印机的工作原理

静电复印机是利用具有光敏特性的光导体作为感光材料，经充电、曝光形成静电潜像，再用显影剂显出可见影像而获得复印件的复印方法。其复印方法可分为直接复印法和间接复印法，复印机工作原理见图 7-2。

(1) 间接复印法　间接复印法是通过在由光导体材料制成的感光版上曝光显影

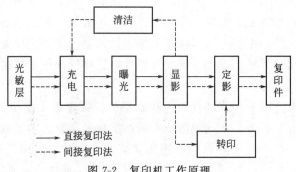

图 7-2 复印机工作原理

形成可见影像,再将该可见影像转印到普通纸上,制成普通纸复印件的复印方法,又称普通纸复印法(图 7-3)。

间接复印法整个过程比较复杂,但在复印时只需几秒钟即可完成全部复印过程。间接复印法使用普通纸进行复印,复印价格便宜,且可大量复印,使用方便。因此,间接复印法运用最广。

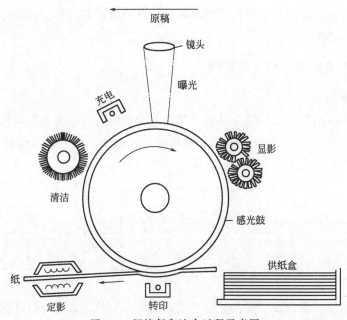

图 7-3 间接复印法全过程示意图

(2)直接复印法 直接复印法是使用涂有光导体(通常多采用氧化锌或有机光导体)的涂层纸进行复印的一种方法,又称涂层纸法。它是将显影后的可见影像直接固定在涂层纸上制成复印件的一种方法。

直接复印法的复印机结构简单,但涂层纸成本较高,纸面书写性能较差,因此在使用上受到了一定限制。

第二节　缩微技术

缩微技术是一种利用摄影的方法，把经过编排和整理的原始文件缩小记录在感光胶片上，然后再经冲洗加工、拷贝制成各代缩微品，最后利用检索、显示、复印等手段提供利用服务，并对缩微品进行妥善处理的技术方法。它是利用光电子技术、摄影技术、电子技术、化学和计算机技术等现代科学技术发展起来的一门综合技术。

档案缩微技术是档案再生性保护措施和实现档案管理现代化的重要手段，它对档案原件的保护和利用具有十分重要的意义。缩微技术以胶片作为媒介，采用感光摄影原理，与电子计算机、静电复印机等硬件相结合，是迄今为止最为成熟的文献资料全文真迹存储技术。随着信息产业的兴起，缩微技术近几十年来获得了飞速发展。

一、缩微技术的特点和作用

1. 缩微技术的特点

缩微技术的特点是存储密度大，记录效果好，记录速度快，缩微品规格统一，易于还原拷贝。

2. 缩微技术的作用

（1）缩小保存空间和改善档案保护条件　档案缩微化不仅节省了保存空间，也节省了档案保存和管理的经费，有利于档案保护条件的改善。

（2）确保档案原件的安全和延长档案的寿命　利用缩微技术将濒临毁灭的档案原件制成缩微品，以缩微品代替档案原件提供利用服务，把档案原件妥善地保存起来，便可以有效地延长档案原件的保存时间。珍贵的档案原件可采取充氮和除氧等密封包装的方法进行保护，以减缓老化速度，延长其寿命。一旦档案原件损毁，还可以用缩微品作为它的副本保存，使档案信息能永久保存下去，供后人利用。对那些需要长期或永久保存的重要档案，可缩微后再拷贝份数分地保存，这样可使档案原件避免战争的破坏和自然灾害的侵袭，避免在出现天灾人祸的情况下遭到毁灭性的破坏。

（3）便于档案原件和档案信息的收集　目前，一些企业和机关单位不愿将形成的档案向档案室或档案馆移交，一个很重要的原因就是档案移交后利用起来不方便。如果缩微工作广泛开展，可将档案原件进馆（室），实际形成档案的部门保存缩微品，这样既有利于档案原件的收集，又不影响使用。另外，还可采用缩微技术，将分散在各地或国外的档案文献拍摄成缩微品，进行信息交换和收集。

（4）档案缩微化便于提供利用和管理　不少档案原件是孤本，不可能同时满足很多人的需要，利用效率受到限制。如果把档案原件拍摄成缩微品，并根据需要拷贝多份，可同时满足很多人的需要，充分发挥档案文献的作用。档案原件拍摄成规格统一的缩微品，既便于保管，实现标准化、规范化管理；又便于实现电子检索。

（5）便于档案信息的永久保存　使用安全片基银盐缩微胶片制成的缩微品，在合适的冲洗和保管条件下，可进行长期乃至永久保存。经实验测试，安全片基银盐缩微胶片制成的缩微品可以保存 800 年以上，对那些不易长期保存的档案文献，可采用缩微技术将其信息转移到缩微胶片上保存。缩微胶片保存到一定程度也会老化变质，但它可以不断拷贝更新，使档案信息永久保存下去。

（6）促进档案管理工作全面开展　缩微工作是在档案的收集、整理、鉴定、修裱等工作之后进行的，它的开展可促进档案管理中各项工作的进行，从而有助于把整个档案管理工作带动起来。

（7）使用起来方便经济　由于缩微胶片存储密度大，占据空间小，因此，传递方便，邮寄便利。特别是国际间的信息交流，使用缩微胶片便于信息的传递，可扩大档案信息的利用范围。另外，出版物以缩微品的形式出版发行，制作速度快，邮寄、发行经济方便，故用缩微胶片拷贝制作缩微出版物的技术在国外也得到了广泛地采用。例如，美国民间缩微出版商就有 100 多家。

（8）提高工作效率　随着以纸张为载体的文件、档案数量的增加，给其保管、检索、利用等工作带来越来越大的困难。利用缩微品作为信息记录载体可以加快信息的处理速度。此外，缩微胶片上的信息可以输入到电子计算机中进行快速处理，电子计算机输出的信息也可以记录在缩微胶片上进行高密度存储及长期保存；还可以利用通信设备，将缩微胶片上的影像转换为电信号进行远距离信息传递，实现档案信息网络化管理。总之，缩微技术与其他现代技术的进一步结合将会大大提高信息处理能力和工作效率。

二、缩微品的形式

缩微品是指含有缩微影像的各种信息载体。根据使用形式的不同，缩微品可分为卷式缩微品和片式缩微品两大类。

1. 卷式缩微品

卷式缩微品是卷绕在片盘或片盒内使用和管理的缩微品。卷式缩微品是缩微品出现最早、应用最广的一种形式。以保存为主要目的的缩微品，大都采用卷式片。此外，有些片式缩微品，如开窗缩微卡片、封套片、条片等大都是由卷式缩微品转换而成的。卷式缩微品按胶片宽度和装片方式的不同有不同的类型。

（1）按胶片宽度分类

① 16mm 卷式缩微品　16mm 卷式缩微品是用 16mm 宽的缩微胶片拍摄制成的。根据片基厚度可分为普通片基和薄片基两种。

② 35mm 卷式缩微品　35mm 卷式缩微品是用 35mm 宽的缩微胶片拍摄制成的。35mm 卷式缩微品主要记录技术图样、地图和报纸等大幅面的原件以及对影像

质量要求较高的各种珍贵的历史文献。

③ 70mm 卷式缩微品　70mm 卷式缩微品是用 70mm 宽的缩微胶片拍摄制成的。随着摄影机和感光材料性能的不断提高,目前 70mm 卷式缩微品多已被 35mm 卷式缩微品所代替。

④ 105mm 卷式缩微品　105mm 卷式缩微品是用 105mm 宽的缩微胶片拍摄制成的。该缩微品目前也被 35mm 卷式缩微品所取代。但是,在卷式缩微平片拍摄机和康姆(COM)系统中还常使用 105mm 卷式片,它拍摄后可制取 105mm×148mm 缩微平片。

(2) 按装片方式分类

① 片盘式缩微品　片盘式缩微品是将卷式缩微胶片缠绕在片盘上,并以盘为单位进行管理和使用的缩微品(图 7-4)。片盘是中间有轴、两边有凸缘的胶片支承体,可分为生片用片盘(也叫防光片盘)和贮存用片盘两种类型。

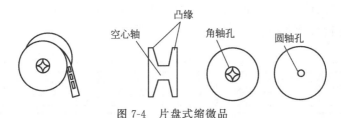

图 7-4　片盘式缩微品

② 单轴盒式缩微品　单轴盒式缩微品是将 16mm 卷式缩微胶片缠绕在密闭的单轴片盘中进行管理和使用的缩微品(图 7-5)。使用时,只要将片盒插入与之配套的缩微影像终端机内,便可进行检索、阅读和放大复印。

③ 双轴盒式缩微品　双轴盒式缩微品是将 16mm 卷式缩微胶片缠绕在具有两个轴的密闭片盒中进行管理和使用的缩微品(图 7-6)。双轴片盒内的缩微胶片的两端分别接在两个轴上,使用时,将该片盒插入与之配套的缩微影像终端机内,便可进行检索、阅读和放大复印。

　　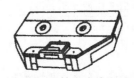

图 7-5　单轴盒式缩微品　　图 7-6　双轴盒式缩微品

④ 片夹式缩微品　片夹式缩微品是将 16mm 片盘式缩微品装在特制的片夹内(图 7-7)。使用时,需将其装在专用缩微影像终端机上,便可快速输出,自动检索。

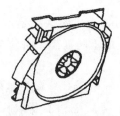

图 7-7　片夹式缩微品

2. 片式缩微品

片式缩微品是指以单张胶片为单位进行管理和使用的散页式缩微品。由于使用的目的和要求不同，常用的片式缩微品可以分为以下几种。

(1) 条片　条片是条形缩微胶片的简称，一般是由 16mm 或 35mm 卷式片裁切制成的，长度不得超过 228mm（图 7-8）。条片记录的原件都是一些内容不长、独立性较强的文献资料，如学术论文、专题报告等。由于条片不能适应当前信息量的增长和快速检索的需要，因而逐渐被封套片所代替。

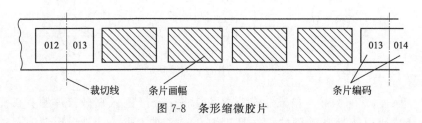

图 7-8　条形缩微胶片

(2) 封套片　封套片是封套缩微胶片的简称，它是把条形缩微胶片摄影机拍摄的条片或由 16mm、35mm 卷式片裁切成的条片装入封套中制成的。封套片有各种尺寸，其中 105mm×148mm 是最通用的一种封套片。封套片有 16mm 封套片、35mm 封套片和 16mm 与 35mm 混装封套片（图 7-9）。

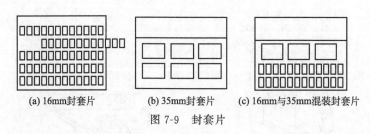

(a) 16mm封套片　　(b) 35mm封套片　　(c) 16mm与35mm混装封套片

图 7-9　封套片

封套片主要用于经常需要增删或修改的档案文献，如病历档案、人事档案、教学档案等。

(3) 开窗缩微卡片　开窗缩微卡片是将带有缩微影像的一个或几个画幅的胶片固定在开窗卡片窗口处而制成的缩微品。根据开窗缩微卡片的尺寸，可分为 82.55mm×187.32mm 标准开窗缩微卡片和 105mm×148mm 开窗缩微卡片。根据开窗缩微卡片窗口处安装的缩微胶片宽度又可分为 16mm 开窗缩微卡片、35mm 开窗缩微卡片和 16mm 与 35mm 混装开窗缩微卡片（图 7-10）。

(a) 装多幅16mm胶片的标准开窗缩微卡片

(b) 装单幅35mm胶片的标准开窗缩微卡片

(c) 混装16mm与35mm胶片的标准开窗缩微卡片

图 7-10　各种开窗缩微卡片

开窗缩微卡片主要用于技术图纸、地图等档案文献的管理和存储。

（4）缩微平片　缩微平片是由一个或多个画幅组成的矩形单页胶片。常用的缩微平片其画幅按网格形式排列。因此，缩微平片中的画幅也称格，上端有标题区，在标题区内有可供直接阅读的标题和其他检索内容（图 7-11）。

目前常用的缩微平片尺寸，按国际标准 ISO 2707 的规定，均为 105mm×148mm。一张缩微平片常见的画幅数为 60(5×12) 个格和 98(7×14) 个格，最多可容纳 420 个画幅，超缩微领域中可容纳数千个画幅。

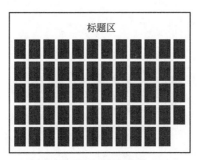

图 7-11　缩微平片

缩微平片多用于拍摄专题性或经常需要补充、修改的档案文献。由于缩微平片拷贝方便，成本低，特别适用于需要大量发行的文献拍摄。

三、缩微技术的工作过程

缩微技术主要由缩微摄影、冲洗、拷贝、阅读、检索、复印等部分组成，其工作流程如图 7-12 所示。

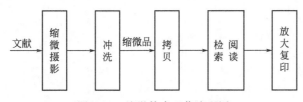

图 7-12　缩微技术工作流程图

缩微影像是被极度缩小了的影像信息，人的眼睛不能直接辨认，给缩微品中档案信息的查找带来了一定的困难。因此，在缩微阅读前先要进行检索。缩微品的检索就是通过一定的技术方法从大量高密度存储的缩微影像信息中查找到某一特定信息的技术。近年来，由于缩微技术与电子计算机技术、通信技术的结合，缩微品的检索更加准确、快捷，大大地提高了缩微品的检索效率。

目前，人们在检索、阅读过程中需要把想要的文件及资料放大后复印下来。所以，缩微品阅读器带有复印功能，可以把所需的缩微品上的文件放大到满意的尺寸后，再复印出来。这种带有复印功能的阅读器称为阅读复印机。

第八章

纸质档案修复与灾后抢救技术

在档案保管和利用过程中，由于理化因素及有害生物的影响，使档案制成材料受到不同程度的损害，如：档案上沾有各种污垢；纸张腐朽，强度下降；档案纸张黏结在一起，形成"档案砖"；字迹模糊、退色；等等。因此，为了延长档案的寿命，必须对破损档案进行修复。

修复就是对破损的档案进行修正、恢复，去除档案中对耐久性不利的因素，使档案恢复到原来的面貌，提高档案制成材料的耐久性。因此，修复是档案保护技术中的一项重要工作。

▶ 第一节　档案修复的基本原则及准备工作

一、修复的基本原则

修复工作是一项比较复杂而细致的技术工作。在整个修复过程中，要遵循以下基本原则。

1. 有利于档案制成材料耐久性

档案是历史的真实记录，不仅有参考作用，而且有凭证作用。有的档案需要长期保存，有的则要永久保存，为子孙后代造福。根据档案的这一特点，要求在修复工作中所采用的技术方法，不仅在短时期内能改善档案制成材料的状况，而且要长期有利于制成材料的耐久性，因此，修复档案时所使用的各种材料（如纸张、黏胶剂等）对档案不能有损害。

由于修复工作是一项复杂而细致的工作，要求修复工作者有高度的责任心、认真细致的工作态度和精益求精的修复技术。

2. 尽量保持档案原貌

档案的凭证作用要求修复工作不仅要保持内容的完整，而且不能损坏档案上的历史痕迹。要尽量保持档案的原貌，才不失其真实性。因此，在修复过程中不能丢掉片纸只字，不能任意涂改填写。能保持档案原貌，这是衡量修复质量的一条重要标准。

3. 使用的修复方法要经过试验

由于档案制成材料是复杂的，损坏的情况也各不相同，因此，修复的方法和材料也应当有所差别。如果事先不进行试验，贸然行事，就难免发生损坏档案的事故。比如，有些字迹遇水要发生洇化等。因此，所采用的修复方法事先要经过试验，确定有把握后再进行。

二、准备工作

在对档案修复以前，做好以下几项准备工作。

1. 接收登记

档案从保管部门送到修复部门，为使修复工作不紊乱及责任分明和避免档案的丢失，应先进行接收登记工作，这也是一项交接手续。登记时主要记录以下内容：档案所属单位、档案名称、数量及页数、接收人的姓名、接收日期、档案损坏程度、技术处理要求。接收档案时，交接双方要当面点清，手续清楚。

2. 检查

修复前对档案进行检查，目的在于了解制成材料如纸张、字迹所属类型及档案损坏的性质和程度，以便采用合适的修复材料和方法。检查时应进行详细记录。

（1）检查字迹水溶性　档案修复过程中经常使用水，因而要检查字迹的耐水性。检查方法：在档案上找一个不重要的标点符号或字，在其上面滴一滴水，然后用吸水纸或过滤纸把水吸干，如果在滤纸上有字迹的颜色，则表示字迹材料溶于水中。

（2）检查纸张材料

① 确定档案纸张所属类型，即属手工纸还是机制纸或羊皮纸等，同时检查纸张的破损程度及装订情况。

② 检查纸张的酸碱性（pH 值）。纸张的酸碱性，可用试纸、试剂及测酸笔和冷萃取等方法进行测定。方法如下：

试剂法——用滴管将石蕊试剂溶液在档案纸张上几个不同部位的空白处各滴一滴，根据试剂的颜色可知纸张的酸碱性。因为石蕊试剂在不同的 pH 值条件下，具有不同颜色：

  pH＜5　　　　　石蕊试剂呈红色
  pH5～8　　　　石蕊试剂呈紫色
  pH＞8　　　　　石蕊试剂呈蓝色

试纸法——用蒸馏水（pH＝7）湿润档案纸张或 pH 试纸。然后把试纸与档案纸张贴紧，压实片刻，根据试纸的颜色与 pH 试纸上的比色板进行对照，便可判断纸张的酸碱性。

测酸笔法——用测酸笔在档案纸张空白处划线，与所给的指示颜色作比较，便可知纸张的pH值。

以上方法测得的pH值准确度不高。如要求测得准确度较高的pH值，可采用冷萃取法。

冷萃取法——将5g风干的纸张浸泡在蒸馏水中，在20～30℃下放置1h，纸张中的酸被萃取于水中。然后用pH计测定水溶液的酸碱度。

对此，需要注意的是，用冷萃取法虽然能测出较准确的pH值，但档案受到了破坏。

3. 除尘

除去档案上的灰尘，是修复的一项基础工作。因为灰尘的成分很复杂，而且还附有各种菌类，如果修复前不去尘，修复时灰尘会污染档案。

除尘时可用羊毛软刷、排笔等工具。如果除尘的档案也要进行消毒，可用蘸有1‰～2‰甲醛溶液的脱脂棉球捏干后擦拭档案，这样可以达到除尘与消毒的目的。

4. 制订修复方案

根据对档案的检查情况，确定修复时使用的材料、方法及修复程度，最后制订出修复方案。

第二节 纸质档案去污技术

纸质档案在利用和保存过程中，由于环境及人为的因素，往往会沾上泥斑、蜡斑、墨水斑、霉斑等各种污斑。这些污斑不仅影响字迹的清晰度，还影响档案纸张、字迹的耐久性，为此需要设法加以清除。去污方法很多，应根据污斑、字迹及纸张情况而定。

一、机械去污

机械去污是借助手术刀、毛刷等工具，依靠机械的力量，将污斑除去。这种方法主要用于纸张强度较好，而污斑较厚且易除的档案。

使用手术刀去污，应使刀刃紧贴纸面，一般从纸的中心向边缘移动手术刀。如有裂痕，应从纸基坚固部分向裂痕边缘移动手术刀，最好使手术刀移动的方向与纸的纵向一致。

注意事项如下。

① 在去除有字迹部分的污斑时，应尤加小心。尤其是铅笔字迹，防止将字迹除掉。

② 随时除去清除下来的污斑微粒，可用软毛刷刷掉，也可用镊子夹棉球清除。

③ 用白纸盖住不需要清理部分，以免被污斑微粒玷污。

二、溶剂去污

溶剂去污法是利用溶剂的溶解力来清除污斑。这是一种物理去污法。

1. 去污原理

溶剂去污过程的实质是溶剂溶解污斑的过程，即溶剂与污斑互相扩散的混合过程。因为任何物质分子间都存在作用力。只有当溶剂与污斑之间的作用力大于污斑内分子间作用力及污斑与纸张纤维之间作用力时，才能使污斑溶解。

2. 去污方法

（1）水洗去污　水是一种常用的溶剂。当纸质档案上沾有泥斑、水斑等污斑时，可用水加以清除。当泥斑较厚时，可先用小刀小心刮除。然后，把档案放在一块玻璃上，一起放入盛有温水（70℃左右）的容器内。水洗时，可用软毛刷轻轻刷洗污斑。水洗后，取出档案，放在吸水纸中压干。

注意事项如下。

① 水洗污斑前，应对字迹作水溶试验。

② 水洗去污时，不能只水洗污斑部分，否则纸张会发生不均匀膨胀，产生皱纹。

③ 对纸张强度较差的档案，为防止取放时遭到损坏，可将档案放在一块稍大的玻璃板上，然后一起放入水中，取出时，可借助玻璃板将档案托出。

（2）有机溶剂去污　对某些不溶于水的污斑，如油斑、蜡斑、漆斑等污斑，可用汽油、酒精、丙酮、苯、四氯化碳等有机溶剂去除。

油的主要成分是高级脂肪酸的甘油酯。蜡的主要成分是高级脂肪酸的高级饱和一元醇酯。溶剂也能溶解某些字迹材料中的色素。所以，在使用这些溶剂之前要做试验。方法如下：在滤纸上滴一滴溶剂，把它按在档案上一个不重要的字迹或标点处，再用手按一下。如果滤纸上没有字迹颜色，即可以进行去污处理。

去油斑时，应把档案反扣在一张滤纸上，用镊子挟一棉花球，蘸上溶剂，在档案背面擦除油斑。油斑溶解后，即被下面的滤纸吸收。擦除油斑时要经常换滤纸和棉球。

去蜡斑时，应先用手术刀或小刀小心刮除蜡层，然后在档案上下各放一张滤纸，用熨斗在蜡斑处熨，这时未刮下来的蜡遇热熔化，被滤纸吸收。随后，即可用去油斑的方法去除尚未除尽的蜡斑。

当用一种有机溶剂不能去除油斑、蜡斑时，可以使用两种溶剂的混合液去污，因为有时混合溶剂的溶解力大于一种溶剂的溶解力。例如，1∶1 混合的三氯甲烷和四氯化碳溶液可以较好地除去油斑。

由于有机溶剂容易着火，并有一定的毒性，因此应在通风条件下进行去污处理。

三、氧化去污

霉菌的色素以及蓝黑墨水中的鞣酸铁,都是很难用水及有机溶剂去除的污斑。这时,可采用氧化剂进行氧化漂白去污。用于去污的氧化剂有氯胺T、过氧化氢、二氧化氯、次氯酸盐、高锰酸钾等。

1. 氯胺T去污

氯胺T是一种温和的漂白剂,白色结晶粉末,能溶于水、乙醇等溶剂,稍有氯的气味。去污方法如下:容器盛有2%～3%氯胺T溶液,加酸调整该溶液的pH值至7。然后将有污斑的档案放入该溶液内。在去污过程中,溶液的温度应控制在20～30℃。去污的时间需15～30min,然后取出档案,在清水中漂洗,以去除残留的氯胺T。

优点:由于氯胺T是缓和的氧化剂,氧化作用平缓,因而对纸张的损伤小,并且在反应中不产生破坏性的残渣。

2. 过氧化氢去污

过氧化氢(H_2O_2)是一种无色液体,氧化漂白是它的主要用途。去污方法:在去污时,为了减弱对纸张强度的影响,可用过氧化氢与乙醚混合,形成一种较温和的氧化剂溶液。乙醚是有机溶剂,它还可溶解部分污斑。

制备混合液的方法如下:将乙醚放入锥形瓶中,把等体积的过氧化氢放在分液漏斗中,然后将过氧化氢慢慢滴入锥形瓶中,边滴边摇动锥形瓶,使之充分混合后,盖上瓶塞,再用力摇动10～50min。静置片刻后,锥形瓶中的液体会分为上下两层,用吸管吸出上层的混合液,按照有机溶剂去污的方法去斑。

优点:过氧化氢在氧化漂白中对纸张强度影响较少。另外,反应中氧化产物除了H_2O以外,不会产生其他杂质。

3. 次氯酸盐去污

次氯酸盐具有强氧化性。常用的次氯酸盐有漂白粉和次氯酸钠。最早使用的漂白剂是漂白粉。漂白粉是次氯酸钙、氯化钙和氢氧化钙组成的水合复盐。由于漂白粉含杂质较多,目前使用较多的是次氯酸钠(NaClO)。

去污方法:将档案放入5%次氯酸钠和浓盐酸的混合溶液内约5min(其中浓盐酸占溶液的0.5%～3%)。当污斑氧化后,把档案取出,为去除残留的次氯酸,把档案放入另一含有少量盐酸的水溶液中(0.5mL浓盐酸溶于2700mL水)约5min,发生反应:$HClO + HCl = Cl_2 + H_2O$(赶氯反应)。为进一步清除档案上残留的酸,再将档案放入稀氨水溶液中,使之进行中和反应。

4. 二氧化氯去污

二氧化氯(ClO_2)是黄绿色至橘红色的有臭味的气体,易溶于水。其水溶液较稳定,可作为漂白剂。二氧化氯的氧化能力比次氯酸盐小,因而二氧化氯对纸张中纤维素的损伤小。

去污时首先配制浓度为 2% 的亚氯酸钠（$NaClO_2$）溶液，并加入 40% 的甲醛溶液。然后将要去污的档案浸入该溶液中，浸泡时间根据污斑轻重而定。

优点：氧化效率高；对纤维作用缓和；可作为气相去污。因为 ClO_2 的沸点为 10℃，在常温下是气体。去污时可先用湿滤纸把档案夹起来，使之潮湿。然后将档案放在一个密闭容器内，通入 ClO_2 气体。

纯 ClO_2 有毒性。遇热、光、电火花及某些有机物会有爆炸的危险。一般用空气稀释至 10%（体积）以下比较安全。由于 ClO_2 气体与污斑作用后生成的无色物质仍在污斑处积存着，所以处理后要用软毛刷把这些积存物刷掉。

5. 高锰酸钾去污

高锰酸钾（$KMnO_4$）是深紫色晶体。其水溶液呈紫红色。它是一种强氧化剂，能氧化污斑中色素。去污方法如下。

① 把污斑档案放在 0.5% 的 $KMnO_4$ 溶液中半小时，由于 $KMnO_4$ 强氧化性，使污斑色素氧化而被破坏。

② 由于氧化反应中产生棕色的二氧化锰（MnO_2）沉淀，纸张的颜色变深，所以还要进行还原处理。

把经 $KMnO_4$ 氧化后的档案放在清水中水洗，然后再用 0.5% 的亚硫酸氢钠（$NaHSO_3$）处理。档案上的 MnO_2 与 $NaHSO_3$ 反应生成无色硫酸锰 $MnSO_4$，最后把档案进行充分水洗。

如果污斑一次去不净，可以再重复一次，但不要轻易增加高锰酸钾溶液的浓度。

由于 $KMnO_4$ 氧化性很强，如果档案纸张含有较多木素，则不宜用高锰酸钾法去污。这是因为木素易氧化，使纸张变成棕黑色，难以恢复。

以上介绍了几种用氧化剂去污的方法，使用氧化剂去污，一方面要考虑它们的氧化能力，即能破坏污斑色素，使之退色。但另一方面又要考虑氧化剂对档案纸张、字迹耐久性的影响，因而尽可能使用缓和的氧化剂。

▶ 第三节 纸质档案去酸技术

由于造纸过程中的施胶、大气污染等原因，档案纸张呈酸性。酸能促使纤维素水解，纸张强度下降。大量科学试验指出，酸是纸张破损的主要原因。为了保护好档案、图书，许多科学家对去酸方法进行了研究。

一、液相去酸

档案纸张呈酸性，主要是因为它含有较多的氢离子（H^+）。因此，去酸的实质就是去除氢离子。液相去酸是使用某些碱性溶液与氢离子反应而达到去酸目的。

1. 碱性水溶液去酸

(1) 氢氧化钙-碳酸氢钙溶液去酸

① 去酸过程

首先,将去酸档案在清水中浸透后,放入 0.15% 的氢氧化钙溶液中 10~20min。氢氧化钙溶液中的氢氧根(OH^-)与纸张中的氢离子(H^+)发生中和反应生成水。

其次,取出档案后放在清水中冲洗,以除去纸张上大部分氢氧化钙残液。然后放入 0.15%~0.2% 的碳酸氢钙溶液中(pH 约为 6.5)10~15min,碳酸氢钙与氢氧化钙反应生成碳酸钙,这样去除残留在档案上的氢氧化钙。

碳酸氢钙溶液可用在碳酸钙溶液中通入二氧化碳方法制得。其中二氧化碳可以从市场上购买,也可用碳酸钙与盐酸反应而制得。

然后,将去酸后的档案放在吸水纸中压干。残留在档案上的碳酸氢钙会慢慢分解变成碳酸钙。

② 优点 这种去酸方法最后残留在档案上的是微小颗粒的碳酸钙,它慢慢渗入到档案纸张纤维中,既能增加纸张白度,又能防止纸张酸度增高,因为它具有抗酸作用,这是该方法的最大优点。

(2) 碳酸氢镁溶液去酸

① 碳酸氢镁溶液的制备 取 10g 碳酸镁,放入盛有 6L 水的大瓶中,然后通入二氧化碳,直至溶液从乳白色变成纯白色为止。

② 去酸过程 将档案放入碳酸氢镁溶液中 20~30min。碳酸氢镁溶于水中能生成氢氧化镁,然后氢氧化镁电离出氢氧根与纸张中的氢离子进行中和反应,达到去酸目的。残留在纸上的碳酸氢镁慢慢分解,生成具有抗酸作用的碳酸镁。

(3) 缓冲溶液去酸

① 基本概念 凡是能够抵制外加少量强酸或强碱的影响,使原来溶液的 pH 值基本不发生变化的混合溶液,就称为缓冲溶液。缓冲溶液具有调节、控制溶液酸碱度的能力。但必须注意:缓冲溶液的缓冲能力是有限度的,如果在缓冲溶液中加入大量的强酸或强碱,溶液的 pH 值会有明显变化。

② 缓冲溶液的组成 任何一种缓冲溶液都必须同时含有两种物质:一种是能抵制外加少量强碱的物质,另一种是能抵制外加少量强酸的物质。缓冲溶液就是通过这两种物质,对外加的 H^+ 或 OH^- 进行调整、控制,使该溶液的 pH 值基本保持不变。一般组成缓冲溶液的物质有弱酸和弱酸盐,如碳酸和碳酸氢钠、醋酸和醋酸钠;弱碱和弱碱盐,如氢氧化铵和氯化铵;多元弱酸的酸式盐和它所对应的次级盐,如磷酸二氢钠和磷酸氢二钠。

③ 去酸原理 当把含酸档案放在缓冲溶液中,由于缓冲溶液中存在大量能吸收、结合外加的 H^+ 的负离子,这样档案纸张中的 H^+ 就能够被缓冲溶液吸收掉,去酸后纸张的 pH 值与缓冲溶液的 pH 值基本一致。

④ 缓冲溶液的选择 不同化学物质可组成具有不同 pH 值的缓冲溶液，而使去酸后的档案具有不同的 pH 值。这样，就要根据对档案纸张 pH 值的要求来选择不同的缓冲溶液。一般要求档案纸张的 pH 值为 7 或微碱性，因为 pH 值在此范围内对档案耐久性有利。醋酸-醋酸钠组成的缓冲溶液的 pH 值在 3.75～5.75（酸性），这样不适宜于档案的去酸。应选择 pH 值在 7～8 的缓冲溶液，一般采用磷酸盐缓冲溶液，如磷酸氢二钠与磷酸二氢钾缓冲溶液。

碱性水溶液去酸的优点：第一，由于去酸溶液能渗透到纸张纤维内部，因而去酸效果较好。第二，去酸后档案上有碱性残留物，如碳酸钙、碳酸镁，能起抗酸缓冲作用，进一步防止纸张酸化。

碱性水溶液去酸的缺点：第一，不能用于水溶性字迹档案。第二，只能单张进行去酸，因而不能大批量处理，去酸效率低。第三，脆弱的纸张受潮后易破碎。第四，干燥时纸张易起皱。第五，去酸前后需要拆除、装订档案，费时费工。

2. 碱性有机溶液去酸

碱性有机溶液一般由去酸剂和有机溶剂组成。由于溶液中不含有水分，因此，碱性有机溶液能克服水溶液去酸的缺点。

（1）氢氧化钡-甲醇溶液去酸 氢氧化钡是一种碱性无机化合物。去酸时，把 1.86g 的氢氧化钡溶解在 100mL 甲醇溶液中，配制成 1% 的氢氧化钡-甲醇溶液。然后，根据纸张强度情况，用浸泡法或喷洒法对档案进行去酸处理。去酸后，残留在档案纸张上的氢氧化钡能与空气中的二氧化碳作用，生成碱性化合物碳酸钡 $BaCO_3$，碳酸钡能起抗酸作用。

由于氢氧化钡和甲醇均有毒性，因此在操作时应注意安全。

（2）甲氧基甲基碳酸镁去酸 甲氧基甲基碳酸镁溶液是由甲氧基甲基碳酸镁和甲醇、氟利昂组成的混合溶液。

去酸时，先将档案装在金属丝筐里，置于真空干燥箱内干燥 24h，使纸张含水量减少到 0.5%。然后，将装有档案的金属筐放在处理罐中，用泵打入去酸溶液并加压，使去酸溶液完全渗透到纸内。反应进行约一小时后，抽走去酸液，进行真空干燥。最后，导入热空气至常压后，取出档案，待档案的温、湿度与周围环境的温、湿度一致后，方可将档案放入库内。

优点：第一，档案纸张上残留有碳酸镁、氢氧化镁和氧化镁等碱性化合物，能起抗酸缓冲作用。第二，干燥迅速。第三，对纸张损伤小。第四，处理量大，周期短，费用低。此去酸法又称"韦陀法"，是一种较理想的去酸方法，已被美国、加拿大的一些档案馆和图书馆采用。

二、气相去酸

把档案置于碱性气体或碱性蒸气中去酸的方法称为气相去酸。

1. 氨气去酸

氨气是弱碱性气体，能与纸张中的氢离子作用。去酸时，将盛有稀氨水（1：10）的容器放入处理罐内，使从氨水中挥发出的氨气与 H^+ 作用。去酸时间为 24~36h，去酸后纸张的 pH 值可达到 6.8~7.2。

氨气去酸的优点：第一，原料价廉、易得。第二，操作简单。第三，对字迹无影响。第四，可以大批量处理档案。这种去酸方法的缺点：去酸后档案上没有碱性残留物，去酸后纸张容易恢复酸性。

2. 吗啡啉去酸

吗啡啉简称吗啉，化学名称为1,4-氧氮杂环己烷。它是一种无色、有氨味和吸湿性的中等碱性液体。在真空条件下，吗啉与水混合可转变为蒸汽。

去酸时，把档案放在密闭容器内，用真空泵抽走容器内空气，直至容器内压力为 66.6645~133.329Pa。向容器内通入吗啉蒸气约 10min，使之渗透到纸内与氢离子作用。然后抽走残余吗啉，再通入空气至常压。

吗啉去酸的优点：第一，对档案可进行大批量处理。第二，去酸迅速，处理时间仅为 11min。第三，去酸后纸张寿命可延长 2.5 倍。第四，对纸张、字迹基本无影响。缺点：吗啉会使皮革封面变黑、磨木纸变黄。

3. 二乙基锌去酸

二乙基锌是一种液态的金属有机化合物。化学性质活泼，能迅速夺取酸和水中的 H^+，生成锌盐、氧化锌和乙烷。

去酸时，把档案装入处理罐内。为除去纸中水分，首先应进行真空干燥。然后将二乙基锌放入罐内。在真空条件下，二乙基锌迅速汽化，并渗透到纸张纤维内与氢离子反应，同时也同纤维内微量水反应生成氧化锌。反应结束后，抽出乙烷，加入少量甲醇以消除残余的二乙基锌。然后，再通入二氧化碳。这样一方面可以使罐内压力回升，便于取出档案；另一方面还可以把具有光氧化催化作用的氧化锌转换成具有抗酸缓冲作用的碳酸锌。

二乙基锌去酸的优点：第一，对档案的处理量大。第二，去酸后在档案上能均匀地沉积碱性残留物，可起到抗酸作用。第三，对纸张、字迹无影响。这是目前较好的一种气相去酸法。但这种方法对仪器设备及操作人员的技术水平要求较高。另外，由于二乙基锌的化学性质非常活泼，在空气中很不稳定，容易与水发生反应，并有燃烧和爆炸的危险，因此，操作时要注意安全。

第四节 纸质档案加固技术

在档案制成材料中，有的字迹材料耐久性较差。在不适宜的温湿度、光、有害气体、有害生物等环境因素的影响下，耐久性差的字迹会逐渐退色、扩散，纸张的强度也会下降。因此，需要采用加固技术提高档案制成材料的耐久性。

一、涂料加固

在档案纸张、字迹表面加一层涂料，使档案纸张、字迹免受各种介质的影响及机械磨损，是目前国内外档案部门用以巩固字迹、提高纸张强度的一种加固方法。这种方法的优点是涂料配制简易，涂刷方便。它的缺点是可逆性差。

几种加固涂料如下。

1. 乙基纤维素

乙基纤维素是一种纤维素醚，为白色粉末状，能溶解在苯、醋酸等有机溶剂中。其涂膜柔软、耐水、耐热及耐酸碱。乙基纤维素主要用于加固黑色铅笔字迹。

涂料配制：将5g乙基纤维素放入干燥的锥形瓶内，加入170mL苯和无水酒精混合液。用玻璃棒搅拌直至完全溶解，再加入少量邻苯二甲酸二丁酯。搅拌均匀后，盖上木塞备用。

加固时用毛笔蘸此溶液，涂抹在需要加固的字迹上，也可采用喷洒法。国外也有用醋酸纤维素涂料来加固字迹的。

2. 氟树脂

氟树脂的化学性质很稳定。其涂膜耐酸碱、耐光、不易老化，并且具有可逆性。氟树脂可以用于加固墨水、铅笔、黑色打字带等字迹。

涂料配制：将15g氟树脂与100mL丁酮放入锥形瓶中，并将锥形瓶置于水浴锅中加热；或把5g白色氟塑料放入锥形瓶中，再加入120mL丙酮、甲基丙烯酸甲酯、丁酮等有机溶剂。用玻璃棒搅拌均匀后，用木塞塞紧瓶口，放置一至二昼夜，直至完全溶解，即配制成5%氟树脂溶液。如用甲基丙烯酸甲酯作为溶剂时，应在瓶上装有回流装置。注意：有机溶剂易燃烧，因而不能把容器放在火上直接加热。

3. 聚甲基丙烯酸甲酯

聚甲基丙烯酸甲酯（有机玻璃）的涂膜耐酸碱、耐光，有较高的耐水性和机械强度。聚甲基丙烯酸甲酯主要用于加固水溶性及黑铅笔字迹。

涂料配制：把有机玻璃、苯、三氯甲烷放在锥形瓶中，上带冷凝管，然后把锥形瓶放在水浴锅中加热。让溶液沸腾24h，待有机玻璃完全溶解后加入少量苯二酸二辛酯。

二、塑料薄膜加固

塑料薄膜加固是在档案正反两面或一面加上一层透明的塑料薄膜，以提高纸张强度、保护字迹的一种加固方法。由于加膜方法不同，塑料薄膜加固又可分为热压加膜和溶剂加膜。

1. 热压加膜

热压加膜是用加膜机在档案一面或两面热压上一层棉纸和热塑性树脂薄膜，加膜时，棉纸、薄膜和档案的排列顺序如下：

棉纸—薄膜—档案—薄膜—棉纸

加膜机有汽热平板式和电热辊压式两种。在热和压力作用下，薄膜变软并渗入到档案纸张和棉纸细孔内，使薄膜、档案纸张和棉纸形成一个整体。

2. 溶剂加膜

溶剂加膜是使用有机溶剂，把透明薄膜黏合在档案上。这是一种简易加膜法，其优点是不经高温高压处理，亦称印度加膜法。

操作时，按上述次序把棉纸、醋酸纤维素薄膜和档案展平放在玻璃板或平滑的桌面上，用无绒棉布或脱脂棉球蘸丙酮，从棉纸中心开始，缓慢、均匀、稍带压力地向边缘涂抹。当丙酮通过棉纸浸透醋酸纤维素薄膜时，用拧干的丙酮棉球，迅速地在棉纸表面用力擦一遍，使棉纸、薄膜和档案黏合在一起。然后，对另一面进行相同的处理。处理完毕后，干燥 5s，用手掌压平档案，赶走气泡，使棉纸、薄膜和档案粘贴牢固。最后，把加膜的文件放在压力机上压平。

注意：由于丙酮有毒、易燃，应在通风橱内进行操作，并且不能有明火。

三、丝网加固

丝网加固是用蚕丝织成网状，并喷上聚乙烯醇缩丁醛胶黏剂，在一定温度、压力下，使丝网与档案黏合在一起的一种加固方法。

操作过程：把聚乙烯醇缩丁醛喷洒在丝网上，然后按丝网—档案—丝网的次序排列，将丝网和档案放在两张氟塑料（聚四氟乙烯）薄膜之间，一起放进热压机中热压，也可用电熨斗热压。

丝网加固的优点：透明度好，重量轻，手感好，耐老化。缺点是强度较低。此方法适用于脆弱文件和两面有字文件的加固。

第五节 纸质档案修裱技术

在保存和利用过程中，档案纸张会发生变脆、强度下降、部分残缺等现象，因此，需要进行修裱。

修裱是使用黏合剂和选定的纸张对破损档案进行"修补"或"托裱"档案，以恢复档案的原有面貌，增加强度，延长寿命。

一、黏合剂

凡能将两个物体表面紧密地黏结起来，并能满足一定物理和化学性能要求的物质称为黏合剂。黏合剂一般是高分子化合物。

1. 要求

修裱是依靠黏合剂使档案与修裱用纸牢固结合，从而达到增加纸张强度作用。因此，黏合剂的质量直接影响修裱质量。为此，对它有以下要求：第一，黏性适中，修裱后的档案要柔软；第二，化学性能稳定；第三，pH值接近中性或微碱性；第四，不易生虫、长霉；第五，色白或无色透明；第六，具有可逆性。

2. 种类

黏合剂有小麦淀粉浆糊、羧甲基纤维素（CMC）、二醋酸纤维素等。

（1）小麦淀粉浆糊　制作浆糊时，先把干淀粉放在容器中，然后加入少量水浸泡一段时间，待其完全浸透后，再加足配比水，随后加热。加热后，分子中部分胶束溶解形成空隙，水分子侵入内部，使之体积膨胀。随着温度升高，淀粉中的胶束逐渐解散，氢键断裂，使淀粉体积继续膨胀，并在水中互相挤压，从而黏度上升。当加热至60℃左右（糊化温度）时，淀粉液表面发亮并呈暗色，形成半透明体，并且黏度迅速上升，形成糊状，此时停止加热，使之慢慢冷却，放之备用。

如果配制较多的浆糊时，可用勺盛出打好的浆糊，倒在冷水中，使之慢慢形成浆糊块。当室温为10～20℃时，可一到二天换一次水。当室温达20℃以上时，一天应换两次水。用时把浆糊块取出，加适量水，调和均匀后，再加少量乙萘酚、甘油。浆糊浓度可根据需要加水调配。

制备浆糊时应当注意以下问题。

① 制糊时应不断搅拌浆液，使浆液中的热交换进行得快而均匀。

② 温度合适。在配制浆糊的过程中，一定要掌握好温度。温度太低，不易煮熟，出现夹生现象，使用时易糊笔；温度太高，黏度则会下降。一般来说，达到糊化温度时，淀粉浆糊的黏度适中。

③ 浆糊稀稠要适当。浆糊稀稠适当的关键在于淀粉和水的配比要合适。根据经验，淀粉和水的配比以重量计为1∶5；以容量计为1∶3（如一平杯淀粉配三杯水）。然后，还应根据纸张厚薄调整浆糊稀稠：纸张厚，浆糊稠些；纸张薄，浆糊稀些。

使用淀粉浆糊作黏合剂，修裱后的档案平整；并且它所形成的薄膜溶于水而具有可逆性。此外，淀粉浆糊还具有原料来源广，价格便宜，制作方便等优点，所以早已被档案部门广泛使用。

小麦淀粉浆糊的不足之处是由于淀粉及其中的少量蛋白质、葡萄糖是营养物，因而在高温高湿条件下，会生虫长霉。此外，修裱后的档案干燥速度较慢。

（2）羧甲基纤维素　配制方法：取少量CMC干粉，用温水溶解后，再用开水稀释，浓度视纸张厚薄而定。最后加1％～2％甘油，以改善其润滑性。

CMC可用于托裱档案。但要注意：用CMC托裱的档案在未干以前易剥离，因此，托裱后不要马上移动档案。另外，低浓度（<5％）的CMC具有可逆性。

（3）二醋酸纤维素　配制方法：将10g二醋酸纤维素放入磨口瓶中，然后加入丙酮，用玻璃棒搅拌至全部溶解，最后加入3g增塑剂邻苯二甲酸二丁酯。

操作方法：二醋酸纤维素主要用于对口粘接。粘接时把已撕裂的档案平铺在干净的玻璃板上，用较硬的毛笔蘸上少量溶液，从纸张裂口连接的一端顺序涂抹，然后用骨刀压平粘接处。用镊子夹棉花球蘸少量丙酮擦去溢出的溶液。如果裂口较长，应分段粘接，每次粘接约 1cm 左右。由于丙酮易挥发，若一次涂抹过长，未等压平，因丙酮挥发而不能使裂口粘住。

注意问题：①不能在纸板、木板上进行粘接，以免压溢出的溶液把档案与纸板、木板黏合在一起。②使用杂质含量少的化学纯、分析纯的丙酮，否则在纸上会留下黄色痕迹。③用骨刀压紧粘接处时，用力不要过大，否则会使纸张变形，起皱。

用此方法对接裂口，不易看到痕迹，并且粘接牢固。不怕潮、不生虫、不长霉、无腐蚀性，具有可逆性。

二、修裱用纸

1. 要求

修裱用纸的质量会直接影响修裱的质量和档案寿命。因此，修裱用纸应符合以下要求：

第一，纸张中有害杂质少，有较好的耐久性；第二，纤维交织均匀，纸张薄而柔软，并具有较高的干湿机械强度；第三，纸张呈中性或弱碱性；第四，纸张色白，白度在 60% 左右；第五，伸缩性小，吸收性低，使修裱后档案易干、平整、不易崩裂。

根据以上要求，一般使用手工纸，不使用机制纸，尤其不能使用含木素较多的新闻纸。

2. 种类

（1）宣纸　宣纸中纤维素含量高，纤维长而柔顺，拉力大，pH 值约 8.3，呈弱碱性。它质地柔韧、洁白平滑、细腻匀整、色泽耐久，是上等的修裱用纸。

宣纸品种繁多，如生宣纸（不上胶矾水的宣纸）、熟宣纸（上胶矾水的宣纸）、棉连（薄型宣纸）、单宣（略厚于棉宣）、夹宣（厚于单宣）等。修裱时应根据档案纸张的厚薄、颜色和修裱部位而选定修裱用的宣纸。

（2）毛边纸　毛边纸以嫩竹为原料，经石灰发酵，加适量黄色染料，以竹帘手工抄造成纸。纸的一面光滑，另一面较涩，其吸水性强，但韧性较小。

（3）棉纸　棉纸最早以棉为原料，后因棉主要用于纺织而改用桑皮为原料。棉纸纤维长，有拉力，纸薄而柔韧。

（4）皮纸　皮纸是一种以构树皮等为原料经抄制而成的纸。此纸较轻、薄，抗湿强度大。

（5）夹江手工纸　夹江手工纸产于四川省夹江县。它是以竹浆为主要原料，并加以适量桑、麻、棉等植物纤维。夹江手工纸纸质紧密、厚薄均匀，拉力强，不易变形。

三、修裱技术

1. 揭粘技术

（1）档案黏结原因及类型　档案保存多年后，在多种因素影响下，有部分档案的纸张发生粘连。严重的黏结成块，像砖头一样，很难分离，人们常称之为"档案砖"。产生以上现象的原因极其复杂，主要是档案材料、环境、生物、人为等因素的综合作用。有以下几个原因。

① 纸质档案的制成材料主要是纸张和记录材料。

② 为了改善纸张的抗水性，造纸过程中要进行施胶，因此纸张中含有少量胶料。

③ 档案上有些字迹材料含有少量黏性物质。

④ 在长期无人翻动的档案上，往往积存大量灰尘。

⑤ 档案纸张及其含有的淀粉浆糊、胶黏剂都是害虫、鼠类的喜食之物，加之它们在生长过程中产生的排泄物、分泌物，也会促使档案黏结。

根据档案黏结的不同成因，可形成不同类型的黏结污物，主要有淀粉类黏结物、蛋白类黏结物、微生物及害虫等分泌物类黏结物，淀粉、灰尘、微生物分泌物的混合类黏结物。

在"档案砖"的众多成因中，黏结物起了重要作用。因而，揭开"档案砖"主要是设法降低或消除黏结物的黏性。此外，还应分析"档案砖"的黏结状况。因为纸张纤维具有湿胀干缩现象，所以，干燥后纸层间会产生缝隙。但由于各部分受压情况并不相同，一般是上层承受压力较轻，中层受压稍重，下层承受压力最大。因此，往往是上层纸层间缝隙较大，中下层因纸张黏结较牢，而缝隙较小。为此，在揭"档案砖"前，首先要观察其黏结状况，此外，要分析其黏结成分。为了防止揭粘过程中损坏字迹和纸张，还应了解字迹的水溶及纸张强度等情况，依此制定不同的揭粘方案，采用不同的揭粘技术。

（2）干揭　对于黏结不太严重，纸层间有一定缝隙，并且字迹遇水易扩散的档案，可采用干揭法。

揭粘时用竹签的扁平一头伸进纸页空隙处，紧贴纸页向四周轻轻移动，使之慢慢揭开。如果档案的纸张强度较好，还可用双手将粘连不太厉害的档案一点点搓开。捻搓时，手劲要均匀，不能用力过猛。

（3）湿揭　对于纸页黏结比较结实，并且字迹遇水又不扩散，而用干揭又无法揭开的档案，可利用某些黏结物能溶于水或在高温下易熔化等性质，采用湿揭方法。根据"档案砖"的黏结程度及档案纸张强度和破损情况，主要有以下方法。

① 水冲法　把"档案砖"用白布包好，放在一块略大于"档案砖"的平板上，把平板斜置在水池中，然后用开水冲洗。冲洗时应尽量让水从"档案砖"的缝隙里通过，直到整块"档案砖"湿透为止。由于开水渗透力强，能把灰尘、泥沙等杂质

冲走。加上其温度高，又能使一些黏结物熔化，从而把"档案砖"揭开。

冲洗时应掌握水速和水量。水速过快、水量过大会冲坏档案；水速过慢、水量过小则冲洗不干净。应使水速水量适中，让泥土、灰尘等杂质细细流出，"档案砖"慢慢变软为宜。

② 水泡法　把"档案砖"浸泡在清水中，使水慢慢渗透进入纸页间的细小缝隙中，直到泡透为止。浸泡时用凉水还是开水，可根据实际情况而定。一般情况，容易泡透的档案可用凉水，不易泡透的档案可用开水，因为开水的温度高，水的渗透力强。水泡法一般用于黏结较结实，纸页间缝隙很小的档案。

③ 蒸汽渗透法　此方法是利用高温水蒸气穿透力强、可熔化黏结物的特点，使厚度大、板结硬度大的"档案砖"变软后脱胶而被揭开。用此方法时不要干蒸，应先将"档案砖"放在清水中浸泡。因为经过水泡后，纸中纤维吸水膨胀，使纸张变得疏松，便于水蒸气进入。浸泡一段时间后，用白布将"档案砖"包好，放在锅内笼屉上，并把它架起来，使水蒸气能绕档案回旋通过，这样更易蒸透。如将包好的"档案砖"竖放时，应用支架支住，以免其变软后倒下，使之受损。一般待锅内水烧开后，还需蒸 1~2h。此方法的关键是掌握火候和时间。时间太短，"档案砖"不能软化，不易揭开；时间过长，容易损坏档案。另外，锅内的水不能太多，因水沸腾后易损坏档案；但也不能太少，否则易烧干。应经常观察，不断加水，使锅内水位保持适当。用此方法时，对于某些"档案砖"，如墨胶档案，一次蒸后可能还揭不开，往往需要蒸揭多次。

(4) 酶解法　以上所述干揭和湿揭都是传统揭粘方法。由于"档案砖"中的黏结物种类众多，有的仅靠用水冲、水泡或加热法都难以解决，无法揭开。随着现代生物工程的发展，国内外科研人员已研制出生物酶揭粘技术。

酶是一种由许多氨基酸通过肽键连接而成的高分子化合物。它能加快生物的化学反应，因而是一种生物催化剂。在常温下，它能迅速地将不溶于水的某些高分子化合物催化分解为能溶于水的小分子化合物，如将蛋白质催化分解为氨基酸，将淀粉催化分解为葡萄糖，将脂肪催化分解为高级脂肪酸和甘油等。酶解法就是利用酶的这种催化性能，将"档案砖"中的黏结物，如淀粉、蛋白质、脂肪、果胶等高分子物质迅速水解变成能溶于水的物质，使之失去黏性而达到揭开档案的目的。

由于酶的催化作用具有选择性、专一性，因此，必须根据黏结物的性质选择不同的酶。能被酶催化水解的主要是淀粉黏结物、蛋白质黏结物及糖类黏结物。

① 揭淀粉类黏结物"档案砖"　此类黏结物主要是淀粉浆糊和含淀粉的黏结物。由于在淀粉分子中含有许多羟基，它能与纸中的纤维素形成氢键。但在酶、水分、热、酸等作用下，淀粉会发生水解，首先生成糊精，继续水解会生成低聚糖、麦芽糖，完全水解后生成葡萄糖，这样使淀粉由大分子变成小分子，最终失去黏性而将"档案砖"揭开。

由于酶的活性与温度、浓度及 pH 值有关，利用酶解法时，首先要控制温度。

温度过低，α-淀粉酶的活性难以发挥；温度过高，酶变性而失去活性。因而一般将温度控制在37～39℃，pH值为7较适宜，α-淀粉酶的浓度应为0.1%（质量/体积）。同时应保持酶的纯度，因纯度越高，催化效率也高。

揭粘方法：把档案放在淀粉酶溶液中，使之完全浸透，一般为10～60min，也可根据档案黏结程度而定。

② 揭蛋白质类黏结物"档案砖" 此类黏结物主要是骨胶、明胶等动物胶，其主要成分是蛋白质。在蛋白酶的催化作用下，肽键被打断，破坏了蛋白质黏结物的结构，使之失去了黏性。

使用蛋白酶水解黏结物条件：温度40℃，pH值为7，蛋白酶浓度为0.01%（质量/体积）。

使用时应注意：此方法不能用于含有蛋白质的羊皮制品。另外，用酶揭开的黏结档案要用清水冲洗，以去除残余的酶。

(5) 综合法 由于"档案砖"成因较复杂，情况也是多种多样，有时采用一种方法无法揭开。因此，必要时可将几种方法联合使用。采用较多的有浸泡—蒸揭、冲洗—浸泡、蒸揭—冲洗等方法。

(6) 应注意的问题

① 无论采用上述哪种揭粘方法，当档案纸张处于潮湿状态时，都不能马上揭。因为此时纸张中含有较多水分，纤维之间距离较大，因而纤维间的氢键力及各种结合力都下降，使纸张强度降低，容易揭烂。可将其放在撤潮纸中，晾至半干状态再进行揭粘。

② 揭下的档案要编号，以利整理。

③ 揭下的碎纸要放在原来位置，不能丢失，以保证其完整。

④ "档案砖"揭开后，由于脏物很多，如尘土、鼠尿等，如不清除继续损害档案，所以在对档案进行修裱前加以清洗。方法是将揭下的档案通风干燥，使之具有一定强度后，再把碎纸片连接起来，字迹朝下平铺在桌面上，用喷壶或毛刷进行洒水清洗。洒水时可用毛巾挤压或滚动以赶走水分，但不要搓动。

⑤ 揭时应保护字迹。遇到字迹处应一点一点地挑揭。

⑥ 揭开后应及时进行修补和托裱。

2. 修补技术

对一些有孔洞、残缺或折叠处磨损的档案，需要采用修补技术。

修补用纸的纤维方向要和档案纸张的纤维方向一致，纸的厚薄、颜色、质地也要尽量与档案纸张相似，必要时可将修补纸染成和档案纸张一样的颜色。修补所用浆糊的稀稠要根据纸张的厚薄来决定。

修补主要有补缺和托补。

(1) 补缺 补缺主要对残缺或被害虫蛀孔的档案进行修补。

修补时，将档案有字面朝下平展在葛板（用废纸的纸浆做成的纸浆板，上面再糊两三层纸）上，用毛笔在档案背面孔洞边缘 2～3mm 处抹上稀浆糊，将一块与档案纸张的厚薄、颜色大致相同的补纸贴上去，在浆糊处的补纸立即潮湿，这时用一只手指按住补纸，另一只手顺补纸潮湿处把周围多余的纸撕去（或用镊子撕去），用手后掌压一下，把档案从葛板上揭起换个地方，再压一下，揭起，洞就补好了。将档案上所有需要补缺的地方都补完后，放在葛板上压起来。

目前有些国家采用纸浆补洞器对档案进行机械补洞，其效率高，补洞准确。纸浆补洞器是由两个水槽组成，在一个长方形的大水槽中安放一个以尼龙纱或细铜纱为活底的小水槽。补洞时把档案放在小水槽的纱网上，倒入优质纸浆，搅拌均匀，然后提起小水槽，当水流向洞口时，纸浆便填满小洞，随后取出档案进行托裱。

（2）托补　托补有以下几种方法。

① 溜口　在档案纸张已磨损的折叠处补上一条棉纸的技术称为溜口。溜口的补纸宽度一般为 1cm 左右。溜口时将两个半页档案反铺在案子上，对齐，涂抹浆糊后上溜口纸。

② 加边　有些档案字迹距纸边很近，在其四周加上补纸的技术称为加边。有两种加边方法。

a. 挖镶　用一张大于档案的镶纸补在档案背面，用镊子揭掉与档案重叠部分的纸，此种做法加出的四边没有接口，非常美观，但费工费纸。

b. 拼条镶　在档案四边贴上一定宽度的补纸。加边时应先加长边，后加短边。

c. 接后背　对装订边窄小的档案进行补纸接宽，便于装订和翻阅。接后背用纸的宽度应视装订情况而定。

3. 托裱技术

在整页档案的一面或两面托上纸张的技术称为托裱，它可以提高纸张强度，是加固纸张的一种方法。

（1）湿托　湿托是把浆糊刷在档案上，然后再上托纸。适用于字迹遇水不扩散的档案。

操作步骤如下。

① 铺油纸　用湿毛巾擦净工作台面，然后铺上一张浸湿的油纸（或塑料薄膜）。再用湿毛巾抹平油纸，使油纸紧贴在台面上，不能有气泡，否则托裱后的档案不平整。

② 铺平档案　把档案铺在油纸上，喷些水使之湿润，展平档案，用镊子夹去档案上的杂质。档案上如有遇水扩散的字迹，可用镊子夹脱脂棉蘸上 IB-E 型保护剂在字迹上轻轻擦一遍，待溶剂挥发后再湿润展平。

③ 刷浆糊　用排笔在档案上刷一层稀浆糊，然后用毛巾擦去档案四周的多余浆糊。

④ 补缺　对档案上的孔洞进行补缺。

⑤ 上托纸　把托纸卷成筒状，左手拿托纸，右手拿棕刷，然后将托纸逐渐展开，右手用棕刷自上而下地向左刷托纸，一直到上完托纸。

⑥ 排实　在托纸上放一张高丽纸。右手持棕刷，在高丽纸上下左右排实，使档案与托纸平整地黏合在一起。然后慢慢揭下油纸，用毛笔在托纸四周涂上一层浆糊，并在右侧上半部留下空当或贴上一张小字条，以便档案下墙时插入竹签。

⑦ 上墙晾干　右手拿棕刷紧靠档案，两手提住档案的两角，把它贴在绷子上，并用棕刷将托纸四周压实。

⑧ 下墙　用竹签插入档案右侧空隙处，先向下然后向左、向上移动竹签，这样揭开档案的右半部，然后拿住档案上半部和左下部，拉起档案使之与绷子成45°，用力向外拉，把档案全部揭下。

（2）干托　干托是把浆糊刷在托纸上，然后再与档案黏合。根据档案破损情况，干托又分为飞托和腹托。飞托是把浆糊刷在托纸上，然后把档案上到托纸上。腹托是把刷有浆糊的托纸上到档案上，它适用于破损严重的档案。干托主要用于字迹遇水扩散的档案。

四、干燥

1. 绷子干燥

用绷子晾干托裱后的档案，这是我国传统修裱技术中的主要干燥方法。绷子是用木框和多层高丽纸糊制而成。小者可以移动，称绷子或壁子，大者固定在墙上称纸墙，如墙一样大的绷子称大墙。

绷子制做方法：用4根宽6cm、厚4cm的干木材制成一个木框架，中间再用3cm宽的木条隔成18cm的正方形小框。然后用比小木框大的方块高丽纸，每4张用稠浆糊黏合为一贴层，然后斜糊在小木框上，隔一框糊一贴层，每贴层纸的四角均紧包在木框上，使纸与木框粘贴在一起。在木框上共糊4～5个贴层，最后糊上2～3层质量好、光滑的大张纸，使绷子表面平整（图8-1）。

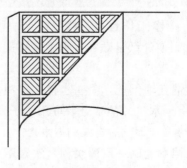

图 8-1　绷子

由于绷子是纸制的，与档案纸张收缩程度相同，托裱后的档案纸张平整，不皱、不断裂。上墙过程中修裱室内湿度不能过大，否则易使档案长霉，但也不能太小，湿度小易使档案干裂，湿度以 60% 为宜。

2. 吸水纸压干

对于补缺、溜口、加边、接后背修补的档案，一般放在吸水纸中或葛板上压干。压干时应注意经常翻动档案，更换吸水纸，以防档案和吸水纸长霉。

五、修整

1. 修整

修裱后的档案要除去多余部分的托纸、补纸，进行折页、平整等一系列工作，这个过程称修整。

修整过程中，对尺寸小的档案，可以托裱镶边；尺寸较大的档案可以把纸向里折叠；纸张太长，可以从天头向下折叠，但不要从地脚向上折叠，以免在取放档案时磨损折叠处。

2. 装订

经过修整的档案要装订成册。装订时把档案纸张对齐放在锥板上，左手腕压住划尺，左手拿书锥（下圆上扁），右手拿敲锤打眼，随后用纸捻或线绳进行装订。注意不要用麻绳，因为麻绳易损伤档案，最后装上硬封面。

▶ 第六节　纸质档案的灾后抢救技术

对人类造成的灾害有两种：一是自然灾害，二是人为灾害。自然灾害大部分是突发性的，是很难预料和避免的，它使人们猝不及防，并严重威胁档案的安全。人为灾害主要是人们的失误或蓄意破坏造成的。一旦发生灾害，就会对档案造成无法估量的损失。由于档案载体大多数是易燃物，所以，火灾使大量档案被焚毁。纸质档案在洪涝灾害中遭水淹后，若不及时处理，极易滋生霉菌，纸张机械强度下降，有的发生粘连。底片如被水浸时间过长，乳剂层膨胀，与片基脱离，造成影像脱落。因此，灾害发生后，应采取措施及时抢救，以减小损失。

一、水灾后档案的抢救

1. 纸质档案的抢救

纸质档案一旦遭水淹后，首先清除档案上的污泥，然后创造一个持续低湿的环境进行干燥，迅速去除纸张中的水分，使其达到安全含水量，才能防止长霉。

主要有以下几种方法。

（1）清除污泥方法　清除污泥以前，首先鉴别字迹的耐水性，然后根据情况，分别加以处理。

对不耐水字迹的档案，可用聚酯胶片轻轻刮除纸张上的污泥，然后将档案分成单页放置在阴凉处晾干。待其基本晾干时，定时将其沿装订处慢慢来回翻卷多次。当其全部晾干后再用小刀轻轻刮去纸上污泥，最后用排笔沿着一个方向刷去浮土。

对于耐水性较好的档案，可将其浸泡在干净水中，用海绵轻轻擦去污泥，然后换以干净水，再清洗一次，最后再放在流动水中清洗。取出后放在吸水纸上进行干燥。

（2）干燥方法　干燥方法多种多样，主要有自然干燥法、去湿机减湿干燥法、真空冷冻干燥法、常压低温干燥法、远红外干燥法。要注意的是，无论采用哪种干燥方法，在干燥过程中不能使档案制成材料受到损坏。为此，千万不能把水淹档案放在阳光下暴晒，因为阳光中的紫外光会加快纸张中纤维的水解和光降解速度，使纸张变脆。

① 自然干燥法　当档案馆遭受水灾后，应尽快打开门窗，使空气流通，如有条件，应使用风扇或通风机，加快空气流动，驱散室内的潮湿空气。同时，对现场进行灭菌处理，以防止霉菌滋生。

为使水淹档案尽快干燥，可将它们移放在低温干燥环境中。首先控去纸张上的表面水分，然后将其竖放在桌面上或书架上干燥。当其达到半干状态时，为避免纸页粘连，应将其逐页翻一遍，也可在每页纸中夹一张吸水纸，但一次夹入吸水纸的总厚度不能超过纸质档案厚度的 1/3，否则易使档案变形。当干燥到一定程度后，将档案平放在桌面上，在其上面放重物加压，并继续进行干燥，这样可以使纸张不起皱。

由于纸张受潮后强度下降，因此在搬运过程中要小心谨慎，动作要轻，不要因操作不慎而使档案受到损坏。

② 去湿机减湿干燥法　为了使水淹档案迅速干燥，可将水淹档案放在密闭环境中，开动去湿机，由于去湿机能不断排除空气中部分水蒸气，这样加快水淹档案中所含水分的释放速度，从而提高了干燥速度。

③ 真空冷冻干燥法　真空冷冻干燥法是将水淹档案置于低温条件下，使纸张中的水分冻结成冰，然后，再放在真空条件下，将冰直接变为蒸汽，而达到干燥的目的。

此方法需要使用真空冷冻干燥设备。操作时首先控去档案纸张中的表面水分，然后将其放置在真空冷冻干燥机的搁板上，关上机门后，缓慢降温。当温度降至 $-40℃$ 时，启动真空泵，进行真空干燥。在取出档案时，为避免外界水蒸气在档案表面凝结，可用塑料薄膜把档案包起来。

此方法优点：a. 由于冷冻时温度很低，能抑制甚至杀死霉菌和细菌，因此档案不易霉变。b. 由于档案冷冻后水结成冰，体积膨胀，将纸张撑开，所以，干燥过程中纸张不粘连。c.纸张不易变形。但由于该设备需设真空泵、冷冻机，因此价格昂贵。

④ 常压低温干燥法　使用该方法时首先控去纸张中表面水分，然后将档案放入低温（－20℃）设备内速冻后，再将其移入冷藏柜内进行干燥。此时温度保持在1～5℃即可，直至干燥为止。

⑤ 远红外线干燥法　远红外线是指波长为 40～1000 μm 的电磁波。其特点是以辐射方式传热，中间不需要媒介物质的传递。其辐射的热量被纸张、水分等物质吸收后，加快它们内部的分子运动，使温度上升，从而促使水分蒸发。

干燥方法：将水淹档案控去纸张中表面水分，然后放入远红外干燥箱中。档案之间排列不能过紧，以利于水分蒸发，打开开关后，使之缓慢升温至 50～70℃，待纸张中水分达到正常含水量即可。

2. 底片档案的抢救

底片遭水淹后，底片上的明胶容易发生溶化、划伤、粘连等现象。应及时进行降温、清洗、坚膜处理。处理步骤如下。

第一，把水淹底片放在干净的低温水中，温度控制在 18℃ 以下。然后用洁净、柔软的棉花轻轻擦洗底片上的污泥，或用手轻轻抚摸底片两面，以清除污泥。

第二，坚膜处理。由于长时间遭水浸，底片上的明胶已经充分膨胀，极易被划伤。为此，可用甲醛溶液行坚膜处理。在坚膜处理中要防止底片互相碰撞，以防划伤乳剂膜。然后，在流动的清水中水洗 15min。最后将黑白底片过一下润湿液 1min，彩色底片过稳定液 1～1.5min，随后晾干。

二、火灾后档案的抢救

有的纸质档案在火灾中虽经火焚，但尚未完全灰化，通称为炭化档案。此种档案由于纸张已经炭化、酥脆，强度极低，极易成碎片。需要及时进行修复。

1. 加固炭化档案

由于炭化档案纸张的机械强度几乎完全丧失，因此，首先采用干托裱方法进行加固，使之具有一定强度，便于存放。方法如下：将一张厚薄适中的单宣纸放在油纸或塑料薄膜上喷润展平，然后刷上稀淀粉浆糊。再将炭化档案背面轻轻放置托纸上，并用排笔轻轻地一点点上平，然后将它正面朝外贴在绷子上。

2. 翻拍显示字迹

炭化档案上的字迹难以辨认，可用照相机放在小型翻拍架上进行摄影复制。操作方法如下。

第一，翻拍时为使光源照度均匀。可在翻拍架上安置 4 盏 100W 或 150W 功率一致的乳白色照明灯。灯距工作台面 0.4m，并与翻拍档案成 90°垂直照射。

第二，使用 135 型相机拍摄。拍摄时相机的镜头距工作台面约 0.6m。同时使用高反差的 35mm 的文献全色片。

第三，翻拍后，选用高反差显影液（如菲尼酮-对苯二酚显影液）、高反差正片（如 3 号放大纸）。采用这种层层加大反差的方法可将黑底不清晰字迹的炭化档案翻拍成清晰的复制件，随后在静电复印机或阅读复印机上放大，复印出与原件一致的复印件。

第九章
电子档案耐久性

本章所说电子档案是指模拟电子档案，其主要形式是声像档案，亦称视听档案，是通过专门电子设备和特殊载体以声音、图像等方式记录信息的档案。常见的声像档案有机械录音档案、胶片档案、磁性载体档案和光盘档案等。

▶ 第一节 机械录音档案耐久性

一、机械录音原理

声波是一种机械波，起源于发声体的振动。声波传入人耳时，引起鼓膜振动，刺激听觉神经而产生声的感觉。但频率高于 20000Hz 的声波（超声波）和频率低于 20Hz 的声波（次声）一般不能引起声感，只有频率在两者之间的声波人们才能听到。

机械录音就是根据以上声音的发声原理，将声波作用于一块与人的鼓膜作用相同的弹性振动膜上，振动膜将随着声波而产生相应的振动，再将这种振动通过传动杆传给刻刀，让刻刀把声波振动的轨迹刻在运动着的载音材料上，形成声音槽纹，即声槽或音沟。放音时，载音材料以刻槽纹时的速度运动，并使放音设备的唱针随载音材料的声槽纹路移动，纹路两侧或底部的不规则痕迹，使唱针振动，经增幅器扩大之后，使扩音器的膜因振幅的不断变化而发出原来的声音。

二、机械录音档案的种类

机械录音档案的种类很多，有蜡筒、录音带、录音片和唱片等，目前所保存的机械录音档案以压制唱片的金属模版和塑料唱片居多。

1. 金属模版

唱片的金属模版有初次负模、初次正模和二次负模三种。

（1）初次负模　初次负模又称为一版。它是以金属化了的录音片（刻有声波振动轨迹的最初的载音材料，它是利用蜡片或胶片等比较柔软的材料制成的）做原始模型，将其电铸成型（即镀上一层较厚的铜），然后翻铸成金属模型，进行剥离后即可得到与录音片声槽音纹相反的模版，此即初次负模。一张录音片只能翻铸一面初次负模，一面初次负模可以翻铸4～5块初次正模。

（2）初次正模　初次正模又称为二版。将初次负模电铸（即镀镍后再镀铜）成原始模型，再用以翻铸成金属复制片，即可得到与初次负模的声槽音纹相反，与录音片的声槽音纹相同的金属模版，即初次正版。一面初次正模可翻铸7面至8面二次负模。

（3）二次负模　二次负模又称为三版。它是由初次正模翻铸成的，利用二次负模即可压塑成唱片。由于二次负模的音纹是负的，它所压塑的唱片声槽音纹与录音片的声槽音纹相同。将二次负模分别放在几台唱片的压塑机上，就可以同时压制成唱片。

2. 塑料唱片

塑料唱片是由二次负模压制生产出来的，不同类型的唱片可采用不同的物质材料制成，分别有红、绿、蓝和黑等不同的颜色。塑料唱片本来是不作为档案保存的，但对于历史上有价值的唱片，如果该金属模版已经损坏，塑料唱片也可以作为档案保存。另外为了利用方便，在保存金属模版的同时，还应当保存一些塑料唱片。

三、机械录音档案的结构与组成

1. 金属模版

唱片的金属模版是圆的，厚度1～2mm，直径按唱片的大小而定。一版的表面为金或银，底背为铜；二版表面为镍，底背为铜；三版的表面为铬，中层为镍，底背为铜。

2. 塑料唱片

塑料唱片分为夹心唱片和实心唱片两种。夹心唱片由五层构成（图9-1）：第一层和第五层由非常细的塑料粉构成，第二层和第四层是牛皮纸，第三层是唱片的夹心，为较粗的塑料粉。实心唱片均由十分精细的塑料粉压塑而成。

塑料唱片所用的塑料由树脂、填充剂、着色剂、润滑剂和稳定剂构成。常用的树脂有天然虫胶、酚醛树脂、聚氯乙烯树脂、聚乙烯树脂、氯乙烯-醋酸乙烯共聚树脂等。填充剂有提高唱片耐磨性能的作用，常用的有石英、重晶石、氧化钼和氧化铬等。着色剂的作用在于把塑料唱片着成丰富多彩颜色，常见的颜色有红、绿、蓝和黑等颜色。润滑剂的作用是便于塑料的脱模，常用的有硬脂酸钙和云母粉。加入稳定剂是防止塑料分解，常用的稳定剂有铅、钡、钙的有机盐或无机盐。

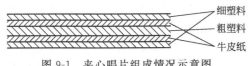

图 9-1 夹心唱片组成情况示意图

四、机械录音档案的生产过程

1. 制版

首先用蜡盘等灌制录音片,并在录音片上被覆一层薄薄的导电的金膜或银膜,使录音片上录有音纹的一面金属化;其次,用金属化了的录音片作为原始模型,在镍或铜的电解溶液中淀积,使金膜或银膜上被覆一层镍或铜;之后,再将其放入铜电解溶液中电铸成铜背;最后,取出并与录音片剥离,即得金面或银面而底背为铜的一版。

用一版作原始模型,在其表面作一层分离面,然后将其放入镍电解溶液中电铸成镍面,之后放入铜电解溶液中电铸成铜背,最后取出并与一版剥离,得到镍面铜背的二版。用二版作原始模型,重复以上操作,可得镍面铜背的三版。必要时,用同样方法可制得四版、五版。将三版或五版镀铬,就成为压制唱片的金属模版。模版的表面为铬,中间为镍,底背为铜。

2. 制片

用于制造唱片的塑料属于热塑性塑料,当其受热时,逐渐变软,可塑性增强,冷却后变硬,固结成型,加热后又会软化,可再行模塑。生产塑料唱片时,按配方将树脂、填充剂、着色剂、润滑剂和稳定剂混合在一起,之后热炼和切坯制成唱片塑料,然后用三版或五版金属模版进行热压,即可形成塑料唱片。

五、机械录音档案的锈蚀与老化

1. 金属模版的锈蚀

锈蚀是指当金属和周围介质接触时,由于发生化学作用或电化学作用而引起的破坏。根据金属锈蚀过程的不同特点,金属锈蚀可以分为化学锈蚀和电化学锈蚀两种。

(1) 化学锈蚀 单纯由化学作用而引起的锈蚀叫做化学锈蚀。例如,金属和 O_2、H_2S、SO_2、Cl_2 等干燥气体及汽油、酒精等非电解质接触时,在金属表面上生成相应的氧化物、硫化物、氯化物等化合物。氧化物和硫化物有时能在金属表面形成一层致密的膜,具有保护金属的作用,使锈蚀速度降低或停顿。

(2) 电化学锈蚀 电化学锈蚀是指金属表面与介质发生电化学作用而引起的锈蚀。它和化学锈蚀不同,是由于形成了原电池而引起的。金属模版在大气中的锈蚀,属于电化学锈蚀。

金属模版在室温下的锈蚀，主要是在很薄的水膜下发生的电化学锈蚀。当空气相对湿度达到一定值时，水蒸气会在金属表面形成很薄的、肉眼很难看见的水膜。水膜形成后，潮湿空气中的氧气、二氧化碳、二氧化硫、氯化氢、二氧化氮等气态物质能溶解于水膜中，使水膜成为电解质溶液。金属跟电解质溶液作用，使金属与电解质溶液界面间带有不同的电荷，从而形成了双电层，构成了电池的不同电极，由于它们的电极电位不同，组成无数非常微小的电池，使电位较低的金属失去电子而被腐蚀。

金属模版的锈蚀，除了与其内在的组成、结构等有密切关系外，还与空气相对湿度、温度、腐蚀性气体和尘埃的作用相关。

空气相对湿度直接影响金属表面上水膜的形成和保持时间的长短。空气相对湿度越高，金属表面越容易形成电解液膜，金属就越容易受腐蚀；反之，越难发生锈蚀。一般情况下，相对湿度低于60%时，金属极难锈蚀。

气温能影响金属表面水蒸气的凝聚和水膜中有害气体及盐类的溶解度。温度高，溶解度加大，金属锈蚀加快；反之，则锈蚀缓慢。气温的突然降低，会使金属表面产生结露现象，导致金属加速锈蚀。

空气中存在大量氧气，氧气很容易溶解并渗透到水膜中，导致锈蚀加速。空气中的氯化物溶于金属表面的水膜中会加速金属的锈蚀。氯化物之所以影响金属锈蚀，主要是因为氯离子很容易透过金属表面的水膜，并能排挤水膜中的氧离子取而代之，成为可溶性的氯化物，促使电位较低的金属加速溶解过程。人的汗液中含有氯化钠盐分，所以被手汗污染的金属表面易锈蚀。其他气体如二氧化硫、硫化氢和氨气等，易和水作用或易溶于水，而使水膜呈酸性或碱性，对锈蚀有促进作用。空气中的烟雾、尘埃虽然对金属无直接侵蚀作用，但它们有的能吸收有害气体，有的具有吸湿性，落在金属表面上时，能促进金属表面水膜的生成，从而引起或加速金属的锈蚀。

2. 塑料唱片的老化

塑料唱片的主要化学成分是高聚物，也称高分子化合物。这些物质在唱片的保管和使用过程中，可以与环境中的某些物质起化学变化和降解，使唱片的物理和机械性能发生变化而表现出老化特征。最重要的降解是氧化降解和水解降解。氧化降解反应可受辐射（光氧化降解）或热能（热氧化降解）诱发并加速。

在唱片的保管和利用中，光的作用几乎是不可避免的。光氧化降解是高聚物在空气、水和氧的参与下的光化学裂解过程。

暴露于空气中的高聚物，其老化过程是很复杂的，而热氧化降解在老化过程中占有很重要的位置。热氧化降解是热和氧综合作用于聚合物的结果，主要表现在聚合物的物理机械性能发生变化。聚合物在空气中氧化降解除光可诱发外，还可由热引起。热氧化降解如同光氧化降解都是一种自动氧化，差别仅在于是靠热活化而引发氢过氧化物产生自由基。

在唱片的保存和使用过程中，高聚物总会与空气中水分接触。高聚物能否耐水及其他化学试剂，是与高聚物的分子结构紧密相关的。若高聚物分子中含容易被水解的化学基团，例如—CONH—、—CN、—COOR、—CH$_2$O—等，则在酸或碱的催化作用下会被水解，从而发生降解，使高聚物的理化性能发生变化，导致高聚物老化。假若这些易被水解的基团是在主链上，那么材料的性能将受到较大的影响，假若这些基团在支链上则影响较小。

六、机械录音档案的保管

1. 金属模版的保管

尽管金属模版是由金属电铸而成的，但是只有维护得当，才能长期使用。如果保管不善，金属模版常常会发生锈蚀和磨损等现象而使模版受到损坏。所以必须采取科学的防护措施保护金属模版的安全。

（1）库房空气清洁　保管金属模版的库房，空气一定要清洁，不能含有对金属模版有较大危害作用的酸性和氧化性空气污染。当库内空气质量较差，污染较严重，不利于金属模版的保管时，就应对库内的空气进行净化处理。

（2）温湿度适宜　高温高湿能加速空气污染物对金属的腐蚀作用。保管金属模版的库房，应通过有关温湿度调控措施将库内温度维持在 14～24℃，相对湿度维持在 45%～60%。

（3）存放在硬质纸套中　为防止音纹受机械外力作用而损伤，金属模版应保存在硬质纸套内，有音纹的一面应垫以柔软的材料。套子所用的纸板、浆糊以及垫衬用的柔软材料，对金属模版应是无害的。

（4）加保护膜　加保护膜的最简便易行的方法是在洗涤干净的金属模版上涂一层性能稳定的石蜡油或机器油。模版涂油后，再以油纸包好，装袋保管，这样就可以使版面与空气隔离开来，避免遭到腐蚀。

苯骈三氮唑保护法是保护金属模版的又一简便和有效的方法之一。苯骈三氮唑能溶于乙醇、苯，适量地溶于水，能在金属表面形成不溶于水及一些有机溶剂而肉眼又无法看到的透明保护膜。这层保护膜相当牢固、稳定，因此能有效地隔断金属与各种腐蚀介质的接触。苯骈三氮唑保护法的操作过程如下：将金属模版用蒸馏水刷洗干净，然后用丙酮等有机溶剂除去表面残存的油污。干燥后，浸泡入苯骈三氮唑的酒精或水溶液中，进行自然浸渗或减压渗透处理。没有减压设备时，也可直接在金属模版上涂刷几遍。让苯骈三氮唑与金属模版的表面充分接触，形成完整的保护膜。苯骈三氮唑在室温下有一定的蒸气压，加热容易升华，可逐渐地从被处理的金属模版表面挥发出去。为了防止苯骈三氮唑的挥发，可以在表面再涂一层高分子化学材料，使苯骈三氮唑留存在金属表面更长时间，以便更长期地保护金属模版。

在金属模版上再加镀一层耐蚀性能好的金属，同样能防有害空气污染物对模版的侵蚀。

(5) 加强日常管理　为防止金属模版的锈蚀，应注意采用定期和不定期相结合的方式对保存的金属模版进行检查。检查时可用放大镜或显微镜观察模版上有无锈迹、斑点和氧化层。若发现有以上情况，必须立即进行相应的处理；取拿模版时要戴上手套，以防止手汗污染腐蚀模版。

2. 塑料唱片的保管

塑料唱片由于声槽很细，在保管和利用过程中稍有不慎就会损伤，造成放音时发生爆点、杂音、跳槽等现象。因此，为了维护唱片的完整与安全，需要采取有效的防护措施对唱片进行妥善保管。

(1) 适宜和均衡的温湿度条件　热塑性塑料具有遇热变软、遇冷变硬的特点，且热膨胀系数很大而热传导系数很小，因而以热塑性塑料制成的唱片受热容易发生变形。如果唱片受热变形，就会由于声槽原有的深浅致密程度的改变，而导致重放信息失真。温度超过42℃时，唱片会严重变形而无法利用。然而低温环境可以减少唱片变形，但是低温环境下保存的塑料唱片特别容易破碎。因此，唱片应存放在适宜的温度环境中，保存唱片的环境的温度以14～24℃为宜。

唱片长期处于潮湿环境中，不仅会生霉，而且会变形，尤其具有牛皮纸夹层的夹心唱片变形就更为严重，甚至会变形成为废品。因此，库房一定要干燥，相对湿度应控制在45%～60%。

温湿度的急剧变化，也易引起塑料唱片的剧烈胀缩，而使音纹变形，导致声音失真。因此，保存唱片的环境温湿度，不仅要处于适宜的范围内，而且要避免波动过大。

(2) 洁净的保管环境　塑料唱片要保管在洁净的环境中。

唱片属于塑料制品，因塑料易产生静电而容易吸附灰尘。表面沾附有灰尘的唱片，在放音时就会产生爆裂声和摩擦噪声，同时灰尘颗粒在唱针的作用下，会进一步损伤音纹；塑料容易老化。空气中的有害气体，防虫剂的挥发物及木制设备散发出的气味，均能使塑料发胀、发黏与水解。因此，在保管唱片时要加强防尘措施，注意防有害气体，存放唱片的环境应避免使用樟脑和有机溶剂，最好不用木质装具存放唱片。

(3) 平整叠放　保管唱片时，应将唱片平整叠放，使其受压均匀，以免翘曲变形。保管唱片的柜子、格板应平整，唱片最好叠放在玻璃板上。唱片叠放不宜太多，以10张为宜，以免底层受压过重。为避免底层唱片因长期受压而损坏，在保管过程中应定期上下翻倒唱片。

▶第二节　胶片档案耐久性

胶片档案的种类很多，根据感光物质的不同，大体上可分为银盐胶片档案和非银盐胶片档案两类。本节主要讨论银盐胶片档案。

一、胶片档案的结构组成

1. 黑白胶片的结构组成

各种银盐型黑白胶片虽然其用途各有不同,但其结构却基本相似,一般都是由保护层、乳剂层、防光晕层、底层、片基、背涂层等几个部分组成(图 9-2)。

(1) 保护层 保护层是位于乳剂层上面的一层透明明胶,有防止乳剂层产生摩擦、灰雾,减少或避免乳剂层被划伤的作用。

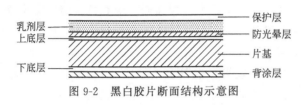

图 9-2 黑白胶片断面结构示意图

(2) 乳剂层 乳剂层是胶片的重要组成部分,是胶片中具有感光和成像特性的最关键的一层,位于保护层和防光晕层之间,主要由卤化银、明胶、增感剂及其他助剂组成。

① 卤化银 卤化银是卤素和金属银生成的化合物的总称,它包括氟化银、氯化银、溴化银和碘化银几种卤化物。除氟化银外,其余三种卤化银是制造胶片的重要原料。在这三种卤化银中,溴化银对光的作用最敏感,氯化银次之,碘化银对光的感受能力最低。在乳剂层中很少存在单一的卤化银,通常都是复合性的卤化银。

卤化银难溶于水,在光线照射下会分解析出银,逐渐变黑。卤化银是以微晶体的形式均匀分布于明胶中的。微晶体颗粒的大小与感光速度、画面清晰度及反差密切相关。卤化银颗粒大,感光速度快,但画面清晰度低、反差小;卤化银颗粒小,尽管感光速度较慢,却能得到反差强且清晰的画面。因此,卤化银晶体颗粒很微小的胶片,最适宜拍摄文件。

② 明胶 明胶是银盐胶片乳剂层中用量最大、性能最复杂的一种原料。卤化银以微晶体的形式悬浮在明胶中,明胶在乳剂中起着均匀分散卤化银微粒,使卤化银颗粒悬浮而不沉淀聚积的作用。此外,明胶还有增强卤化银感光性、稳定潜影、保护胶片和黏合剂的作用。

(3) 防光晕层 防光晕层是一层着色染料层。它介于乳剂层和片基之间的上底层处,起防止入射光在乳剂层和片基分界面处形成反射光的作用,并有避免反射光返回乳剂层产生干扰影像的作用。防光晕层中的染料在显影时被定影液所溶解,因此它在显影后的胶片中是看不到的。

(4) 底层 底层介于防光晕层与片基或背涂层与片基之间,其主要成分是明胶和少量片基溶剂,它能增加乳剂层与片基或背涂层与片基之间的黏着力,防止乳剂层或背涂层从片基上脱落下来。

（5）载体　胶片的载体，又称为片基，是胶片的基础，是感光乳剂层和其他涂层的支持体，能使胶片具有一定的强度。感光材料的片基有硬片、软片和纸基三种。胶片以软片作为片基。常见的软片材料有硝酸纤维素酯、醋酸纤维素酯和聚酯三种。硝酸纤维素酯，因稳定性差，易燃易爆，现已不用于生产片基；醋酸纤维素酯和聚酯，性能稳定，不易燃烧，用它们制成的片基被称为安全片基。

（6）背涂层　背涂层是位于片基背面的一层有色或透明胶质膜，有防静电、防卷曲的作用，当背涂层染有颜色时，同时还具有防光晕的作用。

2. 彩色胶片的结构组成

尽管彩色胶片的品种较多，但其基本结构是相同的，它们均由保护层、感蓝层、感绿层、感红层、底层、片基和防光晕层构成（图9-3）。

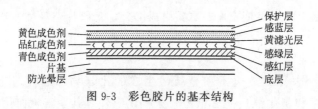

图9-3　彩色胶片的基本结构

彩色胶片的保护层、底层、片基和防光晕层的成分、位置和作用等与黑白胶片基本相同。其乳剂层为三层结构，由感蓝层、感绿层和感红层构成。

感蓝层是未经光学增感的色盲乳剂，不感受红绿光，只对蓝紫光敏感，该层乳剂中含有能够形成黄色染料的黄色成色剂；感绿层加入感受绿光的光学增感剂，使其感受波长在500~600nm之间的绿色光，同时在该乳剂层中加入能够形成品红染料的品红成色剂；感红层加入感受红光的光学增感剂，使其对波长在600~700nm之间的红色光敏感，在该层中含有能够生成青色染料的青色成色剂。

二、胶片档案的成像原理

银盐胶片是将感光剂、助剂与照相明胶配制成乳剂涂布于载体上而制成的，其基本结构由感光乳剂层和载体层构成。感光剂通过光化学变化而记录信息，它均匀地分布在感光乳剂层中。银盐胶片档案，虽然从色彩上可分为黑白和彩色两种类型，但它们都是以卤化银为基本感光剂的。

1. 黑白影像的形成原理

受乳剂配方、明胶类型和工艺条件等因素的影响，乳剂层中的卤化银晶体实际上是一些不规则的带有某些缺陷的晶体，正是这些缺陷才使卤化银具有感光性能，而规则地对称排列的卤化银理想晶体对光是不敏感的。这是因为在理想晶体中，所有的离子都被带相反电荷的离子群围绕着，在晶体内部电荷是平衡的。而对于有缺陷的晶体来说，缺陷部位的电荷是不平衡的。在胶片乳剂制备过程中，明胶中的微量杂质可使卤化银离析出微量的银，这些微量的银质点极易集中在卤化银晶体的缺陷部位，形成所谓感光中心。由于感光中心具有较强的吸引电子的能力，使感光中心带有负电荷，卤化银曝光后分解产生的银离子与带负电荷的感光中心结合，生成中性的银原子，形成所谓的显影中心。无数的显影中心组成难以被肉眼看到的影像，即潜影。图9-4为潜影生成过程示意图。

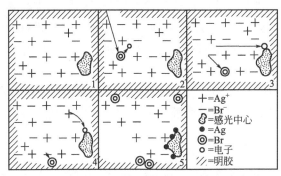

图9-4　潜影生成过程示意图

潜影经显影液处理后变成肉眼可见的影像，再用定影液将乳剂层中显完影后未形成影像的卤化银变为溶于水的物质，然后用水洗去。最后，在乳剂层中剩下的是构成影像的金属银微粒。

2. 彩色影像的形成原理

银盐胶片能形成彩色影像的关键，在于彩色型胶片乳剂层中除感光剂卤化银与彩色显影剂作用外，还含有成色剂。曝光后，已曝光的卤化银与彩色显影剂作用，形成彩色显影剂氧化物和金属银。所形成的彩色显影剂氧化物与成色剂作用生成染料。其反应过程可表示如下：

卤化银（已曝光）＋彩色显影剂→银（银影）＋显影剂氧化物

显影剂氧化物＋黄色成色剂→黄色染料

显影剂氧化物＋品红成色剂→品红染料

显影剂氧化物＋青色成色剂→青染料

通过彩色显影，在彩色型银盐胶片的画面上黑白银影与彩色影像并存，银影密度越大的部位彩色密度也越大，因为彩色影像是显影剂氧化物与成色剂作用的结果，而显影剂氧化物的多寡又取决于金属银被还原的多少，故银影密度与彩色密度表现为正比关系。

彩色影像生成之后，银影便成了多余的东西，如不除掉银影，与银影并存的彩色影像仍显现不出来。为此，在显影之后用漂白溶液漂掉显影过程中生成的银影和黄色滤光层中的黄色染料，再用定影液溶解漂白过的银影和未显影的卤化银，这样就会得到与原景物色彩相反的彩色负像。

三、胶片档案的冲洗

1. 黑白型胶片的冲洗

黑白型胶片在曝光以后产生了看不见的潜影，只有经过显影加工才能获得可见的影像。因此，显影的过程就是已曝光的卤化银被还原为金属银的过程。使卤化银还原为金属银的试剂称为显影剂。

在显影过程中，部分卤化银被还原成金属银，构成黑色影像，剩余的未被显影的卤化银在见光之后还会发生变化。因此，还需要把未还原的具有感光能力的卤化银溶去，使已生成的影像得以固定，这一过程叫定影。完成这一过程所用的试剂叫定影剂。

最后把胶片上残存的定影剂洗掉，形成完美的影像，这一过程叫水洗。

冲洗是一个化学过程，在这个过程中要把胶片上曝光后形成的潜影转变成肉眼可见的影像。

2. 彩色型胶片的冲洗

彩色负片的冲洗包括彩色显影、漂白、水洗、定影、水洗、稳定和干燥几个过程，其中彩色显影、漂白、定影和水洗是最基本的加工过程。

① 彩色显影　在此过程中，拍摄时已感光的卤化银被彩色显影剂还原成金属银，形成黑白的银影；与此同时，彩色显影剂也被氧化，氧化形成物与胶片乳剂内所含有的成色剂反应生成染料，形成了由染料所构成的彩色影像。成色剂在乳剂层中均匀地分散在卤化银颗粒的周围，染料只有在有金属银形成的地方才能形成，而且染料形成的多少与所形成的金属银的量呈正比。彩色负片中的彩色影像的颜色为被摄物颜色的补色。

② 漂白　为使彩色影像呈现出来，需要将显影时于乳剂层内所形成的金属银影像除去。漂白既能停止彩色显影，又能将金属银转化为卤化银，以便定影时使其溶解在定影液中而从胶片中除去。漂白不充分，彩色底片反差过大，但漂白太过度时会使反差降低。

③ 定影　定影的作用在于将未感光的卤化银、漂白时所转化成的卤化银等彩色胶片乳剂中所有的卤化银，完全转变成能溶解于定影液中的银络合物。漂白完成后，按工艺规定进行水洗，水洗之后注入定影液，按漂白工艺规定的搅拌方法进行定影操作。

④ 水洗　定影结束后，按水洗工艺规定的水洗时间、温度和搅拌方法进行水洗操作。

3. 冲洗质量对胶片耐久性的影响

对胶片耐久性影响最大的是冲洗过程中的定影和最后水洗。

如上所述，银盐型胶片无论是黑白胶片或是彩色胶片，均要通过定影把乳剂层中残留的卤化银除去。定影过程大致分三个阶段。

首先是溶液中的定影物质向乳剂层内扩散。

其次是定影液作为卤化银溶剂使卤化银溶解，反应后生成不溶于水的硫代硫酸银钠：

$$AgX + Na_2S_2O_3 =\!=\!= NaAgS_2O_3 + NaX$$

当该反应完成时，乳剂层就变成透明状，但定影过程并未完成，硫代硫酸银钠以离子的形式存在：

$$NaAgS_2O_3 =\!=\!= Na^+ + AgS_2O_3^-$$

最后是含银的络离子从乳剂层内向外扩散到溶液中，与硫代硫酸钠继续反应，生成可溶于水的硫代硫酸银三钠或硫代硫酸三银五钠：

$$NaAgS_2O_3 + Na_2S_2O_3 =\!=\!= Na_3Ag(S_2O_3)_2$$
$$3NaAgS_2O_3 + Na_2S_2O_3 =\!=\!= Na_5Ag_3(S_2O_3)_4$$

只有当 AgX、$NaAgS_2O_3$ 完全转变成水溶性较好的 $Na_3Ag(S_2O_3)_2$ 或 $Na_5Ag_3(S_2O_3)_4$ 时定影才算完成。若定影终止在第一阶段，卤化银 AgX 见光后析出银；如果停留在第二阶段，硫代硫酸银钠 $NaAgS_2O_3$ 经过长时间存放后将会分解成硫化银，在乳剂层上出现无法消除的棕黄色的痕迹。

水洗的目的是洗掉定影剂和其他杂质。水洗是否充分，对胶片影像的寿命有十分重要的影响。定影完成后在胶片乳剂层的表面和内部都残留着硫代硫酸钠和少量的银络合物，这些物质若不除掉，就会与构成影像的银颗粒发生反应，生成棕黄色的硫化银，使影像变黄。由于定影液及定影产物向乳剂层外扩散完全需要一定时间，所以要从胶片中彻底除掉这些物质，就必须水洗充分，一般要在流动水中洗涤半小时以上。国际标准规定：长期保存胶片的硫代硫酸钠残留量应小于 $0.7\mu g/cm^2$，永久保存胶片的硫代硫酸钠残留量应小于 $0.1\mu g/cm^2$。

四、胶片档案的老化与变质

胶片档案主要是由乳剂层和片基构成，而乳剂层主要由记录介质银、染料和起分散、固定作用的明胶所构成。因此胶片档案的老化变质与影像记录介质、明胶材料及片基材料性能改变密切相关。

1. 影像变色

（1）黑白影像　黑白胶片档案的影像是由一些极细小的银微粒所构成的。银易溶于硝酸、硫酸和盐酸，遇硫化氢、硫和臭氧变色。

① 硝酸片基是用硝酸纤维素酯制成的，硝酸纤维素酯是用硝酸和纤维素进行硝化作用而制得的，在胶片的长期保管过程中，片基的构成物质硝酸纤维素酯在室温下会缓慢发生自发性分解释放出硝酸：

$$硝酸纤维素酯 + 水 = 纤维素 + 硝酸$$

硝酸与黑白影像记录介质银发生作用形成易溶于水的硝酸银：

$$6Ag + 2HNO_3 \longrightarrow 3Ag_2O + 2NO + H_2O$$

$$Ag_2O + 2HNO_3 \longrightarrow 2AgNO_3 + H_2O$$

这样由于金属银遭受破坏，黑白影像也就逐渐退色。

② 空气中的含硫物质，如硫化氢等，也会与金属银发生作用而使影像变黄。

$$2Ag + S =\!\!= Ag_2S$$

$$2Ag + H_2S =\!\!= Ag_2S + H_2$$

③ 影像冲洗过程中，如果水洗不充分，残留的硫代硫酸钠会使影像变黄、退色。这是由于硫代硫酸钠发生以下系列反应：硫代硫酸钠与空气中的二氧化碳和水分反应，生成硫代硫酸和碳酸钠；硫代硫酸不稳定，分解产生硫及亚硫酸，硫与金属银反应生成棕黄色的硫化银，使影像发黄；亚硫酸与空气中的氧气反应生成硫酸，硫酸与硫化银反应生成白色硫酸银和硫化氢，使影像退色。硫化氢和金属银反应生成棕黄色的硫化银。

（2）**彩色影像** 彩色影像的退色分暗退和明退两种不同的类型。暗退是由构成彩色影像的染料分子本身的不稳定性所致。虽然受热或潮湿会加速退色，但即使把彩色影像贮藏在最完美的暗处，也同样发生退色，因而得名"暗退"。明退是由于光照而引起的。因为彩色影像是由染料构成的，而所有的染料几乎都是从碳环或杂环芳香族化合物衍生而来的，即是由苯及其同系物衍生而来的，苯及其同系物都是不饱和化合物，这些化合物能吸收光谱中的紫外线部分，所以光谱中的短波部分，特别是紫外线，是造成明退的重要原因。

根据发色团与助色团理论，染料由发色体、发色团和助色团构成，按醌结构理论，染料有醌型结构，依照π电子系发色理论，染料分子含有π电子共轭体系。由于染料分子中存在大量不饱和键，如 $C≡C$、$C≡O$、$C=S$、$C=N$、$N=N$、$N=O$ 等，和具有一定反应性能的助色基团，如 $-OH$、$-NH_2$、$-NR$、$-SO_3H$、$-CH_3$、$-Cl$、$-Br$ 等，在光辐射和某些物质的分子作用下容易发生分解、重排、加成、取代等反应，结果使染料的发色体、发色团、助色团、醌型结构和π电子共轭体系受到不同程度的破坏，从而引起彩色影像的变色甚至退色。

由上可见，染料能进行化学反应的部位多、反应的功能基团种类多、反应的类型多，因此，由染料构成的彩色影像稳定性较差。

2. 明胶变性

明胶是一种蛋白质，是由兽皮和兽骨制成的。兽类皮骨的化学成分有无机物和有机物。例如，兽类骨中的无机物主要是磷酸钙，约占骨重量的80%以上；有机物主要是骨蛋白，约占18%左右。此外，还有钠、铁、碘、镁等元素。用骨制备的明胶称为骨胶，在制备骨胶时首先用酸处理掉骨中的无机物，留下有机组分，该有机组分叫胶原。胶原是明胶的初始产物，还不是明胶，胶原不溶于水。只有胶原在酸、碱或酶的作用下水解生成蛋白质，才能把这种蛋白质称做明胶。

（1）**明胶的酶解** 明胶分子中含有较多的亲水性基团，使明胶吸湿性较强、含水量较高（17%～19%）。明胶是一种蛋白质，而且还含有微生物生长发育所必需的各种微量元素，因而明胶是微生物良好的营养物质。所以，含明胶较多的胶片档案长期处于潮湿环境中就容易受微生物破坏。当胶片上生长有微生物时，则微生物首先分泌出蛋白酶将蛋白质分解为肽，然后微生物再分泌出肽酶将肽分解为可被微生物直接利用的氨基酸。

随着胶片明胶蛋白质的分解，胶片的明胶层逐渐产生液化现象，最终使胶片因明胶变质而不能利用。

（2）明胶的化学分解　明胶是由各种氨基酸组成的。氨基酸有两种官能团，氨基—NH_2和羧基—COOH。氨基显示碱性，羧基呈现酸性，所以，明胶是一种同时具备碱性和酸性的两性物质。因此，明胶易因酸或碱的存在而加速分解。

（3）生成银胶络合物　黑白影像是由银微粒构成的。在氧化剂的作用下，金属银产生如下反应：

$$Ag + 氧化剂 \longrightarrow Ag^+ + e$$

金属银被氧化剂氧化所形成的银离子，能够与明胶相互作用形成不稳定的银胶络合物，随后络合物分解，最终生成硫化银和金属银，从而使影像变色或泛黄。

由此可见，黑白影像泛黄的原因除大气污染外，一定程度上是由明胶的这一性质所引起的。

（4）变形性　照相明胶的熔点一般在30～34℃，凝固点为22～25℃。明胶具有吸水膨胀、失水收缩的特性，当其含水量发生变化时，明胶随之发生变形。当环境温湿度过高时，明胶易吸湿膨胀而引起画面尺寸的改变和粘连；温湿度过低，同样会因明胶失水收缩而引起画面尺寸的改变和增大胶片的脆性。

3. 片基老化

片基是胶片的载体材料，多由纤维素酯或聚酯加入适量增塑剂、稳定剂、填料等助剂塑造成型。此外，还有少量的聚氯乙烯材料。

常用的纤维素酯有硝酸纤维素酯和三醋酸纤维素酯，聚酯为聚对苯二甲酸乙二醇酯。纤维素酯片基历史悠久，机械性能较好，但其中的硝酸纤维素酯片基易燃，在20世纪40年代被安全的三醋酸纤维素酯片基所代替。在20世纪50年代生产的聚酯片基在理化性能上优于三醋酸纤维素酯片基，被广泛用作胶片的载体材料。

（1）硝酸纤维素酯　硝酸纤维素酯是用浓硝酸加浓硫酸在一定条件下对纤维素进行硝化处理而制得的。

也可用硝酸酐（N_2O_5）在一定条件下对纤维素进行硝化处理而制得。

欲将硝酸纤维素酯制成具有一定机械强度的成型片基，须将其先溶解在酒精和乙醚等溶剂中，加入樟脑等增塑剂及其他助剂，配成具有一定黏度的溶液，然后通过流延机制成薄膜，待溶剂挥发后即成为透明的片基。

加入增塑剂的硝酸纤维素酯称为赛璐珞，用赛璐珞制成的片基，机械强度高、变形性小，但其化学稳定性较差。不稳定的主要原因是硝酸纤维素酯中存在硝化过程中残留于纤维内的混合酸等杂质。其中影响最大的杂质是纤维素的硫酸酯。受空气中水分的作用时，纤维素的硫酸酯可分解而放出硫酸，此硫酸又可以破坏硝酸纤维素酯，使之放出氧化氮，氧化氮能使硝酸纤维素酯氧化，并放出热量，使温度升高，这又加速氧化作用，最后造成硝酸纤维素酯自燃或爆炸。所以硝酸纤维素酯片基的耐久性较差，一般保存年限为40～60年，最多也只有100年。

由于硝酸纤维素酯不稳定，为安全保管，用其为片基制成的胶片，应注意与用三醋酸纤维素酯和聚酯为片基制成的安全胶片区分开来。区分方法有溶液法和燃烧法两种。溶剂法：用纸张打孔机取下胶片试样，放入三氯乙烯溶液内，沉入溶液底部者为硝酸纤维素酯胶片；浮于液面上者为安全胶片。燃烧法：用火点燃胶片试样，燃烧成灰烬者是硝酸纤维素酯胶片；燃烧缓慢，移开火源后燃烧消失者为安全胶片。

(2) 三醋酸纤维素酯　三醋酸纤维素酯是用醋酐在一定条件下与纤维素发生作用形成的。

制成三醋酸纤维素酯后，将其溶解在二氯甲烷、甲醇或丁醇溶剂中，然后加入邻苯二甲酸二辛酯及其他助剂，配制成具有一定黏度的溶液，再流延成型，溶剂挥发后即成为具有一定机械强度的透明柔韧的片基。

三醋酸纤维素酯在一定条件下会发生部分水解，随着水解程度的加深，亲水性的羟基在醋酸纤维素酯中的数量越来越多，结果使得醋酸纤维素酯片基的机械强度降低、湿变形性加大。当环境湿度波动较大时，片基由于吸水膨胀或干燥收缩而产生明显的畸变。从而使乳剂层从片基上脱落。

(3) 聚酯　聚酯的化学成分是聚对苯二甲酸乙二醇酯，是对苯二甲酸二甲酯和乙二醇缩聚的产物。聚酯可用于制造涤纶。

由于制造涤纶片基时，不是采用先用溶剂溶解再流延成型的方法，而是采用热熔挤压拉伸的方法，因而不需要溶剂和增塑剂。

聚酯对光、热、氧和潮湿的作用有优良的抵抗能力，但对酸和碱的稳定性较低，碱中又以氨的影响最大。例如，将聚酯薄膜于室温下在浓氨水中浸泡三天，其强度将损失100%。

此外，聚酯易带静电，用其制成的胶片易吸附灰尘。

片基材料的老化除以上情况之外，加入片基材料中的增塑剂挥发或分解时同样会导致片基老化。增塑剂多为低分子量的有机物质，能增加纤维素酯等合成树脂的可塑性。加入片基材料中的增塑剂，一方面会挥发，其挥发速度和挥发量，与胶片所处环境温度、胶片同空气接触的面积、胶片贮藏的时间成正比；另一方面，在光、热、氧和水分等环境因素作用下，增塑剂也会发生氧化分解。无论是挥发或是分解，都将使增塑剂失去增塑作用，导致片基材料的柔韧性降低，脆性增大。

五、胶片档案的保管

胶片档案的保管就是要采取各种有效的措施、科学的方法，来克服与限制可能损坏胶片档案的各种不利因素，从而达到安全保管胶片档案的目的。

1. 装具

（1）装具材料　用于制作装具的材料主要有纸张、塑料和金属三类。

用纸张制作而成的胶片装具有纸卡、纸袋、簿册和纸盒等。制作胶片装具用的纸张应为表面光滑的中性纸张，含酸量较高的纸张或含有硫或二硫化碳的玻璃纸不宜用于制作胶片装具。

用塑料制成的胶片装具有片轴、片盘、片盒和封套等。胶片装具应使用化学性能稳定、不易老化、耐腐蚀、不释放有害气体的塑料。

金属可用于制作片盘、片盒及柜架等。所用金属材料一般为经过氧化处理的铝或不锈钢，也可使用经过喷漆、镀锡或其他防腐蚀处理的金属材料。

（2）装具类型　根据密封程度，胶片装具有开放式、密闭式和密封式三类。

① 开放式装具　这是一种能防止胶片遭受机械性损伤，但不防光、可以接触到周围空气的装具。这类装具有开窗卡片、片盘、片夹等，短期保存的胶片档案可使用这类装具保管。

② 密闭式装具　这是一种能限制胶片与周围空气的接触，并可以防光、防尘、防机械损伤的装具。这类装具有封套、片盒、平片箱等，短期保存或长期保存的胶片档案均可以使用这类装具保管。

③ 密封式装具　这是一种能完全切断胶片与周围空气接触，并可以防光、防空气污染物、防潮的装具。这类装具有密封式平片盒、密封式卷片盒、密封袋等，主要用于胶片的长期保管或耐火保管。

2. 库房管理

保管胶片档案的环境和条件直接影响着胶片档案的使用寿命，而做好库房管理工作则能为胶片档案提供良好的保护环境和条件。胶片档案由于制成材料的特殊性，因而在库房管理方面有以下具体要求。

（1）控制温湿度　胶片档案对环境温湿度要求较为严格，控制好库房的温湿度在胶片档案的保护工作中占有重要的地位。根据国家档案局1987年正式颁发的《档案库房技术管理暂行规定》，保存一般胶片的适宜温度是14～24℃，相对湿度为45%～60%；保存母片的适宜温度是13～15℃，相对湿度为35%～45%。在保管胶片档案的过程中，有条件时应在库房内安装空气调节机和除湿设备，以控制库内的温湿度，最大限度地延长胶片档案的寿命。

（2）防止阳光照射　阳光直接照射在胶片上，会使胶片变色、脆裂。保存胶片档案的库房最好选用无窗库房。库房有窗时，可加设外遮阳和内遮阳设施，也可以把窗户密封起来，以防止阳光直接照进库内。

（3）保持库内清洁　搞好库房清洁卫生工作，是防尘的措施之一。因为灰尘能随风飘扬而散布到库房的每一个角落，对胶片造成危害。要防止灰尘对胶片造成危害，首先要杜绝灰尘的来源，而要杜绝灰尘的来源，除库房围护结构内表面采取必要的防尘措施外，在库房日常管理中，定期进行库房清洁卫生工作是必不可少的。

（4）注意预防火灾　胶片制成材料多为易燃性物质，一旦发生火灾，将会造成无法挽回的损失。在胶片保管过程中，胶片库房要远离火源；要禁止将火种，如火柴、打火机等携带进库；严禁在库内吸烟；库内禁止使用明火；定期检查电气设备和线路，发现问题及时处理；库内应设置气体灭火设备和自动报警装置。

（5）加强检查　胶片入库时，均应严格检查验收。要认真检查胶片有无影响阅读的划伤、手印、污迹，有无受潮、脆裂、生霉现象，对于不符合要求的胶片应采取适当措施及时进行处理。在库房管理工作中，应建立并严格执行检查制度。可采用定期和不定期相结合的方法，随时观察和发现胶片的异常变化，以免造成胶片严重受损。

此外，当库内外温湿度相差较大时，胶片进出库房前应在调节室或调节柜中进行温度和含水量调节后方能进出库房。

▶ 第三节　磁性载体档案耐久性

磁性载体档案是将声音、图像和数据变成电信号，用磁介质发生磁化后的剩磁来保存信息的。

一、磁记录原理

在电流的周围存在磁场，磁场强度大小随电流强度的变化而发生相应变化，这种电磁转变称为"电生磁"现象。当导线处在变化的磁场中，能产生感应电流，其大小随磁场强度的变化而发生相应变化，这种磁电转变现象称为"磁生电"现象。磁性载体档案就是利用"电生磁"将信息内容的电信号转变成磁信号而记录在磁性材料上，再利用"磁生电"将磁性材料上的磁信号转变成电信号而重放出来的一种声像档案。

用磁性材料记录信息内容时，先将被记录的信息内容通过传声器将音频信号转变成电信号，然后通过摄像机将视频信号转变成相应的电信号，再将这些电信号用电子线路放大后输入记录磁头线圈中，于是，在记录磁头缝隙处产生与电信号成比例的磁场。该磁场使以一定速率通过记录磁头缝隙的磁性材料上的磁介质磁化。这样，离开磁头缝隙的磁性材料就留下了与被记录的声音和图像相对应的剩磁。

重现声音和图像时，把记录了声音和图像信号的磁性材料以相同于记录时的速率通过重放磁头缝隙，磁性材料上的外部磁力线切割重放磁头的线圈，在线圈中产生与磁性材料上的剩磁相对应的感应电动势，然后用电子线路将这些电信号放大到适当功率,通过扬声器将电信号转变成声音,随后,通过监视器将电信号转变成图像,这样记录的声音和图像就得到了重现。

二、磁性载体档案的种类与结构

1. 磁性载体档案的种类

根据所用磁记录设备的不同,磁性载体档案分为磁带、磁盘、磁卡、磁鼓、磁泡和记忆磁芯等几类。除磁带外,其他几种磁性载体档案主要用于电子计算机中,在这些材料中有的是可以从硬件设备上分离下来,作为磁性载体档案加以保存的,而有些是不能从磁头磁盘组合件内分离出来的,因而不能作为档案加以保存。

磁带按使用需要不同,可细分为录音磁带、视频磁带、数字磁带和仪用磁带等四类。录音磁带可用于记录音频信号,视频磁带能在较宽的频率范围内记录音频和视频信号,数字磁带主要用于电子计算机及数字计算和传输,仪用磁带多被工业部门作为记录和重放物体的温度、电磁场等的工具。磁带也可按装带方式不同分为盘式带、盒式带和循环带等。磁盘又分为软盘和硬盘。

无论何种磁性载体档案,其磁记录原理基本相同。

2. 磁性载体档案的结构

(1) 磁带结构 磁带一般是由聚酯薄膜带基和涂在上面的磁层组成,磁层是由磁介质和把磁介质粘到聚酯带基上去的黏结剂组成的,即磁带主要由带基、磁介质(磁粉)、黏结剂三种材料组成。

其中,磁介质最重要,这是因为磁带在录音磁头所给的磁场中能磁化到多强的程度(录音灵敏度)、能在录音磁头给出的多强的磁场中承受磁化(最大录音磁平)、磁化所能达到的致密程度如何(频率特性)——这些磁带静态特征(电磁转换特性)均由磁介质决定。

(2) 软盘结构 常见的软盘有 3.5 英寸(每英寸约为 25.4mm)和 5.25 英寸两种。

5.25 英寸软盘是由约 0.05~0.08mm 厚的聚酯薄膜作片基,涂敷一层厚 2~3μm 的 $\gamma\text{-Fe}_2\text{O}_3$ 磁介质构成。在制造时,对盘片磁层的平整度、光洁度、电磁性能、膨胀系数以及磁头盘片间的耐磨性能均有一定要求,盘片始终放在保护套内。保护套的作用主要如下:保护磁盘表面免受划伤;使磁盘表面保持清洁,减少磁盘读写错误;防止由于静电作用引起的数据丢失。随着技术的发展,现在基本不用软盘了。

3. 硬盘结构

若干盘片重叠在一起放入一个密封的盒中就组成一个硬盘。硬盘的盘片是固定的,盘片结构类似软盘,每个盘片都配以一个独立的电磁读写磁头,磁头通过电磁作用将数据存储在盘片上。

传统的硬盘盘片是由铝合金制成的。但是现在为了提高存储密度和缩小尺寸,许多硬盘采用玻璃作盘片,或采用更先进的由玻璃基体混入陶瓷而成的玻璃陶瓷复合材料,它的抗冲击能力比纯玻璃要高。由于玻璃盘片的刚性更高,所以它的厚度只有传统铝盘片的1/2或更薄,同时,玻璃盘片热稳定性好,当温度变化时,它的尺寸不会变化,既不膨胀也不收缩。

硬盘盘片的磁介质最常用的有氧化介质和薄膜介质两类。

氧化介质由数种成分构成,其中的铁氧体是有效成分。这层磁介质是在铝质盘片上涂抹含有铁氧体微粒的糊状溶液而制成的。通过盘片的高速旋转,介质在磁盘上铺开,离心力使它们由盘片的心部流向四周,形成了一层平滑涂层,再对这一涂层进行烘干和抛光。最后还加上一层用于保护和润滑的材料,并进行抛光处理。由于氧化介质非常柔软,如果使用中遇到震动,介质和磁头都很容易受到损伤。氧化介质从1955年开始被使用,由于成本低,在很长时间内一直是主流产品,而现在则极少使用。

薄膜介质与氧化介质相比,更薄、更结实,工艺更好。最初,薄膜介质仅用于高容量或高品质的硬盘系统,现在则已普及到所有的硬盘中。在硬盘盘片上涂薄膜介质的工艺过程有电镀和溅射两种。电镀是通过一种电镀机构把介质材料覆盖在盘片表面而形成的,类似于往汽车保险杠上镀铬,介质层是厚约 7.6×10^{-5} mm 的钴合金。溅射则首先在盘片上涂覆一层镍磷层,然后在盘片上真空沉积一层约 $(3\sim5)\times10^{-5}$ mm 的钴合金,类似于半导体工业中的硅晶片覆盖到金属薄膜表面。最后再用溅射技术在钴合金薄膜上面再覆盖一层非常硬的碳保护层。

薄膜介质不仅非常薄、非常光滑,而且非常硬。光薄的磁介质层使得磁头与盘片表面的距离能进一步缩小,从而提高了磁盘的存储密度,同时信噪比性能由于信号振幅的增加而获得改善。在磁盘高速旋转的时候,尽管盘面与磁头会发生接触,但由于介质膜很硬,所以不容易被损伤。

三、磁性载体档案的构成材料

1. 底基材料

底基材料在此指的是磁带的带基、软盘的片基及硬盘盘片的片基。常用的底基材料有塑料、玻璃和铝合金三类。

(1) 塑料 用作底基材料的塑料主要有聚酯、醋酸纤维素酯和聚氯乙烯。

① 聚酯 聚酯是目前广泛采用的底基材料。其特点如下。

a. 具有优良的机械性能。0.145mm 厚的底基的耐折度高达 15000 次,其冲击强度是三醋酸纤维底基的10倍,抗张强度在常用底基中最大。

b. 具有优良的几何尺寸稳定性。受温湿度影响时,在常用底基中,其变形性最小。

c. 具有优良的耐光性能。聚酯纤维在经过 2800h 曝晒后仍保留原有强度的 30%~40%,而天然丝在同样条件下曝晒 600h 后,其强度变为0。

d. 热稳定性好。由于其分子结构中有苯环存在，分子形状的对称性高，因此，它的熔点高，达到 255～260℃，热稳定性好。其长期使用的温度可达 120℃，在 125℃空气中加热 1000h，强度损失仅 10%～15%。

e. 对氧化剂具有很高的稳定性。

f. 具有良好的耐生物性。

虽然聚酯具有上述许多优点，但其对碱的稳定性较低，碱中又以氨的影响最大。此外，聚酯易带静电，易吸附灰尘。

② 醋酸纤维素酯　醋酸纤维素酯具有较高的化学稳定性，以其制成的底基保存年限在 300 年以上；醋酸纤维素酯不易燃烧；醋酸纤维素酯底基具有良好的机械性能和光稳定性。但其几何尺寸稳定性较差，当环境温湿度波动过大时，醋酸纤维素酯底基会发生显著的尺寸变化，甚至使磁性涂层脱落。

③ 聚氯乙烯　早期的磁性载体档案主要以聚氯乙烯为底基材料。这种材料湿变形性小，机械性能优良，但表面光洁度不均匀，最大的弱点是其软化点较低，只有 60～80℃，正处于磁记录仪电动机加热范围内，因此，其使用受到了限制。

(2) 玻璃　玻璃的主要成分是二氧化硅，二氧化硅熔点 1600～1723℃（随不同晶体而异），不溶于水和酸（氢氟酸除外），是一个很稳定的化合物。在玻璃中加入一定数量的陶瓷后制成的玻璃陶瓷复合材料具有更优良的机械性能和化学稳定性。

(3) 铝合金　铝常与锰、镁、硅等组成铝锰合金、铝镁合金和铝硅合金。铝合金在很多介质中，具有优良的耐久性，在干燥或潮湿的空气中较耐腐蚀，这对于磁性载体档案的长期保存很有利。但铝合金遇卤化物和碱溶液时容易发生腐蚀。

2. 磁介质

(1) 主要磁性技术参数

① 颗粒的形状与大小　用于磁记录的磁介质多为针状颗粒。颗粒的最小尺寸受单畴颗粒临界尺寸的限制。单畴颗粒是指只有一个磁畴的颗粒。磁畴是磁介质的基本组成部分，在没有外加磁场时，这些基本部分就已具有磁性。颗粒尺寸小于单畴颗粒临界尺寸时，将使颗粒的铁磁性质发生变化，在一定温度下，如果没有外磁场，颗粒将失去剩磁，即发生超顺磁现象。例如，当 γ-Fe_2O_3 颗粒尺寸的长度低于 7.5×10^{-8}m、宽度小于 1.5×10^{-8}m、长宽比为 5∶1 时，就会出现超顺磁现象。

② 矫顽力　要使磁感应强度变为零时所必须加的外磁场强度称为矫顽力，法定计量单位为安培每米（A/m）。矫顽力的大小与磁畴的转动和畴壁发生位移有关。磁介质应具有适当的矫顽力。矫顽力过高难以消磁；过低则会增大自退磁效应和复印效应。矫顽力应以 $(1.6\sim4.0)\times10^4$ A/m 为宜。这一数值远大于地球磁场。

③ 剩磁　磁介质磁化后，当外磁场撤去时仍能保存的磁感应强度称为剩磁或顽磁，法定计量单位为特斯拉（T）。磁记录材料输出信号的幅度直接与剩磁的大

小有关。增大磁介质的剩磁，可以增加输出信号的幅度。为此，磁介质应有足够大的剩磁。剩磁一般应为 0.08～0.11T。

④ 磁滞　在磁化和去磁过程中，磁介质的磁化强度不仅依赖于外磁场强度，而且依赖于它的原先磁化程度的现象称为磁滞。磁滞现象可用磁化过程中的磁滞回线（B-H 曲线）来说明。图 9-5 为磁滞回线。横坐标为外磁场强度 H，纵坐标为磁介质的磁感应强 B。当 H 增加时，B 沿曲线 oa 增加。当 H 足够强，达到 H_m 时，磁化达到饱和。此后 H 再增加时，B 基本上不再增加。而当外磁场从 H_m 变到 $-H_m$ 时，B 沿曲线 $abcd$ 变化，而在反方向又达饱和。如再使外磁场由 $-H_m$ 变到 H_m 时，则 B 又沿曲线 $defa$ 变化。线段 ob 或 oe 的长度表示当外磁场等于 0 时的磁感应强度，就是剩磁。线段 oc 或 of 表示要使磁感应强度变为 0 时所必须加的外磁场强度，称为"矫顽力"。

⑤ 磁层表面粗糙度与层厚的均匀性　如果涂布不均匀，涂层表面粗糙、厚薄不均，从而使单位长度的涂层中包含的颗粒不等，剩磁不一致，那么，输出信号的幅度便发生变化，从而出现噪声。

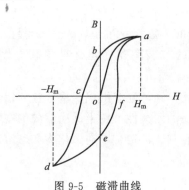

图 9-5　磁滞曲线

⑥ 居里温度　居里温度亦可称为"居里点"。因法国物理学家居里而得名。居里温度是磁介质的转变温度，即铁磁质转变为顺磁质时的温度。铁磁质在温度高于居里点时，便失去铁磁性，而呈顺磁性。

磁介质的居里点大都在 400℃以上，远比正常工作温度高得多。因此一般情况下正常工作温度对磁介质的铁磁性质不造成影响。

⑦ 弛豫时间　物质系统由非平衡状态自发地趋于平衡状态所经历的时间称为弛豫时间。

磁介质的弛豫时间指磁介质内部的磁畴矩从有序排列（非平衡状态）到无序排列（平衡）所需的时间。

磁记录材料上的信息能否长期保存，关键是磁介质的剩磁能否长期保留。剩磁保留时间的长短很大程度上依赖于弛豫时间。而弛豫时间又强烈地依赖于磁介质颗粒的体积，颗粒越大，其弛豫时间越长。虽然增加磁介质颗粒的体积可以增加弛豫时间，以便能长期保存磁记录材料上的信息，但大颗粒的磁介质必然使磁化均匀性下降。因此，磁介质颗粒的体积必须限制在一定范围内，这就使得信息在磁记录材料上保存的时间受到限制。因此，磁记录材料保存信息的时间较短，一般在10～20年。当磁记录材料上的信息需长期或永久保存下去时，可采取一代一代转录的方式，但最好是用其他载体材料复制磁记录材料上的信息。

（2）常用磁介质　磁记录材料的磁性能和电性能主要取决于磁层，它的机械性能和某些物理性能由载体决定。磁层是用来记录信号的，载体则用于承载磁层。磁记录材料由磁层和载体构成。

用于磁记录的磁介质分两类。一类是粒状材料，如 $\gamma\text{-}Fe_2O_3$、Fe_3O_4 和 CrO_2 等氧化物颗粒材料，以及铁、钴、镍等金属颗粒材料。另一类是连续材料，如 Co-Ni-P、Fe-Ni-P、Co-P 等金属膜。对于第一类材料，先将其掺入黏结剂中并加入有关辅助剂制成磁浆，然后将磁浆涂敷于载体上即可制成磁记录材料。载体一般用涤纶、醋酸纤维素酯和聚氯乙烯制成。对于后一类材料，则采用电镀、电化学沉积和真空沉积等方法，使其在聚酯等载体上形成连续的磁性薄膜。

四、磁带和软盘的保管

1. 磁带的保管

影响磁带耐久性的因素很多，保管过程中应从以下方面采取相应的措施。

（1）防止外磁场的消磁影响　磁介质的剩磁在记录和重放中起着决定性的作用，随着剩磁的减弱或消失，磁记录材料上所记录的声音或图像将变模糊或荡然无存。当有外磁场存在时，根据磁感应原理，磁介质将被磁化，而使其原有的剩磁受到影响，甚至被完全消除。为此，应避免外磁场对磁记录材料的消磁影响。据资料介绍，外磁场强度超过 4.0×10^3 A/m 时，有可能将磁性载体上的信息抹掉。电动机、发电机、变压器和高压电线等电器设备和线路均产生磁场，其强度一般在 1.2×10^5 A/m 以上。不过，磁场强度是随距离的增加而急剧减小的，当距离磁场源 69mm 时，磁场降至 4.0×10^3 A/m。因此，使磁性载体上的信息不被强磁场的消磁作用抹去的有效措施，是使磁性载体档案远离磁场源，同时放入用抗磁介质制成的装具内保存。

（2）防止产生复印效应　复印效应是磁带记录的一种特有现象。复印效应又叫回声效应、拷贝效应。它是指录制好信号的磁带缠绕在一起时，某一层的信号场强感应到相邻层上的现象。

复印效应的大小一般用原信号与前后邻近的第一复印之比表示，单位为分贝（dB）。普通磁带的复印效应约为52～58dB。复印效应与磁带的非磁性带基的厚度直接有关，带基厚，复印效应小；磁介质颗粒越小，复印信号越强；矫顽力越小，复印效应越大；磁带卷绕越紧，复印效应越大；磁带存放时间越久，复印信号越强，但复印效应增大到一定程度便稳定下来；复印效应还与磁带的使用条件和保存条件有关,特别与记录强度和温度有关,环境温度越高,复印效应越大;复印效应与记录内容也有关,记录有静止间隙的语言,复印效应显著,记录连续的音乐,则不显著。

消除或减弱复印效应时,可将磁带置于低温环境中;每半年或一年重新绕带一次,最好以正常速度进行,以便减轻磁带内部压力;让磁带在一根磁性很弱的磁棒上通过;让磁带在已断开抹音头并在记录磁头上通有很低偏磁电流的记录器上运转。

(3) 减轻自退磁效应的影响　物体磁化后,如果出现磁极,则在物体内部就会产生一种磁场。由于这种磁场的方向与外加磁场的方向相反,因而有减退磁化的作用。这种磁场称为自退磁磁场。由于自退磁磁场起着减弱磁介质剩磁的作用,因而就自然去磁的效果而言,是使磁性记录的信息受到损失。磁记录材料越厚,信号频率越高时,单位长度磁记录材料内相邻同性磁极的数目就越多,自退磁磁场强度就越大,损失就越大。从减轻自然去磁损失,延长磁性载体档案寿命的角度来说,应选用矫顽力大的磁介质作磁记录材料。

(4) 创造适宜的温湿度　磁带具有一定的吸湿性,当保存环境湿度过大时,磁带会因吸收过多的水分而膨胀;会造成磁带上的胶黏剂发生水解;导致磁带容易生霉等。湿度过小时,带基易带静电,使磁带容易吸附灰尘,过小的湿度还会使磁带发脆。温度过高,会增加复印效应;会破坏磁介质分子原有的排列顺序,造成剩磁改变;会加速带基老化。温度过低,则湿度难以控制。所以,适宜的温湿度对延长磁带寿命是至关重要的。按照国家档案局规定,保存磁带档案的温度最好在14～24℃范围之内,相对湿度保持在45%～60%之间为宜。

此外,在磁带保管过程中还要注意防光、防空气污染物、防带体损伤等。

2. 软盘的保管

软盘盘片的结构组成同磁带相似,其保管方法基本相同。

为保证软盘数据存取正确、可靠,在软盘的日常保管过程中,应特别注意以下几个方面。

(1) 防止软盘生霉　软磁盘中的有机物含量很高,以致保管不当就会发生霉变。软盘生霉与环境温度湿度有很大关系。在潮湿、高温的环境中,软盘容易发生霉变,且霉变具有传染性,只要一盒中的一片软盘有霉变,则会殃及整盒磁盘。软盘一旦发生霉变,则会使盘中数据受损,失去可靠性。如果放入软盘机中运行,霉变物会附着在磁头上,使软盘机磁头受到污染,划伤其他好的盘片,危害很大。另外,在温度太高时,软盘的塑料外套容易变形,使磁头与盘片接触变差,造成读、写错误。而在太干燥的环境中,软盘容易带静电,导致读写失误。

(2) 防止软盘污染　平时使用软盘,不要用手触摸其内层,以免手上的油渍和汗渍弄脏软盘。

（3）保持使用环境的清洁卫生　延长软盘的使用寿命，保持清洁较为重要。过多的灰尘容易污染软盘，在读写时划伤盘片，使软盘上的信号失灵。

（4）远离外磁场　软盘是一种磁性材料，对外界杂散磁场较为敏感，保管过程中要注意远离能形成强磁场的电气设备，同时还要避免把软盘同电视机、扬声器、收录机、话筒等存放在一起，最好采用防磁性装具存放软盘。

五、硬盘的预防性保护

1. 防止随意关机和频繁启动

从电子学的角度看，在启动时，四百多瓦的电源一下加到系统上所产生的瞬间电流将导致磁头发射随机电信号。此时，如果磁头没有归位，处于磁头下方的数据将会被抹掉。而且，通过系统的强大脉冲也可能损坏计算机内部的芯片。关机时，由于磁头会直接接触下方的盘片，而磁头的大部分时间在文件分配表（FAT）和目录区这一很小的范围内活动，则将在磁头所处部位造成损坏。

从机械学的角度看，在启动时，驱动器电机所承受的压力比运转过程中所承受的压力要大，随意关机和频繁启动对驱动器电机损伤较大。

为避免此类情况的发生，要注意不要随意关机，不要频繁启动机器，每天关停机器的次数以少为好。

2. 保持电源稳定

对于电脑来说，电源就像空气，没有电源，电脑就会立即停机，而恶劣的电源则会使机器"生病"。这就意味着硬件永久损坏、数据丢失或暂时的读取错误。电源对硬盘的影响主要有以下三种。

（1）负压　负压是指电压不足或者是电压太低。当电压低于110V时就产生负压。解决电源负压问题常用的方法是通过提高电流的方式来补偿电压的降低，而增大流过芯片的电流会使芯片发热。

（2）断电　断电是指完全没有电源供应的情况。断电时，计算机将终止工作并丢失正在操作之中的全部数据。

（3）尖峰脉冲　尖峰脉冲是指高频、高压且持续时间极短的脉冲。家用电源上的尖峰电压可高达1000V以上，但其持续的时间只有一微秒。这种尖峰向整个PC机送入一个短暂的功率电涌，计算机内部的芯片可能因此而遭到损坏，或者表现为磁头的写读功率上升，从而抹掉磁盘上的数据。

解决以上电源影响的最好办法是使用不间断电源（UPS）。它能将电网中的交流电转换成直流电，然后存储于电池中。电池中的直流电没有尖峰，因而起到尖峰保护作用。然后，电池放电将其逆变成交流电。如果UPS不出现工作故障，它将自始至终为电脑提供没有失真的交流电。如果发生负压或断电现象，则电池会供电。

3. 保持空气洁净

灰尘对于硬盘来说是有害的。

灰尘可以进入硬盘，即使是装有空气过滤器的硬盘，也不是无懈可击的，灰尘仍能进入硬盘。由于从磁头到硬盘的距离仅有 $0.3\sim0.6\mu m$，而灰尘、烟尘微粒直径可达 $0.5\sim5\mu m$，如果尘埃或烟雾颗粒落在盘片上，磁头会来回拍打它，并将其磨碎。然后，磁头带着尘粒在盘片上来回摩擦，会留下擦痕。

4. 防止温度骤变

温度的骤变对硬盘是不利的。

在严寒的冬天，把长时处于寒冷而又干燥环境的硬盘突然移至温暖、潮湿、有暖气的环境中时，由于温度的骤变，一方面可能导致插件脱离插座而使一些元件不能工作；另一方面，会导致硬盘盘片产生结露现象，结果驱动器可能不能很好地响应命令。

5. 硬盘的防震

磁头是在盘片上的一层气垫上运动的。由于磁头与盘片间的距离是相当小的，因此来回振动可使磁头完全撞入下方的盘片中，使得磁头在盘片上刻出一道凹沟，并将磁头磨短。如果经常这样，凹沟中的数据就会丢失，甚至造成磁头的报废。因此，应尽可能避免主机振动，特别是不要将点阵式或菊花轮打印机同主机放在同一张桌子上。打印机所发出的任何振动，对电脑来说都是没有好处的。此外，许多型号的计算机的硬盘通常只是单边支撑，这就使得驱动器成为振动源，该振动源然后又被机箱加强，从而使整个计算机形成共振，加重了磁头与盘片的撞击。为减少驱动器与机箱之间的振动，可用一小块硬纸板或折叠纸作衬垫，塞在驱动器与底座之间。

6. 磁头的归位

磁头归位就是将磁头移至硬盘的最里层磁道，这是减少因振动撞击盘片而造成数据损坏的最有效方法之一。

存取数据时磁头里外移动，磁头处于最外层磁道上方时，盘片的旋转线速度最大，越往内层磁道线速度越慢。最里层磁道线速度最慢，可用作磁头归位带。磁头归位后速度较慢，因振动撞击造成的磁头和盘片损伤会大为减轻。磁头处于归位状态时，如果电源不稳定，则冲击 PC 机及硬盘驱动器的尖峰，不会损坏数据。

机器正常工作时可使用定时归位程序，使磁头大部分时间处于归位状态。如果驱动器不响应包括磁头归位命令在内的软件命令时，可以打开 PC 机盖子，将驱动器把手沿逆时针方向旋转到头就能使磁头归位。

7. 降低写电流

当磁头向磁盘中心移动时，磁盘柱面逐渐变小，越靠近盘片中心，存储数据的空间就越小，而每个磁道的数据存储能力是一样的。因此，越靠近盘片中心磁道存储密度就越大。此时，如果写电流太大，会产生物理上太大的磁化区域，导致内部柱面上的磁化区域相互重叠，越往盘片中心，重叠就越严重。解决方法是告诉驱动器从给定柱面开始一直到磁盘的中心降低写电流。

第四节 光盘耐久性

光盘存储技术作为一种新的文献信息存储手段，因其记录密度高、存储容量巨大、数据传送速度快、保管空间占用小及文献资料的分析、检索和传播极为方便等优点，近年来得到了飞速的发展。

一、光盘的种类与结构

1. 光盘的种类

（1）按记录方式划分　目前已商业化的光盘大致可分为只读型光盘、追记型光盘和可擦写型光盘三种类型。

① 只读型光盘　主要用于一次写入而无需修改的数据、资料的存储和分发，使用者不能在光盘上追加数据，光盘上以凹坑的形式存储大量预先录制好的视频、声频或数字信息。激光视盘、激光唱盘，以及可用于各类多媒体系统、个人 PC 机标准配置和出版各类电子图书的 CD 均属于这一类光盘。

② 追记型光盘　这是一种可供用户一次写入多次读出的光盘。数据一旦写入，便不能删除或修改。它与只读型光盘的不同之处在于，可由用户将数据直接写入光盘，这就大为简化母盘制造过程，并可用与传统的磁记录极为类似的方法处理数据。

追记型光盘通常采用在灵敏层上"烧孔"的方法记录信息，光盘上存储的信息具有很高的可靠性。它既可用于存储图像、文件、文献和档案资料，也可用作计算机的外存储器。因其成本大大高于只读型光盘，目前主要应用于军事、金融保险、法律和航空等领域。

③ 可擦写型光盘　可擦写型光盘是更为先进的光盘，因其具有可擦写功能，故可作为后援存储器或网络服务器、工作站上的外部存储器，也可用于存储文献资料。目前商品化的可擦写型光盘是利用激光照射改变磁性记录介质磁畴方向的原理进行信息记录的。相变光盘是利用记录介质在激光的照射下，产生从晶态到非晶态转变的原理进行信息记录的。

（2）按存储容量和直径划分　从存储容量和直径看，光盘又可以分成以下三种类型。

① 大容量光盘　直径为 14in（1in＝2.54cm），存储容量为 10 千兆字节/盘片。适用于大型计算机。

② 中容量光盘　直径为 8in 或 12in，存储容量从 700 兆字节到 2000 兆字节不等。适用于小型计算机。

③ 小容量光盘　直接为 2in 到 5.25in，存储容量从几十兆字节到几百兆字节不等。适用于微型和个人计算机。

从输入信息的特点看，光盘又可分为音频光盘、视频光盘和数据光盘三种类型。

2. 光盘的结构

光盘的盘体由片基、存储介质和保护层三部分构成。根据结构特点，光盘可分为单面光盘和双面光盘。

单面光盘由片基、记录层和保护层构成。将两张单面光盘的保护层面对着黏结在一起就成为双面光盘。有代表性的双面光盘是空气夹层光盘。图 9-6 为单面光盘和空气夹层光盘断层结构示意图。

空气夹层光盘是用两片单面光盘面对面地黏合在一起构成的，光盘的片基兼为保护层，在数据存储区的内径和外径处，用两个间隔圈将盘片隔开，中间形成空气腔。两张片基的内表面上均镀有碲合金膜。空气腔可容纳记录时产生的气化物和其他生成物，使记录灵敏度不受影响。

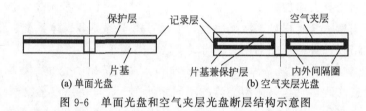

图 9-6　单面光盘和空气夹层光盘断层结构示意图

二、光盘的生产过程

普通 CD 光盘的生产，主要包括激光刻录母盘、制作副盘和盘片复制等三个过程。

1. 母盘的制作

母盘生产过程如下：在经过精密研磨、抛光和超声清洗的玻璃主盘上均匀涂敷光刻胶，干燥后置于高精度激光刻录机中，按预定声光调制进行曝光。若主盘以恒定角速度旋转，刻录机的光学头沿径向匀速平移，则在光刻胶盘片上刻录出螺旋形的信息凹坑，坑形、坑深及坑间距离与携带的信息有关。这种具有凹凸信息结构的盘片，就是正像母盘。

2. 副盘的制备

在母盘表面喷镀一层银，一方面用来提高信息结构的反射率，以便检验主盘质量；另一方面用它作为电极，通过电解使母盘镀上一层厚度符合要求的金属镍，经化学处理后使它从主盘剥离，就形成一个负像子盘，即副盘。用此副盘就可制出若干个正像镀镍母盘，每一个母盘又可生产出若干个负像子盘。每一个负像子盘都可用作盘片复制过程中的金属模具。

3. 盘片的复制

将上述原模装入喷注器中。与此同时，将聚甲基丙烯酸甲酯、聚碳酸酯等有机玻璃压制成厚度为 1.2mm 的盘片，然后放入喷注器中与金属模具保持平行的位置。利用中心喷嘴将有光致聚合作用的溶液喷注在盘片和原模之间，喷注时在中心轴施加适当的压力以防止气泡浸入。待溶液均匀分布后，用紫外光照射，使溶液中的单体混合物因光聚合作用而固化，并黏结在盘片上。将盘片从喷注器中取出，并在带有信息结构的一面喷镀一层金属（金、银、铝）膜作为反射层，然后再淀积聚丙烯层，即制成单面光盘。也可以将两个同样的盘片在覆盖层的一面用胶黏剂黏结在一起作成双面光盘。

三、光盘构成材料

1. 光盘片基材料

由于激光光点要通过片基聚焦，当激光通过片基时不能产生额外像差，这就要求片基要有很高的质量。片基的局部缺陷或厚薄不均，都会引起像差。所以，片基表面最好具有经过研磨的光学玻璃的质量，厚度差值不应超过 ±0.1mm。

可用于制作片基的材料主要有玻璃、铝合金和塑料三种。

玻璃片基，表面质量很高，但较昂贵，且笨重易碎。

铝合金片基，在尺寸和化学性能方面都具有极好的稳定性。

塑料片基，因塑料种类不同而具有不同的质量和性能。其中，用有机玻璃制作的片基，具有极好的光学和机械性能。

2. 存储介质

存储介质是实现光盘信息存储的关键材料。存储介质可分为不能重写的只写一次式介质和能重写的可擦式介质两大类。

（1）只写一次式介质　只写一次式介质可通过烧蚀成孔、生成光泡及双层合金化等方式记录信息。不能重写的存储介质种类很多，有金属、合金、有机染料和聚合物等。金属有碲、铋、铟、铑、锑、金等。其中由于碲具有熔点低、导热性能差、吸光率大和烧蚀性好等特点，因而在不能重写类存储介质中占有重要位置。

由于多数金属包括碲，性质不稳定，容易发生氧化，使得用单一金属作记录介质制作的光盘的使用寿命不长。用合金作记录介质，可有效防止氧化，提高光盘使用寿命。

用有机染料为存储介质时，光盘记录层是将铝直接沉积在光盘片基上，然后再把有机染料蒸发到铝反射层上形成的。有机染料的热扩散率低，熔点或分解温度低。染料光盘噪声极低，信噪比极高，适用于视频记录和高密度数字光学记录。由于染料性质不是很稳定，遇光、热、氧作用时，其结构会缓慢发生变化，使光盘的使用寿命受到影响。

以聚合物为存储介质时，通常还要在其中加入许多极小的金属球和细丝。金属细丝（卤化银）吸收激光后，就使局部的反射率发生变化。由于金属微粒分散在存储层内，因而这种光盘不会受氧化的影响。

（2）可擦式介质　可擦式光盘是可以重复使用的光盘，其重复记录次数可达100万次以上，因此，可擦式光盘用于存储文献资料时有特殊的优越性。

可擦式介质有两种：光磁材料和相变材料。

光磁材料大致可分为单晶体、多晶体和非晶体材料三种。其中以非晶体稀土-过渡金属应用最广。用于光磁存储的非晶体稀土-过渡金属薄膜，可分为铁合金和钴合金两型。后者的抗氧化性能优于前者。

相变材料主要有 TeGeSbS（碲锗锑硫）、TeGeAs（碲锗砷）、TeGeSnO（碲锗锡氧）、TeGeSn（碲锗锡）、TeSnSe（碲锡硒）、TeSeSb（碲硒锑）、Sb-Se（锑硒）、Bi-Te（铋碲）等。这些材料性能较稳定，原因是材料中含有使非结晶态保持稳定的元素及提高耐湿性的元素。例如，在 TeSnSe 中，Sn 起稳定非结晶态的作用，Se 则起提高耐湿性的作用。

光盘的存储介质，有的虽然采取防氧化等保护措施，但随着时间的推移，氧和水、光和热的作用会使存储介质逐渐受到破坏，使光盘的寿命受到影响。据资料介绍，光盘的寿命一般在 10～20 年。

当光盘上的信息需要长期和永久保存下去时，最好把光盘上的信息复制到其他耐久的载体材料上。

四、光盘老化的原因

影响光盘寿命的因素可分为内在因素和外在因素两类。内在因素与光盘组成成分的性质、结构类型等因素有关，外在因素则与光盘的写读功率、写读方式、空气污染物和空气温湿度等有关。

1. 组成成分

记录介质层附着在片基之上，是赖以写入和存储信息的物质，它的性能、结构等是决定光盘最终用途和寿命长短的最为关键的因素。不同的记录介质在记录灵敏度、分辨率、信噪比、抗缺陷性能、理化性能稳定性等方面存在较大差距。

保护层是覆盖在记录介质层上的一层透明物质，有防止记录介质被腐蚀、防止划伤、防灰尘和指纹影响等作用。作为保护层要求既能保护记录介质层，又不明显降低记录介层的灵敏度。受制于此，可用作保护层的材料较少，常用的有硫化锌、氮化铝、二氧化硅、四氮化三硅和聚偏二氯乙烯等。

光盘的构造不同，其组成成分不同，各成分所占比重也有差异，导致光盘光学特性不同，对激光的吸收、反射程度，及对反射偏振光偏振面的旋转角度等相应地有所差异，读出信号因而有强有弱，最终使光盘的存档寿命表现出差别。

2. 记录结构

光盘的类型不同，其存档寿命有较大的差异，原因之一是光盘的记录结构各异。

光盘的记录方式有烧蚀记录、光磁转变记录和相变记录等。光盘的记录方式不同，其记录层的记录结构存在很大差异，即便记录方式相同，记录层的记录结构也有较大的区别。例如烧蚀记录，最简单的记录结构是单层结构，它是在片基表面直接淀积一层厚度约 30mm 的记录介质而成的。烧蚀记录后，形成凹坑的记录区域与未受破坏的非记录区域，对入射激光的反射率存在一定的差异。这个差异越大，读出信号的功率越强，信噪比越大，光盘的寿命越长。

烧蚀记录的记录结构除了单层结构外，还有两层、三层和四层等多层记录结构。与单层记录结构相比，在多层记录结构中，包含一层将铝直接淀积在光盘片基上形成的铝反射层。铝反射层外露时对激光的反射率极高，烧蚀记录后，记录区域的反射率由于铝反射层的外露而远高于未受破坏的非记录区域，读出信号的功率较单层结构大，因而信噪比值更高，质量更好，光盘的寿命更长。

3. 写读功率

光盘的寿命与写读激光脉冲功率的大小密切相关。光盘的误码率和信噪比均为写入激光脉冲功率的函数。提高记录功率，可使记录介质上写入的信号具有足够的信噪比，具有较长的存档寿命，以便在较长的时间内能不失真地读出信息。

读出信号功率的大小取决于记录结果的调制深度，即相对于未写入环境的光学对比度，以及反射光的量。当读出功率较大时，可使读出信号功率增大，信噪比得到提高，但是读出功率必须低于存储介质的记录阈值，否则将破坏记录灵敏层；而功率过高，加之激光热能的影响，重复读出对记录介质有较大的损伤。降低功率对介质稳定性有利，但功率过低会导致信噪比降低，因此，读出功率的最小值必须大于读出光点产生最低信噪比（20dB）时的功率。

4. 写读方式

当激光在以烧蚀方式记录信息的光盘上扫描时，光盘将吸收激光热能，使光盘的构成材料发生变形、变色、分解、蒸发、升华和降解等现象。以入射光束被记录材料层吸收后，吸收的光能会加速记录材料的老化，使其光学特性改变，信噪比降低，影响光盘的寿命。

对磁光盘进行多次写读时，光磁材料将被反复加热到居里温度以上，这一方面会使非晶体光磁材料产生结晶，伴随着晶体的形成，由于晶粒边界衍射所产生的固定晶格介质噪声将急剧地降低光盘的信噪比，使光盘寿命受到影响。另一方面，光磁材料的记录磁畴的大小与温度分布状况密切相关，反复加热至居里温度以上，光磁材料的记录磁畴将随温度变化而改变或发生漏缺，读出时使反射光偏振面旋转角度不足，读出信号功率下降，光盘寿命缩短。

相变光盘是以晶态和非晶态的互变实现信息记录和擦除的。晶态和非晶态的互变是通过激光加热至融化状态而实现。反复记录和擦除，相变材料将被反复加热至融化状态，从而引发相变材料的蒸发和不可逆分解等现象，导致存储介质产生疲劳效应，影响光盘的寿命。

另外，相变材料吸收入射激光产生的热量，会使记录区域的亚稳态向稳定态转变，使信噪比逐渐下降，存档寿命受到影响。

5. 盘体缺陷

光盘的片基、记录介质和预沟槽等自身存在缺陷，根据记录介质层特性、缺陷与记录介质层和读写光斑距离的不同等因素，在一定条件下光盘会产生误码。误码的原因在于缺陷改变了入射光和反射光波场的分布，致使信号能量衰减。以磁光盘为例，在热磁记录过程中，畸变的入射光场导致盘面记录磁畴缩小或磁畴漏缺，读出时体现为反射光偏振面旋转角不足，最终结果是信号能量衰减。

在光盘中存在着缺陷和缺陷运动。温度变化会引起缺陷的运动、缺陷的缔合与分解，如果光盘中的缺陷发生这些变化，必将使入射光和反射光波场分布发生变化，致使信号能量发生变化。激光照射时，由于光点极小，能量高度集中，被照射区域的温度会升高较多，光照过后温度又下降。因此，长时间多次数的利用，在激光的反复作用下，光盘内的缺陷会发生相应的变化，将不利于光盘的长期保存。

6. 空气污染物

受空气污染物影响的光盘材料，主要是片基和保护层材料。在空气污染物的影响下，这些材料会发生变色，表面出现龟裂、水解，结果使它们的光学特性发生波动，引起入射和反射光波场分布改变，导致信噪比下降，光盘寿命缩短。对光盘影响最大的空气污染物主要是卤化物、氨气、有机溶剂和灰尘等。

卤化物中以氢氟酸、盐酸和氯化钠的影响最严重。氢氟酸能使含硅的保护膜或片基材料变为气态物质而挥发掉：

$$SiO_2(固) + 4HF(气) = SiF_4(气) + 2H_2O(液)$$

$$Si_3N_4(固) + 12HF(气) = 3SiF_4(气) + 4NH_3(气)$$

盐酸能够腐蚀硫化锌和氮化铝等无机保护膜和铝合金片基材料：

$$ZnS + 2HCl = H_2S\uparrow + ZnCl_2$$

$$AlN + 3HCl = AlCl_3 + NH_3\uparrow$$

其中 $AlCl_3$ 为共价型化合物，很容易升华。

铝合金遇卤化物容易发生腐蚀。卤化物能破坏铝合金表面的氧化膜，生成三卤化铝 AlX_3，表面覆盖的 Al_2O_3 薄膜被破坏后，暴露出来的铝立即与空气中的氧作用生成新的氧化膜，遇卤化物，新的氧化膜又遭破坏，如此循环，铝合金片基就会被腐蚀形成孔洞，甚至溃烂。

光盘的塑料片基和保护膜多数易带静电，使光盘表面容易受到灰尘的污染。在利用过程中，也很容易使光盘表面染上盐类、油类及其他无机物和有机物。光盘表面附着的污染物，一方面对光盘的片基和保护层有腐蚀作用；另一方面，使入射光波能量损失，致使读出信号产生较大衰减。

氨和吗啉等碱性物质，对聚碳酸酯类片基材料、聚偏二氯乙烯类材料有极大的破坏作用。例如，将聚偏二氯乙烯浸入浓的氨水溶液中，七天就变成暗褐色；浸入吗啉中则在几小时内样品和溶液全成黑色，其光学特性均发生显著的变化。光盘的有机保护膜和片基材料，长时间与某些有机溶剂接触时会出现龟裂，导致光学特性发生波动。

7. 空气温湿度

对光盘寿命影响最经常最普遍的因素是空气温湿度。空气温湿度的影响有间接的，也有直接的。间接影响表现在高温高湿会加速有害化学物质对光盘制成材料的破坏。直接影响体现在两个方面，一是使光盘变形，二是使某些光盘制成材料发生水解。例如，由于有机玻璃的热胀系数为金属的10倍，平衡吸水量约为2％，吸湿线胀系数为0.4％，所以当温湿度波动时，光盘的有机玻璃片基受热或吸水极易变形，当这种变形引起信息道在垂直方向的变形超过$\pm 2\mu m$、在径向上超过$\pm 0.2\mu m$、在切向上超过$\pm 0.15\mu m$时，在使用旋转过程中，信息道会产生垂直运动、径向运动和切向运动，这将使读写光点偏离信息道，引起误码，使入射和反射光波场分布发生变化，导致信噪比下降，影响光盘寿命。

潮湿空气会使硫化锌保护膜材料缓慢转变为硫酸锌。氮化铝保护膜材料在潮湿空气中会发生水解：

$$AlN + 3H_2O \longrightarrow Al(OH)_3 + NH_3$$

潮解的结果，使保护膜的光学特性发生变化，最终使读出信号的功率受到影响。

五、光盘的保管

光盘的保管措施主要包括减少使用、防治空气污染物、调控空气温湿度、保持信息读取面的清洁和防止标记面的机械损伤等。

1. 减少使用

光盘寿命的长短，与光盘累计使用时间的长短息息相关。激光光能对光盘制成材料稳定性的影响，是随光盘累计使用时间的延长而加大的。为延长光盘寿命，要采取有效措施，减少光盘使用时间。

2. 防治空气污染物

工业区的空气中常有氟化氢、氯化氢气体等有害物质。在靠近海洋的地方，空气中含有较多的海盐微粒。为了减轻这些卤化物对光盘的影响，光盘保存环境要注意远离以上使用和产生卤化物的场所，必要时须采取空气过滤措施。

氨气对光盘的寿命有较大的影响。室温下，使用氨气的工业区、晒图室等场所的空气中常含有氨，因此，保存光盘的环境同样应注意远离这些场所。用氨气进行纸质档案、文献和图书资料的气相去酸时，以及用磷化铝片剂进行熏蒸杀虫时（磷化铝片剂中的氨基甲酸铵潮解后会产生氨气），如果库房内同时保存有光盘时，则应采取隔离保护措施。

有机溶剂会使光盘表面产生龟裂，因此，光盘的保管环境要注意远离使用有机溶剂的工厂和实验室等场所。

3. 调控空气温湿度

低温干燥、恒温恒湿的温湿度环境，最适宜光盘的长期保存。由于光盘的构成物质较为复杂，各种组成物质因其性能各个有别，其适宜的温湿度条件不尽相同。综合考虑各组成物质的特点时，光盘保存比较适宜的温度范围是 14~24℃，较适宜的相对湿度范围是 45%~60%，且每天温度的变动不应超过±2℃，湿度每天的变化范围不要超过±5%。

为达以上保管要求，保存光盘的环境最好设置自动恒温恒湿的空气调节装置；库房的外围护结构应采取必要的隔热防潮措施；受条件限制时，可采用通风降湿、除湿机降湿、吸潮剂除湿等与密闭相结合的方法，以调控库房的温湿度。

4. 保持信息读取面的清洁

虽然采用编码技术能够检测和纠正光盘上长达 2.5mm 长的轨迹误码，但这一误码的纠正还必须依靠对其同一轨迹前后位置数倍于 2.5mm 长的轨迹信息的正确拾取。这就要求必须保证光盘读取面的清洁，不能有过大的脏污和划痕。在每次拿取光盘时，只能接触光盘的内外沿，不能触摸光盘的数据区，以免油渍、汗渍和指纹落在读取面的数据读取区。使用完毕后，应将光盘立即放回到盘盒中，避免灰尘、异物的污染。

5. 防止标记面的机械损伤

由于标记面的保护涂层非常薄，距离信息记录的坑点只有约 $30\mu m$，因此，即使轻微的划伤都有可能大面积地破坏信息记录的坑点，导致原始记录信息的不可纠正性的损坏。因此绝对禁止在标记面上进行任何形式的书写、划伤，以免造成信息记录层不可挽救的损坏。

第十章

电子档案信息迁移与修复技术

  电子档案信息迁移技术是利用专门的设备将档案信息从一个载体转移到另一个载体上的技术方法。它具有转移速度快，转移准确，便于档案原件保护、电子档案信息的传递和交流、电子档案信息的保存和利用，易实现自动化管理等特点。电子档案信息迁移技术能对档案信息进行全文真迹存储，因此，它是电子档案再生性保护措施的重要手段，对电子档案的保护具有十分重要的意义。同时，它还能够提高电子档案工作的管理水平、工作效率、服务质量，有利于档案信息资源的开发利用和实现档案管理现代化。

  下面介绍电子档案信息迁移技术的方法——光盘技术。

▶ 第一节 光盘技术

  光盘技术是 20 世纪 70 年代开发的一项激光信息存储新技术，是多种新技术发展的综合成果。光盘以其巨大的容量和优良的计算机联机检索性能，在海量数据信息的存储管理中，越来越显示出潜在的优势，已成为当前一项很有前途的存储技术。

一、光盘技术的特点和作用

1. 光盘技术的特点

  （1）存储密度高 光盘的信息存储密度比磁盘和普通缩微品高 1～2 个数量级。在一张 5.25 英寸 940MB 的光盘上，可储存 A4 幅面的档案原件 27000 页。随着光盘技术的不断改善，还可进一步提高光盘的存储密度。

  （2）与计算机联机能力强 易于实现随机检索和远距离传输。

  二进制数据光盘系统易于与计算机联机，易于实现磁带记录与光盘记录的信息转换。

  光盘系统很容易同计算机联机进行随机检索。例如，从存储有 160 万页资料的

64张光盘信息库中取出其中任何一页资料的信息只需用5s,输出一张纸印件的复印时间也仅只3~5s即可,检索和输出十分迅速。

记录在光盘内的信息还可通过发送装置传递到远处,并利用终端接收装置接收,显示在屏幕上。

(3) 便于大量拷贝复制　为了使光盘记录信息广泛利用,可将光盘上记录信息转录到另一光盘上,制成大量的光盘复制品。光盘拷贝操作简便、速度快、效果好,不会发生随着拷贝代数的增加其拷贝光盘影像质量下降的问题。拷贝复制光盘的影像效果稳定、可靠,而且随着拷贝数量的增大,还会降低光盘的成本。因此,光盘适用于大批量的生产和使用。

(4) 适用范围广　光盘技术不仅可以记录载有声像的活动画面,而且可以记录各种原件的图形或文字信息。利用光盘既可以存储一般幅面的原件,又可以存储大幅面的图纸和资料;不仅可以存储单页原件,而且可以存储装订成册的原件,还可以存储记录在磁带或缩微胶片上的信息。总之,几乎所有的信息表现形式都可利用光盘载体进行信息的记录和存储。

利用光盘技术在解决档案、图书等原件的全文存储和使用方面显示了许多独特的优点。但是,这种技术也存在着一些不足之处,还有一些尚待研究和解决的问题。例如,光盘记录时的误码率有时还比较高,往往会影响信息的真实性,光盘的保存寿命还远不如缩微胶片,因此,光盘目前还不能作为永久保存的档案载体使用。此外,目前还没有建立统一的光盘技术国际标准,通用性较差,影响推广使用,等等。

2. 光盘技术的作用

(1) 便于档案信息的传递、交流和利用　光盘存储密度高,目前光盘的信息存储密度比磁盘和普通缩微胶片高1~2个数量级。光盘拷贝操作简单,拷贝效果好,在拷贝过程中不会出现像缩微胶片拷贝时那样随着拷贝代数增加,影像质量逐渐下降的现象。拷贝速度快,拷贝一个光盘只需几秒钟即可,批量复制拷贝速度更快。由于光盘存储密度高,保存体积小,容易拷贝;这样一方面可节省存储空间,另一方面利用光盘代替档案原件使用,便于档案信息的传递、交流及提供利用。

(2) 便于实现自动化检索　光盘文件是以数字形式记录的,在计算机上可随机存取,存取速度仅为几百毫秒。使用时,只要在键盘上键入检索关键词,就会在几秒钟内从几万件的文件中检索到所需文件的目录,并立即在高分辨率显示器的屏幕上显示出文件全文,或在激光打印机上打印出纸质硬拷贝。

(3) 实现档案管理自动化　光盘文件是以数字形式记录的,它的最大优势在于,电子计算机可以直接访问光盘,将光盘作为电子计算机的外存储器,可提供档案全文图像存储和自动化检索、网络化利用,实现档案信息资料共享,增强电子计算机在档案管理中应用的广度和深度,为档案现代化管理提供了更加坚实的基础。

(4) 提高工作效率　光盘可以利用电子计算机的编辑功能对文件、图像进行一系列加工处理,如文件编排、窗口编辑、图像拼接、图文叠入等,有助于文件、档案的高速全文检索存储,并能提高办公自动化水平;有利于文件与档案的"一体化"管理。将电子计算机、光盘和缩微设备三者有机地结合在一起,形成一个统一体,组成新的信息处理系统——电子复合信息存储系统,用于各类文件的输入、输出、存储、检索与转移。可以根据利用频度和经济安全等多种因素综合考虑,使档案信息在磁盘、光盘、缩微胶片三种不同载体间转换。如将缩微胶片上一些使用频繁的档案信息转换到检索方便快速的光盘或磁盘上,而光盘、磁盘上利用频度降低或需要长期、永久保存的档案信息可转换到经济安全的缩微胶片上。电子复合信息存储系统既有极高的存储容量,又有灵活多样的管理方式,它既能在一个用户终端上高速处理与检索存储于多种介质上的文件、档案信息,又能方便地把它们显示或打印出来,如果需要的话,还能通过网络与通信设备,进行远程传送与交换。电子复合信息存储系统为各个组成部分创造了充分发挥自己特长与作用的环境,因而能在更大范围内、更有效地为档案工作服务。

二、光盘存储技术的原理

光盘存储是利用激光扫描的方法,将文献资料转移为二进制的数据信息记录在介质上。具有写后直读(DRAW)特性的只写一次型光盘存储器是用于记录和存储文献资料等原始信息的主要设备。下面以其为例,说明光盘存储技术的工作原理。

只写一次型光盘存储器的工作原理示意图如图10-1所示。首先,将被记录的原始信息(文字、图形、影像等)利用光扫描的方法分解成若干"像素"记录单元,并将每个记录单元的光信号转换为电信号——模拟电信号或数据电信号输入到调制器内。光盘存储器中的光源,是由激光器发出的具有一定波长、连续输出的准直激光束。激光束在调制器内被输入的电信号调制成脉冲激光,这个脉冲激光便载

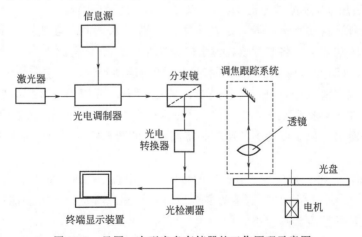

图10-1 只写一次型光盘存储器的工作原理示意图

上了原始信息的内容。脉冲激光经分束镜、透镜等光学系统作用后，在光盘表面可形成直径仅为 1μm 左右的光斑。记录时，光盘需不停地转动，同时，在跟踪系统控制下，记录激光束（脉冲激光）沿光盘径向从外缘向中心移动。于是，激光光斑便可将其携带的信息录刻在光盘螺旋形的沟槽轨道内。

在记录的同时，再利用一束发光功率小并滞后记录激光几个微米的激光束跟踪扫描，通过光盘上的"坑"或"结晶点"等产生光脉冲信号，再利用光电转换器将其转换为电脉冲信号，使记录在光盘上的信息立即显示在屏幕上。

▶第二节 电子声像档案修复技术

一、胶片档案修复技术

在保管、利用过程中，胶片档案受到不同程度的损坏。最常见的有胶片硬化、变形、韧性降低；画面变黄、退色；沾上手印、油斑等各种污斑。应根据不同情况，采取相应的方法进行修复。

1. 去尘方法

第一，用羊毫笔或其他软笔扫下胶片上的尘土。

第二，用棉花球蘸酒精轻擦。但要注意不能用棉花干擦，否则尘土会划伤胶片上的乳剂膜。

第三，用流动清水将胶片冲洗干净后再晾干。

2. 去污方法

（1）去指纹及其他油脂斑　如胶片上刚印上指纹或其他油脂，可用棉花球蘸上 20%～25% 汽油与 75%～80% 甲苯的混合液，轻轻擦除。

如胶片上的指纹或其他油脂斑比较严重或时间较长，可先在流动水中漂洗 15min，然后用 5% 冰醋酸漂洗 1min，漂洗时可用手轻擦油斑处。

（2）去红、蓝墨水斑　胶片上沾上了红、蓝墨水斑时，会使照片上影像不清晰。消除的方法如下：将胶片放在清水内漂洗 5～15min，再放入 D-72 配方显影液内浸泡 5min（温度不高于 20℃）。同时应不断地翻动胶片，使它能均匀接触药液，然后将胶片放在清水中冲洗。为了更好地除去污斑，可用手轻轻抚摸胶片正、反面。随后放在 5% 冰醋酸液内浸一下，再在流动水中清洗 15min，最后取出晾干。

（3）去霉斑　由于胶片上的明胶是霉菌良好的营养物，因而在高温高湿条件下容易长霉。

① 擦除法　将胶片放在垫有橡皮的台面上，用脱脂棉蘸上除霉液（将 1% 五氯酚钠溶解于 85% 乙醚和 15% 酒精的混合液）轻轻擦除霉斑。此方法能去除一般霉斑，且对胶片的性能影响较小。

② 冲洗法　如果胶片上的霉斑较严重，可用药液在冲洗机等设备中进行冲洗。

冲洗药液配方：五氯酚钠 5g、硼砂 0.5g，加水 1000mL。该溶液的 pH 值为 9±0.2。冲洗时将胶片先放在清水中冲洗，然后放在冲洗药中处理，冲洗温度为 18~24℃，冲洗时间 5~8min。最后再用清水冲洗 8~12min。

在冲洗过程中，冲洗液的 pH 值会下降。这是由于胶片上的霉菌分泌出酸性物质的结果。如果 pH 值下降至 7 以下，冲洗液中的五氯酚钠会形成沉淀物，这样降低了冲洗液的杀菌能力。为此，在冲洗过程中应不断检查冲洗液的 pH 值，并及时加入适量的硼砂使冲洗液的 pH 值保持在 9 左右。如冲洗的胶片数量较大时，应及时更换药液。

用冲洗法去除霉斑时应注意以下问题。

a. 受潮严重或染上醋综合征较重、乳剂层受损的胶片，不能用此方法，否则易使乳剂层脱落，造成无法挽回的损失。

b. 如待去霉斑的胶片上有灰尘、手印等，可在每升冲洗液中加 5mL 高级洗涤剂。

c. 对彩色影片除霉时，为防止因去除霉菌而加快彩色影像的退色，应根据不同片基，采用相应的稳定液加工处理。

（4）去黑斑点　采用比例减薄的方法，可将胶片上的黑色斑点减到与周围影像密度一致，随后使黑色斑点消失。

比例减薄液的配方：温水（50℃）200mL，铁氰化钾（赤血盐）10g，加水至 500mL。

操作时先将胶片放入比例减薄液内（20℃）约 30s 至 2min，然后放在清水中冲洗一下，再放入定影液内定影 5min，最后在清水中冲洗 15min 后取出晾干。

3. 消除划伤、折痕的方法

（1）消除划伤痕迹　胶片上乳剂膜表面如有划伤痕迹，使照片画面产生白色纹路，可用以下方法消除。

① 将胶片放入清水内浸透，再放入流动清水中水洗 5min，然后晾干，乳剂膜经过水浸膨胀、干燥收缩过程，划伤痕迹即可被消除。

② 将胶片放入清水内浸湿，再放入干酪素乳液中约一分钟，取出晾干后，胶片表面会增加一层无色透明的保护膜。

干酪素乳液配方：蒸馏水 200mL（25~30℃），硼砂 25g，干酪素 25g，甲醛 7.5mL，加蒸馏水至 250mL。

（2）消除折痕　胶片折伤后，在其折伤处往往沾有灰尘，久而会影响照片画面，因而对折伤痕迹要加以消除。

操作时先将胶片放在流动的清水中水洗 5min，使乳剂膜松软。然后放入显影液内浸泡 5min，浸泡时可用手轻摸胶片折痕处，除去灰尘。随后把胶片放在 5% 冰醋酸溶液中浸一下，中和从显影液中带来的碱性物质。再把胶片放入流动清水中漂洗 15min，并可将底片按折痕反方向轻折几下。最后取出晾干。此方法既可以除去灰尘，又可消除或减轻折痕。

4. 恢复退色黑白影像

黑白影像是由金属银的颗粒组成。在光、氧、水分等因素作用下，引起化学变化，生成浅色的银类化合物而使影像退色。可采用卤化再显影法、硫脲自射线照相法等方法使影像恢复。

（1）卤化再显影法　卤化再显影法是首先将影像中的金属银及化学变化过程中生成的银类化合物氧化漂白成卤化银，然后再还原成金属银，使影像再显。修复步骤如下。

① 预坚膜　为防止乳剂膜在修复中过度膨胀而被破坏，应首先使用碱性甲醛坚膜液进行坚膜处理。

② 漂白　把经过坚膜的胶片放在漂白液中处理 1.5~2min。使影像中的银全部变成乳黄色的卤化银。漂白液配方：重铬酸钾 9.5g、氯化钠 140g、硫酸 13mL、加水至 1000mL。

③ 清洁　将漂白后的胶片放在清水中冲洗后浸入 10％亚硫酸钠或 5％亚硫酸氢钠的清洁液中，以除去残存的重铬酸钾。

④ 再显影　经过清洁、水洗后的胶片放入显影液中显影。一般可用正片显影液，如 D-72 显影液（1∶2 稀释）或柯达 D-15 原液。因乳剂膜中无多余的卤化银，不会产生显影过度现象，所以显影时间无需严格控制，也无需定影。

（2）硫脲自射线照相法　采用硫脲自射线照相法恢复的基本原理是用含有放射性同位素硫（^{35}S）的有机化合物硫脲，把已经退色的胶片上残存的银转化为放射性硫化银。放射性硫化银能释放出 β 射线（即高能电子），用这种 β 射线代替普通光源对新胶片进行曝光，可使退色的影像重新显示出来。由于修复后的胶片是通过原片本身的放射作用得到的，故称为自射线照相。

修复步骤如下。

① 预处理　把胶片放入显影罐中，依次用定影液、50％甲醇溶液、蒸馏水漂洗，以除去指纹、灰尘及污斑。

② 转化处理　胶片预处理后，往显影罐中加入硫脲（^{35}S）的碱性溶液（用氨水或氢氧化钠溶液调节），然后摇动 30min，再用甲醇和水进行漂洗，最后取出干燥。在这一过程中，胶片上的银转化成带有放射性的硫化银。

③ 拍照　将带有放射性硫化银的胶片放入暗箱内，与未曝光的胶片接触，进行 β 射线曝光数小时。然后进行显影、定影和水洗，退色的影像便得以恢复。

用自射线照相法恢复退色胶片影像，其修复效率高，只要退色胶片上有 1.5％ 的银的残留量，就可以获得比较满意的修复件。此方法可以恢复在白光、滤色光下无法辨认的照片、黑白正负片的影像。但费用较高，因此此方法适用于珍贵而退色严重的胶片档案。

二、磁记录档案修复技术

1. 去除磁带上的污斑

磁带上如有污斑,可用无毛的布沾上四氯化碳、氟里昂等有机溶剂去除。注意:不能用棉花或普通纸擦拭,以防落下绒毛沾在磁带上。另外,操作应在通风橱中进行。

2. 磁带的剪接

在长期使用过程中,磁带会受到一定损伤,如磁带断裂、磁粉脱落等。此时需要剪去损伤部分的磁带,以免在使用中损害磁头及出现轧带现象。可用磁带切割机进行机械剪切,也可用剃须刀或防磁剪刀进行人工剪切。剪切时一般使用45°角法,即顺磁带45°角的方向剪开,随之剪去损坏部分,然后可用胶纸、接带液进行粘接。使用胶纸粘接时,应选用纸薄,粘力强的透明胶水纸或涤纶纸。粘接时磁带之间不能重合,但接口处缝隙要小,带基与胶纸之间无气泡,应平整光滑。胶纸长度约2cm,宽度与磁带相同,用此方法粘接的优点是磁带使用时不会产生接头声,但胶纸容易脱落。

利用接带液粘接时,应将剪成45°角的磁带叠在一起,然后均匀薄薄地涂上一层接带液。接带液能溶解磁层内的黏合剂,使磁带黏合。用此方法粘接磁带的接头牢固,不易脱开。但由于接头处稍有凸起,因而当磁带运行速度过低时,易产生接头声。目前使用的接带液有CTC驳接胶和丙酮。前者使用时只需在磁带剪切处匀薄地涂胶两遍,搭接4~5mm后轻压一下,停4~5min后即可正常使用。如使用丙酮粘接磁带时,应先将接头处刮净,然后将其重合,长度不超过10cm。

在粘接磁带过程中,无论采用什么方法,都不能将不同磁带粘接在一起。此外,不能将胶带贴在磁层上,为此一定要会识别带基与磁层,以免发生错误。

3. 减弱、消除磁带的复印效应

磁带一旦产生复印效应,可通过以下措施加以减弱和消除。

第一,让磁带在一根磁性很弱的磁棒上通过,可使复印效应减弱。

第二,让磁带在记录器上运转,但要断开抹音头,并在记录器磁头上通以很低的偏磁电流(确切的偏磁电流量需经实验测得)。

第三,将磁带经常倒带,可打断复印效应。

第四,将磁带放在低温处,可减弱复印效应。

第十一章
数字档案保护技术

当前正处于智慧档案探索阶段，档案保护对象正发生深刻变化，即从实体档案为主要研究对象拓展到以数字档案为主要研究对象阶段，因此数字档案保护技术的重要性越发凸显。

▶ 第一节 数字档案保护技术分类

数字档案信息的可分离性使得数字档案载体更加多样且使档案信息随时面临被修改、盗窃、篡改、感染病毒甚至被销毁的危险。因此，数字档案保护包含数字档案载体保护和数字档案信息保护两方面内容，数字档案载体保护技术与电子档案载体保护技术有相似的技术和方法，而在互联网＋、云存储形成的无纸化档案空间下，数字档案信息保护技术则是档案保护技术中的新问题，也是数字档案保护技术的重点研究内容。

一、数字档案载体保护

数字信息存储多样性必然带来数字档案载体多样性，并且还在不断地丰富发展中。目前，数字档案载体除传统的磁、光、电存储载体外，还有基于网络的"虚拟"载体，如应用于 WEB 档案、云档案、区块链档案等的网络"虚拟"载体。对于磁、光电载体保护可参考电子档案保护技术，对于网络"虚拟"载体保护超出了档案保护技术的范畴，可参考相关信息技术内容。

二、数字档案信息保护

对于数字档案信息保护技术，主要是解决档案信息的唯一性认证（原始性）、信息的正确性（完整性）、信息永久可读性（信息格式的兼容性）、信息的安全性（非法修改、盗窃、删除）等问题的技术。

目前，保护数字档案信息原始性、完整性、永久可读性、安全性的技术途径主要有防火墙技术、存取权限控制、数据加密法、数字时间印章法、元数据技术、数字水印技术、区块链技术等。

本章主要介绍几种人们较为关注的数字档案信息保护技术。

第二节 数字档案元数据技术

档案信息的原始性、凭证性描述与标识是档案的价值所在，也是档案信息保护技术的对象。元数据技术就是保存和识别数字档案原始记录性的方法之一。

一、数字档案的原始记录性

数字档案与纸质档案相比，最大的不同是记录方式和读取方式。纸质档案是模拟记录，读取直接；数字档案是数字记录，间接读取，记录与读取必须通过数字设备转换。二者体现在档案特性上就是信息内容的原始性保存特性（原始记录性）不同。纸质档案的原始记录性由大家约定俗成的"原件"来体现和判定，在这个"原件"上，档案原始的内容、载体、字迹材料、体例、格式以及标识法定效力的签署、印章等，都会表现得一览无余，是识别其原始记录的依据，也是它作为凭证的必备条件。原件的存在和长久保存，可以把纸质档案的原始记录内容的真实性、完整性、可读性完全保存下来。

数字档案原始记录性的保存与判定则与此不同，由于数字档案不能直读，因而纸质档案传统意义上的可见的原件难以体现，加之数字档案的记录载体和记录系统更新换代频繁，原始信息需要不断地在新载体上进行迁移，纸质档案传统意义上的原始信息与原始载体一一对应的固化"原件"将不复存在。

随着数字档案的增多与人们认识的深入，数字档案的本质特性不断被揭示出来。数字记录元数据的发现，为解决数字档案原始记录性保存和识别提供了有效的解决办法。

二、数字档案的元数据作用

从信息记录角度来说，元数据是关于数据的数据，其作用是描述与标识信息，其功能正好契合了档案保护中对信息的原始性、凭证性描述与标识的需求。元数据被引入数字档案保护中，并以国际标准化方式来推行，成为描述文件背景、内容、结构及其全生命周期管理的数据。被元数据封装管理之后，数字档案也就具备类似纸质档案原件所要求的各种要素和功能了。

纸质档案是由一个看得见、摸得着的载体材料与信息固化的唯一"原件"来体现的，而数字档案的"原件"是由标识说明文件来源、内容等各种功能的元数据来固化的，虽然形式上是不固定的，但档案的原始记录性相关内容却被完整地保留、保护下来了。

第三节　数字档案水印技术

数字水印技术是可用于数字档案"凭证性"标识的一种信息技术。在数字档案的开放、共享过程中能有效降低侵权和防伪类的安全隐患，使涉及版权和密级的数字档案的安全得到保护，在一定程度上消除了开放共享的安全隐患。

一、数字水印技术

1. 数字水印技术的概念

数字水印技术是将某些标识信息嵌入到数据载体（如图像、声音、视频、文档、软件等数字媒体）内部，且不改变原始信息外观，不影响原始数据的正常使用。这些数字水印隐藏在原始信息中，不易被察觉和修改，以达到保护数据安全、版权认证、防伪溯源的目的。

2. 数字水印技术的特点

不同的应用对数字水印的要求不同，数字水印技术具有以下几个基本特点。

（1）隐蔽性或透明性　原始图像嵌入数字水印后人眼是无法察觉到的，也就是不能降低或破坏原始图像的品质。嵌入水印后，图像所产生的在视觉上的变化，对观察者的视觉系统来讲应该是不可察觉的。在水印嵌入的过程中，嵌入信号对宿主信号的影响很小，小到不足以察觉的程度。

（2）可逆性　将信息隐藏在图像中，信息提取后图像能恢复成原始状态。

（3）不易移除性　即数字水印设计得不容易甚至不可能被黑客移除。

（4）鲁棒性　经过水印技术处理后的图像经由噪声、压缩处理、图像处理以及各种攻击后，所萃取的数字水印仍然可以清楚地体现，以便于人眼辨识或判断；一个鲁棒性好的水印要求做到若攻击者试图去除水印将会导致水印载体的彻底破坏，非法使用者难以破解水印而获得原始数据或删除水印而伪造数据的版权标记。

（5）明确性　提取的数字水印经过各种攻击后失真不会很严重，可以明确地让拥有者辨识或判断。

二、数字档案防伪和版权保护中的数字水印技术

针对数字档案日常管理和开放共享的安全隐患，以及传统数字档案保护技术不足等现状，人们提出了基于"数字水印＋数字权限管理"的互补式版权保护方案，通过采用变换域算法开发数字水印系统，解决数字档案的水印嵌入功能；采用附加适用规则开发数字权限管理系统，解决数字档案的访问控制功能，实现数字档案的版权保护。

具体说，在签署、消息认证、身份认证、防火墙、防写措施等传统数字档案版权保护技术的基础上，从用户传播利用的角度出发，运用基于离散余弦变换和离散

小波变换的数字水印算法给数字档案嵌入数字水印；从用户访问控制入手，设计基于权限管理的档案版权保护方案，构建基于内容的权限管理系统，最终可形成"数字水印＋数字权限管理"的综合数字档案版权保护技术。

三、数字档案凭证性标识中的数字水印技术

要解决和保护数字档案信息的凭证性标识，可利用数字水印技术对数字档案信息进行认证和完整性检验。虽然数字档案信息具有纸质档案不可比拟的优点，但随着计算机通信网络的不断延伸，所能链接的用于存储和管理数字信息的服务器和存储设备及服务对象数量的不断增加，在数字档案信息生成、保存和利用过程中因偶然和恶意的原因容易遭到破坏、更改、泄露，为了确保其原始权威性和真实可用性，保证数字档案信息具有凭证性效力，通过引入数字水印技术，可以实现对数字档案信息的有效监控，保护数字档案信息的可控性、安全性，保障数字档案网络传输的真实可靠，这样既合法使用了数字档案信息，又使数字档案的凭证性得到保护。

▶ 第四节　数字档案区块链技术

区块链是一种可保障数字档案网络空间中的可追踪性、保存和识别数字档案原始性、凭证性的信息安全技术。它在数字档案领域的使用，可消除数字档案开放使用中普遍存在的数据中心化存储、安全性差、防篡改能力弱的障碍，必将极大地推进数字档案网络应用步伐。

一、区块链技术

区块链源自比特币的底层技术，最早由化名"中本聪"的学者在《比特币：一种点对点式电子现金系统》一文中提出。一般而言，区块链结构是以数据区块为单位按照时间顺序链接而成，数据区块则是由分布式节点通过共识算法产生，并以一定的经济激励确保所有节点都有动力参与到区块链的活动中来。分布式系统中的所有节点地位均等，不存在任何中心化的特殊节点，且每个节点均会验证区块数据、传播区块数据，从而保证少量节点的作恶不会影响到整个区块链系统的运行。

区块链可分为公有链、私有链、联盟链，其中公有链被称为非许可链，任何组织或个人都可以参与共识，并具有数据的读写权限；私有链适用于单位或组织的内部系统使用，其数据的读写权限是由该组织控制的，不能够完全解决信任问题；联盟链也被称为许可链，其共识由联盟成员参与，数据读写权限按联盟规则制定，节点的加入需要联盟其他节点的同意。主流的公有链和联盟链实例比较，如表11-1所示。

表 11-1　主流的公有链和联盟链实例比较

名称	类型	共识算法	智能合约语言	使用开销	安全性
Bitcoin	公有链	PoW	基于栈的脚本	极高	极高
Ethereum	公有链	PoW/PoS	Solidity	高	高
Hyperledger Fabric	联盟链	PBFT/SBFT	Go/Java	低	较高
本方法	公有链＋联盟链	PoW＋PoA	Solidity	低	高

共识算法致力于解决在去中心化的分布式互联网中所有的节点如何达成一致的问题。在区块链系统中使用的共识算法包括工作量证明（Proof of Work，简称 PoW）、股权证明（Proof of Stake，简称 PoS）和权威证明（Proof of Authority，简称 PoA）等，其中比特币采用 PoW 共识算法，要求系统的各节点基于自身算力共同求解一个计算复杂但验证容易的数学难题，最快解决该难题的节点将获得一个区块打包的权利；在 PoS 系统中，持有最多数字货币而非最高算力的节点具有最大的概率打包下一个区块，从而解决了 PoW 中算力资源浪费的问题；PoA 则是一种由指定的权威节点产生区块的共识机制，所有的权威节点地位相同，可以通过投票的方式踢出或加入权威节点。相比于 PoW 和 PoS 共识机制，虽然 PoA 的去中心化程度，以及节点的竞争公平性和匿名性较弱，但是可靠的权威节点认证机制和高效的共识效率更加适用于联盟链的使用场景，并且避免了算力浪费和 51% 攻击的问题。现实场景中的每个数字档案馆维护一个权威节点，由组织机构的声誉担保，每个档案馆都会积极遵守共识算法，维护联盟链运行，不会轻易做出损害自身名誉的行为。

智能合约是运行在区块链上的可以自动执行的脚本程序，其代码和数据都存储在区块链上，因此具备较强的防篡改性和去中心化等特点。智能合约以交易的形式被创建和调用，合约程序在分布式网络中的所有节点被执行，因此不存在中心节点，且任何节点发生故障都不会影响合约程序的运行。以太坊是主流的支持智能合约的区块链，通过以太坊虚拟机实现了智能合约的功能，允许开发人员使用类似 Java Script 语法的高级语言 Solidity 进行智能合约的开发。IPFS（Inter Planetary File System，又称星际文献系统）是一个全球互联的分布式文件系统，它综合了包括分布式哈希表、块交换、版本控制系统和自我认证文件等系统的优点，具有内容可寻址、不可篡改、去中心化等特点。在存储文件时，IPFS 会根据文件内容计算得出文件指纹。在获取文件时，IPFS 根据文件指纹从存储节点中取出文件并验证之后返回给用户。IPFS 分为私有集群和公有集群，公有 IPFS 集群是指全网 IPFS 节点构成的分布式网络，任何人都可以作为一个节点加入该网络中；私有 IPFS 集群仅限于某个团体或组织内部使用，具有相同 swarm-key 的节点才可以参与到该网络中。

二、数字档案中的区块链技术

由于区块链技术仍在发展中，其在数字档案领域的应用还存在着适应性问题。

目前档案界已经提出了多种基于区块链技术的数字档案方案。下面仅介绍由中国科学院谭海波等人提出的一种基于区块链的数字档案保护与共享方案。

1. 系统架构

数据档案保护和共享方法由数字档案馆、联盟区块链、公有区块链、私有 IPFS 集群、系统服务（RESTful Service）等五部分构成系统协同完成（图 11-1）。数字档案馆（Digital Archive，简称 DA）作为数字档案联盟的权威节点参与到联盟区块链中，享有档案保护、验证、共享等服务。系统服务（RESTful Service）是一种去中心化应用（DApp），本身不存储任何档案数据和身份信息，以 RESTful 接口的形式为数字档案馆系统提供智能合约和 IPFS 接口调用。公有区块链采用基于 PoW 共识算法的以太坊区块链（Ethereum），通过定期存储联盟链区块快照信息，实现了对联盟链上数据的保护。联盟区块链采用基于 PoA 共识算法的以太坊联盟链，通过智能合约存储档案馆的数字身份和档案的摘要信息，实现了身份的注册与恢复、档案的保护与共享等业务逻辑，并通过定期与公有链锚定的方式增强数据的原始性和真实性保护。私有 IPFS 集群存储了加密档案的原始信息，并通过 swarm.key 进行节点的身份认证，通过分布式哈希表、块交换等技术保障数据的安全性。基于公有区块链、联盟区块链和私有 IPFS 集群结合的数字档案数据流如图 11-2 所示。

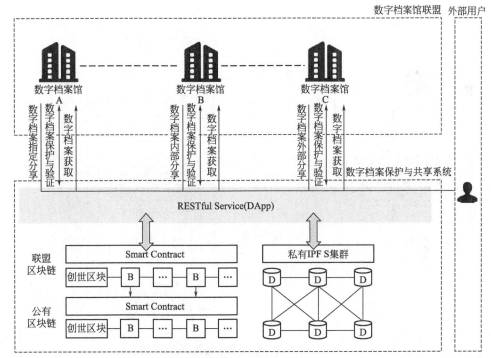

图 11-1　系统架构图

第十一章　数字档案保护技术

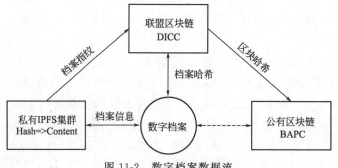

图 11-2 数字档案数据流

2. 合约架构

合约架构主要利用智能合约一致性和不可篡改的特性，并且其在区块链原始安全功能的基础上，提供了一定的灵活性和可编程性。智能合约架构（图 11-3）由公有链中区块数据保护合约（Block Data Protection Contract，简称 BAPC）和联盟链合约共同构成。BAPC 合约部署在公有链中，并存储联盟链的数据快照信息。联盟链中智能合约包括数字身份控制合约（Digital Identity Controller Contract，简称 DICC）、数字身份管理合约（Digital Identity Manage Contract，简称 DIMC）、数字档案管理合约（Digital Archive Manage Contract，简称 DAMC）等。

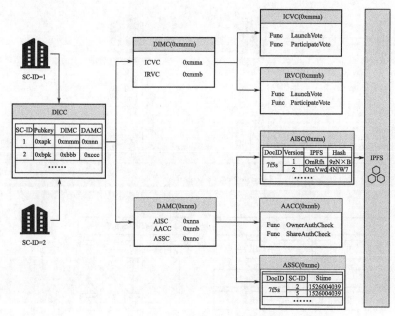

图 11-3 智能合约架构

数字身份控制合约作为全局合约记录该联盟链中所有档案馆的数字身份标识

(SC-ID)、对应的公钥（Pub Key）和与其相关联的数字身份管理合约、数字档案管理合约。在创建 DICC 合约时，首个档案馆的数字身份以及相关合约被一同创建。数字身份管理合约通过民主投票的方式实现档案馆联盟数字身份的内部自治，包括身份创建投票合约（Identity Creation Vote Contract，简称 ICVC）和身份重置合约（Identity Reset Vote Contract，简称 IRVC）。ICVC 合约用于为新加入联盟的档案馆在 DICC 合约中创建投票请求并为其投票；IRVC 合约用于在档案馆私钥泄露时，通过民主投票的方式重置其公钥。

数字档案管理合约用于实现数字档案保护、验证、恢复和共享等业务逻辑，包括档案信息存储合约（Archive Information Storage Contract，简称 AISC）、档案共享（信息）存储合约（Archive Sharing Storage Contract，简称 ASSC）和档案权限控制合约（Archive Authority Control Contract，简称 AACC）。AACC 合约用于数字档案的权限控制。AISC 合约用于存储档案的摘要信息，包括数字档案对象（DocJSON）的 IPFS 地址、哈希值、版本号、创建时间和最后修改时间等。ASSC 合约用于存储档案馆分享的档案信息，包括档案编号（DocID）、档案馆身份标识（SC-ID）和分享时间等，一个 DocID 可以共享给多个 SC-ID 访问。ASSC 中的 SC-ID 的分类如表 11-2 所示，若 DocID 对应的 SC-ID 的值为－1，则该档案是完全对外部开放的，外部用户或档案馆都可以直接从 ASSC 合约中获取档案 IPFS 地址；若为 0，则联盟内部的所有成员都访问；若 SC-ID 的值≥1 时，则只有指定 SC-ID 的档案馆有权访问该档案。

表 11-2　SC-ID 分类

SC-ID	优先级	含义
－1	高	联盟内部档案馆和外部用户都可通过
0	中	联盟内部的所有档案馆都可访问
≥1	低	仅联盟内的指定档案馆可访问

三、区块链技术在数字档案保护领域需要解决的关键问题

上面的介绍仅是一种数字档案区块链技术的架构，还有许多机构、组织和研究人员提出了不同的应用架构。可见，区块链技术在数字档案保护领域应用形式是多样的，尚未形成公认的模式。但无论何种架构都需要解决区块链技术对数字档案保护领域的适应性问题。这些问题包括：寻找到保证哈希值持续有效的方法；构建合适的区块结构；和相关技术相互集成；选择合适的共识机制；保持区块链节点的相对稳定；保证区块链数据的长期可用、可验证。

伴随着区块链技术的不断进步和发展，数字档案保护领域的许多问题会迎刃而解。

第五节 数字档案云计算技术

云计算技术是一种新型的数字文件存储技术,可为数字档案开放共享提供更加专业的安全保护,解决数字档案整合过程中格式异构、标准不一和存储局限等诸多问题。它也是实现数字档案开放共享和数字档案区块链保护技术的底层支撑技术。

一、云计算技术简介

云计算技术是云档案的技术基础,云档案是在云计算、云服务平台基础上构建的数字档案新形态。档案信息资源共享云则是互联网+云计算环境下的线上线下互动的数字档案共享云集群,也可以看作数字档案共享云的集群管理服务平台,是云档案的升级版。

二、数字档案开放共享中的云计算技术

数字档案建设存在建设经费短缺、格式异构、标准不一和存储局限等诸多问题。云计算、云服务技术具有大规模、易管理、兼容性、可靠性、自主性和经济性特点,能够有针对性地解决档案馆经费紧张、存储结构兼容性差和存储容量低等问题,使数字档案馆协同管理与集成服务成为可能。因此,利用云计算和云服务技术开展档案信息资源共享云建设,是提升档案管理水平和信息服务质量的首选。

在"互联网+"时代,线上线下协同创新发展的特点愈来愈突出,社会信息需求也具有跨领域、增值性、动态性和前瞻性等特性,同时具有信息服务泛在化、信息需求多元化等特点。面对新的需求,传统的档案信息系统平台已经无法满足档案信息化现状的要求,单一的云档案馆建设也难以解决此问题。

利用云计算和云服务技术,构建公共云、私有云计算和云服务平台,特别是云计算集成了日趋成熟的自动化、虚拟化和 WEB2.0 等技术,对于优化档案管理系统,提高档案管理工作效率和档案信息资源利用效率提供了技术基础。云计算、云服务技术应用于数字档案共享云集群建设有很大的优势,可以有效解决档案馆的数字资源海量存储和安全存储、保护问题。

三、数字档案中的私有云安全体系

1. 保障数字档案资源安全可控

当前云计算技术可以提供高度定制化的完整云解决方案及服务,整合数字档案资源,提高资源利用率和资源配置灵活性,降低硬件生命周期投入成本,实现资源利用最大化。对数字档案来说,数据的安全至关重要,出于安全考虑档案部门不会将数字档案核心资源及应用放到第三方云环境中去保存和运行,采用私有云的部署方式,既利用了云计算的特性,又保证了数据的安全和系统的可控。因而,采用私

有云的安全体系构建自有的云数据中心,是必然的选择。

2. 保障数字档案防损毁、防病毒、防泄露

将数字档案资源放在云存储空间中进行备份,会大大降低档案丢失损毁、泄露的风险。同时为提高数字档案管理系统的稳定性和容错能力,运用云计算平台提供的灾备服务建立常规备份、容灾备份与灾难恢复机制,纳入统一的数据安全备份管理体系,采取增量备份与全备份相结合、本地备份与异地备份相结合、同质备份与异质备份相结合的备份策略,可以从技术层面保障数字档案信息资源的安全性。

3. 保障数字档案功能云安全机制

档案云安全仅靠技术手段是远远不够的,建立健全档案云安全管理机制,实施技术与管理并重策略才是数字档案信息云安全的根本保障。在完善技术手段的同时,通过权限管理、访问控制、跟踪审计、安全操作规程等管理措施规范相关云操作人员的行为,防止越权操作或非法操作,才能构成云数据和云信息安全的可靠保障体系。

总之,云计算技术为数字档案开放、共享及保护提供了安全可靠的共享空间,相信随着云计算技术的发展,人们可以充分运用云计算技术的优势,构建可追溯、防损毁、防泄露的全过程的数字档案开放共享云平台。

参 考 文 献

[1] 郭莉珠.档案保护技术学教程 [M].北京：中国人民大学出版社，2000.
[2] 赵淑梅.数字时代我国档案保护技术学学科发展走向 [J].档案学通讯，2016，(3)：72-76.
[3] 赵淑梅.电子档案保护技术学初探 [J].档案学通讯，2001，(4)：69-71.
[4] 方成君.电子档案保护技术内容及方法之研究 [J].兰台内外，2015，(2)：10.
[5] 孟炜炜，杨文绮.谈电子档案保护的基础 [J].湖北档案，2014，(2)：23-25.
[6] 扈妍珺.数字水印技术在数字档案保护中的应用 [D].济南：山东大学，2010.
[7] 张美芳.数字时代档案保护指导思想的变化 [J].档案与建设，2002，(2)：14-16.
[8] 庞晓哲.数字时代我国档案保护技术学新发展 [J].档案天地，2018，(6)：41，42-43.
[9] 于英香.电子档案与纸质档案保护之比较 [J].档案学通讯，2004，(5)：74-77.
[10] 方昀，郭伟.云计算技术对档案信息化的影响和启示 [J].档案学研究，2010，(4)：70-73.
[11] 陈晞.区块链技术在电子档案管理中应用的思考 [J].办公室业务，2019，(2)：171-172.
[12] 麻新纯.电子文件保护系统论 [J].档案学研究，2005，(4)：11-13.
[13] 毛惠芳.预警应急抢救档案灾害管理体系的构建 [D].合肥：安徽大学，2010.
[14] 张迎春.档案安全保障体系研究 [D].合肥：安徽大学，2011.
[15] 田雷.物联网技术在智慧档案馆建设中的应用研究 [J].档案学通讯，2015，(1)：60-64.
[16] 陈勇.物联网在档案管理中的应用研究 [J].档案学研究，2015，(5)：102-105.
[17] 陈忠海，崔晓惠.数字档案馆信息服务研究综述 [J].档案管理，2008，(6)：21-23.
[18] 万剑锋，李朝洋.基于智慧城市理念的数字档案馆建设初探 [J].云南档案，2013，(7)：43-45.
[19] 崔海莉."大数据"时代档案信息安全管理新思考 [J].档案学研究，2015，(1)：93-96.
[20] 杨来青，徐明君，邹杰.档案馆未来发展的新前景：智慧档案馆 [J].中国档案，2013，(2)：68-70.
[21] 杨来青.智慧档案馆建设关键技术研究与应用 [J].中国档案，2016，(7)：66-67.
[22] 陈勇.物联网在档案管理中的应用研究 [J].档案学研究，2015，(5)：102-105.
[23] 彭平平.基于物联网的智慧档案馆初探 [J].湖北档案，2015，(7)：20-22.
[24] 杨艳，薛四新，徐华，等.智慧档案馆技术系统特征分析 [J].档案学通讯，2014，(4)：66-69.
[25] 檀竹茂.智慧城市背景下档案管理范式的转换——以青岛市智慧档案馆为例 [J].档案，2014，(3)：15-17.
[26] 朱悦华，王正媛.服务至上：科技撑起智慧档案 [J].中国档案，2014，(9)：27-28.
[27] 卢莹.物联网技术在档案馆库房智能化系统建设中的应用研究 [J].数字与缩微影像，2016，(4)：1-4.
[28] 季梦佳.智慧档案馆与数字档案馆的比较研究 [J].档案，2016，(4)：8-11.
[29] 许桂清.对智慧档案馆的认识与探析 [J].中国档案，2014，(6)：70-71.
[30] 杨玉梅，黎仁国.基于RFID物联网的档案管理系统研究与设计 [J].档案学研究，2012，(4)：62-64.
[31] 季梦佳.关于智慧档案馆中技术热研究的思考 [J].档案建设，2016，(6)：30-33.
[32] 郝伟斌.面向智慧城市的档案信息化 [J].档案管理，2013，(4)：21-23.
[33] 方昀，郭伟.云计算技术对档案信息化的影响和启示 [J].档案学研究，2010，(4)：70-73.
[34] 周芷一.基于区块链的档案管理模型研究 [J].经营与管理，2019，(4)：67-70.
[35] 刘庆悦.基于区块链技术的电子档案管理模型探析 [J].浙江档案，2018，(10)：22-24.
[36] 刘越男，吴云鹏.基于区块链的数字档案长期保存：既有探索及未来发展 [J].档案学通讯，2018，(6)：44-53.
[37] 孙大东，杨晗.电子档案单套制管理区块链模式应用研究 [J].浙江档案，2018，(9)：7-9.
[38] 赵哲.基于区块链的档案管理系统的研究与设计 [D].合肥：中国科学技术大学，2018.

[39] 李高峰,马国胜,胡国强.现阶段区块链技术在档案管理中不可行分析[J].档案管理,2018,(5):30-32.
[40] 赵淑梅.数字时代我国档案保护技术学学科发展走向[J].档案学通讯,2016,(3):72-76.
[41] 赵红.电子档案与纸质档案保护技术的比较[J].黑龙江史志,2005,(12):18-19.
[42] 张林英,商继荣.电子文件与纸质档案保护技术不同[J].黑龙江史志,2009,(11):45-46.
[43] 蒋术.我国数字档案存储载体长期保存研究[J].出版发行研究,2016,(2):89-93.
[44] 党景丽.数字水印技术在科技档案版权保护中的应用[J].甘肃科技,2018,34(6):38-40.
[45] 刘光鑫.数字档案信息开发应用管理中的图像水印保护技术研究[J].办公室业务,2016,(22):172,174.
[46] 潘虹,王子鹏.区块链技术对社交媒体信息归档的应用探究[J].中国档案,2018,(6):74-77.
[47] 谭海波,周桐,赵赫,等.基于区块链的档案数据保护与共享方法[J].软件学报,2019,(4):1-15.
[48] 刘庆悦.基于区块链技术的电子档案管理模型探析[J].浙江档案,2018,(10):22-24.
[49] 孙大东,杨晗.电子档案单套制管理区块链模式应用研究[J].浙江档案,2018,(9):7-9.
[50] 刘越男,吴云鹏.基于区块链的数字档案长期保存:既有探索及未来发展[J].档案学通讯,2018,(6):44-53.
[51] 闫鹏.区块链技术在电子文件管理中的应用展望[J].北京档案,2018,(10):10-13.
[52] 徐欣欣.文件档案管理中的区块链技术应用研究综述[J].浙江档案,2018,(5):12-15.
[53] 刘永.档案信息资源共享云体系建设的思考[J].档案管理,2017,(6):25-29.
[54] 施晓峰.基于分布式存储的数字档案云数据中心构建[J].数字与缩微影像,2017,(2):4-7.
[55] 唐跃进.数字档案灾难防治研究[J].档案学通讯,2014,(3):12-14.
[56] 姜针针.数字档案面临的灾害及应对研究[J].兰台世界,2015,(14):96-97.
[57] 许敏.外部环境对电子档案和纸质档案保存寿命影响差异及对策[J].档案与建设,2008,(9):26-27.